服务贸易与服务经济发展新范式

服务贸易、技术溢出与产业发展

刘 艳 ◎著

知识产权出版社
全国百佳图书出版单位

图书在版编目（CIP）数据

服务贸易、技术溢出与产业发展 / 刘艳著 .—北京：知识产权出版社，2017.7

（服务贸易与服务经济发展新范式 / 李文秀主编）

ISBN 978-7-5130-4980-1

Ⅰ.①服⋯　Ⅱ.①刘⋯　Ⅲ.①服务贸易—研究—中国　Ⅳ.①F752.68

中国版本图书馆 CIP 数据核字（2017）第 150053 号

内容提要

本书针对服务贸易的技术溢出进行系统的理论和实证研究。首先，介绍本书的研究背景、研究对象、研究思路和方法，以及本书的理论基础和文献综述，分析传统国际贸易理论和国际直接投资理论及其对服务贸易和服务业的适应性。然后，介绍中国服务贸易的发展现状，检验中国服务贸易和技术进步的长短期因果关系，研究商业存在服务贸易进口技术溢出效应的影响因素。接着，分析跨境服务贸易进口和商业存在服务贸易进口通过技术溢出对制造业发展的影响，分析生产性服务贸易，包括跨境生产性服务贸易进口、商业存在生产性服务贸易进口通过技术溢出对制造业发展的影响。最后，总结本书的研究结论，并提出相关政策建议。

责任编辑：宋　云　王颖超	责任校对：潘凤越
封面设计：SUN 工作室　韩建文	责任出版：刘译文

服务贸易、技术溢出与产业发展
刘　艳　著

出版发行：知识产权出版社有限责任公司	网　　址：http://www.ipph.cn
社　　址：北京市海淀区气象路 50 号院	邮　　编：100081
责编电话：010-82000860 转 8388	责编邮箱：hnsongyun@163.com
发行电话：010-82000860 转 8101/8102	发行传真：010-82000893/82005070/82000270
印　　刷：北京科信印刷有限公司	经　　销：各大网上书店、新华书店及相关专业书店
开　　本：720mm×1000mm　1/16	印　　张：16.75
版　　次：2017 年 7 月第 1 版	印　　次：2017 年 7 月第 1 次印刷
字　　数：272 千字	定　　价：49.00 元
ISBN 978-7-5130-4980-1	

出版权专有　侵权必究

如有印装质量问题，本社负责调换。

序　言

事实上，与经济学其他领域相比，我国服务经济理论研究相对滞后。但随着服务业在产业转型升级中引擎作用的体现，我国越来越重视服务业发展，相继给出若干政策指导意见。如 2013 年出台《国务院关于促进健康服务业发展的若干意见》《国务院关于加快发展养老服务业的若干意见》等，2014 年出台《国务院关于加快科技服务业发展的若干意见》《国务院办公厅关于加快发展商业健康保险的若干意见》《国务院关于加快发展现代保险服务业的若干意见》等，2015 年出台《国务院办公厅关于加快发展生活性服务业促进消费结构升级的指导意见》《国务院关于加快发展生产性服务业促进产业结构调整升级的指导意见》《国务院办公厅关于发展家庭服务业的指导意见》，党的十八届五中全会提出的《开展加快发展现代服务业行动》等，2016 年 1 月又相继印发《国务院关于新形势下加快知识产权强国建设的若干意见》和《国务院办公厅关于同意建立服务业发展部际联席会议制度》等。应该说，服务业为主导的产业结构已经在我国形成，服务业市场开放牵动影响转型发展全局。因此，亟须找到适宜的研究思想和分析方法来对服务经济与管理中的一些前沿问题进行深度分析。

事实上，从服务经济理论萌芽阶段的"服务的生产性争论"到产生阶段的"三次产业划分"、发展阶段的"服务科学的建立"以及深化阶段的"服务产业化和产业服务化"，服务经济的相关研究成果越来越丰富。在国内，除了各种期刊论文外，2006 年程大中和陈宪教授主编了《中国服务经济研究丛书》（4 本），主要关注当时中国服务业发展中的一些问题；2009 年中山大学李江帆教授主编了《中山大学服务经济与服务管理论丛》（20 本），主要研究服务业领域的一些基础问题；2010 年江小涓和薛澜教授也组织翻译了《服务经济译丛》（14 本），主要介绍国外有关服务经济研究的一些早期专著。这些丛书极大丰富了我国服务经济与管理领域的研究成果,对后来的相关研究也提供了较好的思路与方法。但这些丛书并没有将服务业的对外开放作为重点来研究,且没有考虑技术变革背景下服务业发展机理及面临的新问题。自20世纪90年代以来,以信息技术和网络技术为核心的第三次科技革命正在颠覆性地改变商业环境,也改变了价值创造和价值分配的方式,使得新技术背景下服务业发展的内在机理也发生了改变。基于此,广东金融学院的中国服务经济与管理研究中心和广东区域金融政策研究中心在国家自然科学基金面上项目"全球价值链下中国服务业国际竞争力研究:基于贸易增加值的分析"(71573057)和教育部人文社会科学研究规划基金项目"服务业对中国制造业国家分工地位的影响研究:基于附加值贸易的视角"(16YJA790031)的资助下,出版这套"服务贸易与服务经济发展新范式"丛书,旨在进一步拓展和丰富服务业研究成果。本丛书共有5本,主要探讨制造企业服务化转型、全球价值链下中国服务业国际竞争力、服务业对制造业国际分工地位的影响、服务贸易与技术溢出、高端服务业集聚与产业安全强化5个主题。

一、制造企业服务化转型

众所周知,工业4.0战略的推进使得全球范围内的实体制造产业都遭遇到不同程度的发展瓶颈,究竟采取什么样的方式重塑制造业的竞争优势已成为至关重要的问题。与此同时,技术进步带来的"距离死亡"使得服务资源在全球范围内配置变得更容易,理论与实业界也逐渐意识到从"生产物品为核心"向"以提供服务为核心"过渡是未来战略方向。尽管如此,研究显示服务化对制造企业绩效的影响并非都是积极的,在多数情境下开展服务业务可能无法提升甚至会抑制企业的绩效,即"服务转型悖论"(Gebauer et al.,2005)。传统基于工业技术背景的商品主导逻辑无法解释现实中很多经济现象,也无法解释"服务转型悖论"。而基于新技术变革的服务主导逻辑不仅能更好地解释"服务转型悖论",且能为制造企业服务化转型战略带来新研究视野。基于此,《基于服务主导逻辑的中国制造企业服务化战略》(作者:马鹏、李文秀)一书将引入服务主导逻辑思想,构建基于服务主导逻辑的制造企业服务化转型分析框架,试图从一个独特的角度对中国制造业服务化、制造业转型升级等热点问题给予崭新的理论诠释。

二、全球价值链下中国服务业国际竞争力

在全球价值链分工背景下，中国作为发展中开放大国虽长期以来积极融入全球价值链，但发展滞后的服务业不仅使我国出现了连续20年服务贸易逆差，且使得我国的贸易增加值率、出口中国内增加值比重和国际分工地位处于较低的水平。与此同时，信息技术进步和全球化深入使得全球价值链呈现出新的变化与特征，而这些变化与特征在重新塑造各国（区域）间相互依存与相互联动关系的同时，也对传统的产业竞争战略提出挑战。而且，技术变革带来的全球价值链上合作宽度和深度的拓展改变了参与全球价值链上参与各方竞争与合作的方式与结果，也使得全球价值链上的价值创造与分配机制发生了改变。而全球价值链上的利益分配机制的改变必然对传统产业国际竞争力衡量与国际竞争战略提出重大挑战。基于此，《全球价值链下中国服务业国际竞争力研究：基于贸易增加值的分析》（作者：李文秀）一书围绕在全球价值链中提升服务业国际竞争力这一核心主题，系统讨论产业国际竞争力的成因及决定机制，并在贸易增加值核算框架下，将全球价值链分析框架引入服务业国际竞争力研究中，这是对国际竞争力文献和服务经济文献的有益贡献。

三、服务业对制造业国际分工地位的影响

国外附加值贸易文献提供了一国出口贸易附加值的具体分解框架，但没有对一国某行业出口中国内外附加值的行业结构进行进一步分解；国内文献集中于测算中国出口附加值规模和贸易差额、出口国内外附加值比重以及国别来源，但鲜有文献对中国制造业出口中国内外附加值的行业结构进一步分析，但对制造业的国内外中间投入水平及结构进行分析，对于深入理解中国制造业在全球价值链中的分工地位可能具有重要影响。而有关国际分工地位的文献鲜有分析行业投入结构，尤其是服务投入水平和结构对制造业国际分工地位的影响。而在全球价值链分工背景下，中国虽作为发展中开放大国积极融入全球价值链，但发展滞后的服务业使得制造业服务投入水平偏低、国际分工地位较低，并已成为制约中国经济进一步增长的因素。基于此，《服务业对制造业国际分工地位的影响研究》（作者：刘

艳）一书在对服务投入水平以及内部结构对制造业价值链地位的影响机理分析的基础上，利用附加值贸易统计框架测算中国制造业的国际分工地位，并通过对中国制造业出口中的服务附加值比重以及结构分解上来找到其原因，进而给出提升中国制造业国际分工地位的对策建议，这些研究成果将对中国制造业转型升级战略提供重要的借鉴与启示。

四、服务贸易与技术溢出

自20世纪90年代以来，包括中国在内的许多发展中国家纷纷采用各种优惠措施放松对服务贸易进口和服务业FDI的管制，加速进口国外先进服务和引进服务业外资，其中一个重要原因就是希望利用服务贸易进口和服务业FDI获得技术溢出（Technology Spillover）效应。但服务贸易（包括服务业FDI在内）是否对中国存在技术溢出效应？这种技术溢出是正向还是负向作用？哪些因素影响服务贸易技术溢出效应的发挥？服务贸易（包括服务业FDI在内）是否通过技术溢出效应促进了中国服务业和制造业的产业发展？中国政府应采取什么样的外贸政策、外资政策和产业政策以有效利用服务贸易的技术溢出效应来促进技术进步和产业发展呢？基于此，《服务贸易、技术溢出与产业发展》（作者：刘艳）一书主要研究在扩大服务贸易进口和吸引服务业FDI（即商业存在服务贸易进口）的基础上，分析服务贸易（包括服务业FDI）技术溢出的机理，并在服务贸易（包括服务业FDI）技术溢出的存在性、正负向作用、溢出渠道、影响因素，以及对服务业和制造业的产业发展影响等方面提供中国的经验证据。在实践方面，本书的研究结论可为中国的产业政策和外贸外资政策提供参考，并为中国政府如何利用服务贸易（包括服务业FDI）的技术溢出效应、提升技术能力和产业竞争力提供新思考。

五、高端服务业集聚与产业安全强化

饱含高端生产要素的高端服务业如同其他资源一样，也存在一个如何优化配置的问题。但资源配置的"有效"不是"撒胡椒面式"的均匀分配，而是有选择性地进行布局。而且，在价值链分工时代，各个参与分工的主体之间不单纯是一种利润分配关系，更重要的是一种控制关系。位于

价值链前端的高端服务业，不但获得了绝大部分利润，更对其他分工主体形成了一种控制力。而从垄断资本发展的内在要求来看，跨国公司要维护垄断资本的集团利益，必须加强产业控制力，排挤任何新的市场分享者。只要不存在政策障碍，为追求利润最大化，跨国公司总是不断加强对产业链的全面控制。因此，对产业控制力的衡量与判断是评价产业安全的重要内容之一，获取产业控制力是实现产业安全的关键性因素（赵元铭，2008）。基于此，《高端服务业集聚与产业安全强化：基于产业控制力视角的分析》（作者：李文秀、马鹏）一书，按照"高端服务业及其集聚发展——产业控制力提升——产业安全强化"的思路，从新的国际分工形势下产业竞争力新来源和产业控制力的新表现出发，分析高端服务业及其集聚发展与产业控制力、产业控制力和产业安全之间的静态和动态关系，探讨基于产业控制力的产业安全的传导机制，并系统设计出产业安全视角下以控制力为导向的中国高端服务业及其集聚发展策略体系。相关研究成果不仅丰富了传统的产业竞争力、产业发展理论，也是对新形势下产业安全问题研究的进一步补充和完善，为产业安全研究开辟新的思路。

李文秀
2017 年 4 月

目 录

页码	章节
1	**第一章 导 言**
1	第一节 研究背景与研究目的
8	第二节 研究对象与重要概念的界定
15	第三节 研究内容、研究目的与研究方法

第二章 理论基础与文献综述
- 21 第一节 理论基础
- 31 第二节 文献综述

第三章 中国服务贸易的发展现状
- 46 第一节 中国跨境服务贸易的发展现状
- 65 第二节 中国商业存在服务贸易
——服务业 FDI 的发展现状

第四章 服务贸易的技术溢出效应分析
- 81 第一节 跨境服务贸易的技术溢出效应分析
- 92 第二节 商业存在服务贸易技术溢出效应分析
- 106 第三节 商业存在服务贸易技术溢出效应的影响因素分析

第五章 跨境服务贸易与制造业发展
- 123 第一节 跨境服务贸易与高技术制成品出口复杂度
- 139 第二节 跨境运输服务贸易与制造业出口竞争力

148	第六章	商业存在服务贸易与产业发展
148	第一节	商业存在服务贸易、技术溢出与服务业生产率增长
167	第二节	商业存在服务贸易、技术溢出与制造业生产率增长
188	第七章	生产性服务贸易、技术溢出与产业发展
188	第一节	生产性服务贸易的技术溢出效应分析
197	第二节	生产性服务贸易与制造业生产率
206	第三节	生产性服务贸易与制造业出口竞争力
220	第八章	研究结论与政策建议
220	第一节	研究结论
223	第二节	主要政策建议
227	参考文献	
243	附　录	
256	后　记	

第一章 导 言

第一节 研究背景与研究目的

一、研究背景

20世纪60年代初,发达国家呈现出"工业型经济"向"服务型经济"转型的趋势。Fuchs(1987)指出,服务部门被称为第三部门或剩余部门,在经济研究中长期不受重视。但第二次世界大战以后,服务部门已成为美国经济中产值比重和就业比重最高的部门。截至2014年,服务业增加值占全球经济产出的比值已超过70%,全球经济已经进入服务经济时代。而且,自20世纪80年代以来,随着经济全球化进程的加快和信息通信技术的进步,以及世界经济结构的调整和国际服务贸易多边规制的推行,服务产品的可贸易性大大增强,服务业发展正逐步突破国界,服务贸易获得迅速发展,国际贸易结构中服务贸易所占比重快速上升,服务贸易发展正成为衡量一国或地区国际竞争力的重要指标之一。国际服务贸易发展的现状对此做出了极好的证明,1980年世界服务贸易进出口总额为8434.3亿美元,2014年为101834.7亿美元,增长了11倍以上。而在全球服务贸易快速发展的同时,中国服务贸易虽然起步比较晚,但发展速度飞快。根据联合国贸易和发展会议(简称贸发会议)统计数据库的数据显示,1982年中国服务贸易进口额和出口额分别仅为20.24亿美元和25.12亿美元,而到2014年中国服务贸易进口额达到4528.3亿美元,位居全球第二,仅次于美国;服务贸易出口额达到2804.8亿美元,居全球第三,仅次于美国和英国(见表1-1)。

表1-1 2014年全球跨境服务贸易前15位排名（BOP）的国家/地区

单位：亿美元,%

出口	国家或地区	金额	占世界份额	进口	国家或地区	金额	占世界份额
1	美国	7105.7	13.8	1	美国	4774.3	9.5
2	英国	3654.6	7.1	2	中国	4528.3	9.0
3	中国	2804.8	5.5	3	德国	3307.6	6.6
4	德国	2777.3	5.4	4	法国	2522.9	5.0
5	法国	2759.4	5.4	5	英国	2172.2	4.3
6	荷兰	1969.6	3.8	6	日本	1921.5	3.8
7	日本	1630.7	3.2	7	荷兰	1730.3	3.4
8	印度	1562.5	3.0	8	新加坡	1554.8	3.1
9	新加坡	1507.5	2.9	9	爱尔兰	1451.1	2.9
10	爱尔兰	1350.0	2.6	10	印度	1276.7	2.5
11	西班牙	1327.1	2.6	11	俄罗斯	1210.2	2.4
12	比利时	1238.6	2.4	12	比利时	1169.7	2.3
13	瑞士	1184.3	2.3	13	意大利	1158.0	2.3
14	意大利	1150.6	2.2	14	韩国	1157.8	2.3
15	韩国	1121.1	2.2	15	加拿大	1077.2	2.1

资料来源：联合国贸发会议统计数据库，http://unctadstat.unctad.org/ReportFolders/reportFolders.aspx.

与此同时，随着国际分工的日益深化，全球产业结构迅速调整，服务业在各国国民经济中的比重不断提高，服务业对外直接投资也得到了迅猛发展。根据联合国贸发会议发表的《世界投资报告（2016）》（World Investment Report）数据可知，截至2014年，全球服务业FDI存量已达到159892.57亿美元，与1990年相比，增长了将近14倍。伴随着经济服务化及全球产业结构升级与调整，国际投资领域从制造业转移至服务业，1990~2014年，全球FDI存量中服务业FDI所占比重从48.7%上升至64%，与此同时，制造业FDI所占比重从41.1%下降至27%（见图1-1）。事实上，2004年9月22日，《世界投资报告（2004）》就以"转向服务业"（The Shift towards Services）为主题，阐述了全球FDI转向服务业的趋势，并提出了服务业国际转移的主要形式，包括服务业外商直接投资和服务业务的离岸化（即国际服务外包）。随后，国内外关于服务业外商直接投资的相关研究逐渐增加。

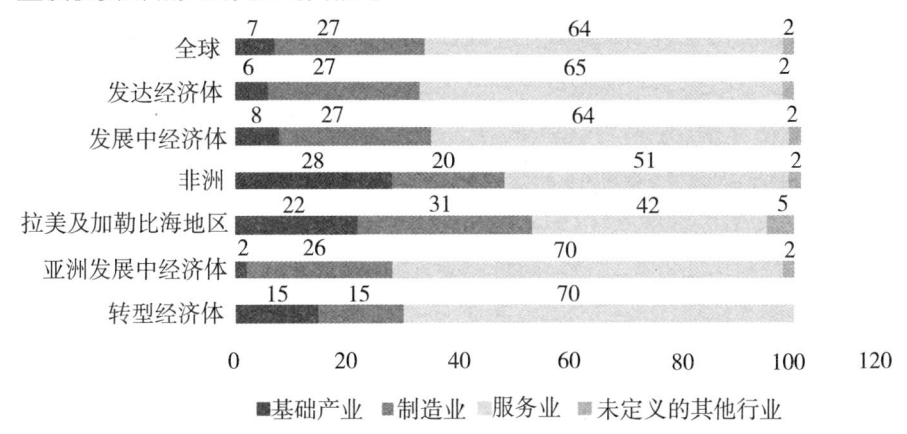

	基础产业	制造业	服务业	未定义的其他行业
全球	7	27	64	2
发达经济体	6	27	65	2
发展中经济体	8	27	64	2
非洲	28	20	51	2
拉美及加勒比海地区	22	31	42	5
亚洲发展中经济体	2	26	70	2
转型经济体	15	15	70	

图 1-1 2014 年全球各类型经济体 FDI 存量的行业分布情况 （单位:%）

值得关注的是，中国外商直接投资的结构也表现出了类似的特征。自改革开放以来，中国每年利用外资的规模不断扩大。1992 年后，FDI 逐渐成为中国利用外资的主要形式。而在 2002 年后，中国更是取代美国，成为世界上吸引 FDI 最多的国家，2015 年实际利用外商直接投资 1262.67 亿美元，继续位居世界前列。但在大多数年份，中国吸收的 FDI 绝大部分都流向了制造业。2001 年"入世"以来，中国服务业利用外资的步伐加快。越来越多的服务型跨国公司逐步进入中国服务业领域，包括银行、保险和证券等在内的金融业，批发、零售、外贸、物流等在内的流通业，增值电信和基础电信等在内的电信服务业，以及包括法律、会计、管理、公关等业务在内的专业服务领域都成为外商直接投资的热点。尤其是 2011 年开始，中国服务业 FDI 占 FDI 总体的比重开始超过 50%，成为中国实际利用外资的主要行业。具体地，1990～2011 年，服务业 FDI 占总体 FDI 的比重从 11% 上升至 50%（见图 1-2）。2011 年，我国实际利用外资金额达到 1160 美元，其中制造业 FDI 和服务业 FDI 分别为 557 亿美元和 583 亿美元，服务业实际利用外资金额占外资总量的比重首次超过制造业，成为我国吸引外资流入的第一大产业。根据国家统计局发布的最新数据显示，2015 年我国服务业实际利用外资金额高达 811 亿美元，占总体 FDI 的比重达

64.26%，创历史最高水平。中共十八大明确指出："应以全面深化改革开放为目标，推动开放型经济朝着优化结构的方向转变，大力发展服务业特别是现代服务业，鼓励外资进入服务业。"FDI流向服务业同时意味着我国外资结构的优化以及服务业对外开放程度的提高，因此服务业FDI的发展尤为重要。从产业发展情况来看，改革开放以来，我国服务业出现了较快增长，服务业增加值所占比重从1978年的23.9%上升至2015年的50.2%，首次突破了50%的水平；服务业就业份额从1978年的12.2%上升至2015年的42.4%。中国服务业和服务贸易迅速发展，以及FDI的结构性转变的特征性事实，为我们研究服务贸易和服务业外商直接投资提供了坚实的现实基础。

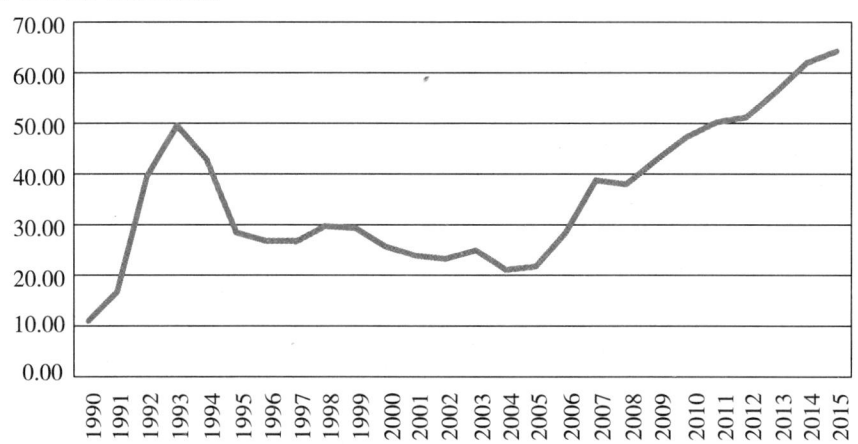

图1-2 中国服务业FDI占总体FDI的比重（1990~2015年） （单位:%）

自20世纪90年代以来，包括中国在内的许多发展中国家纷纷采用各种优惠措施放松对服务贸易进口和服务业FDI的管制，加速进口国外先进服务和引进服务业外资，其中一个重要原因就是希望利用服务贸易进口和服务业FDI的技术溢出（Technology Spillover）效应。进口服务往往可以通过增加国内中间服务投入种类、提升中间服务投入的质量等给进口国企业带来技术溢出效应；而服务业跨国公司往往拥有先进技术、品牌、专利、市场策略和管理经验等大量优势无形资产，这些优势不可能完全内部化，而可能通过对外直接投资方式给东道国企业带来技术溢出效应。因此，大多数发展中国家进口国外服务和引进服务业FDI的主要目的之一，就是利用进口服务以及服务业外资企业的技术溢出，来促进本国产业技术进步和本地企业技术能力的提升。因此，在服务业占据世界经济主体、服务贸易快速发展以及全球FDI向服务业转移这一趋势下，如何调整、优化外贸和外资结构，在服务业领域合理地利用外贸外资，如何利用进口贸易和FDI促进中国服务业和制造业的发展，推动中国技术进步和经济增长具有重要的现实意义。

内生增长理论认为技术进步是一国经济增长的最终源泉，而国际贸易和FDI是一国获取外国先进技术的重要渠道（Mohnen，2001）❶。国内外众多研究发现，国际贸易和FDI可通过技术溢出效应促进一国技术进步和经济长期增长，但这些文献更多地把国际贸易和FDI锁定为货物贸易和制造业FDI。随着经济开放程度的提高和国际产业结构的不断调整，国际贸易中服务贸易迅速发展和比重扩大，服务贸易技术溢出尤其是服务贸易进口的技术溢出的问题引起了国内外很多经济学者的高度关注，成为近年来经济研究的热点问题之一，产生了许多有价值的成果。如Sherman Robinson（2002）选取10个国家和地区11个部门的截面数据进行实证分析，发现发展中国家从发达国家进口服务产品的同时可以获取信息和先进的技术，提高全要素生产率进而推动经济增长。Ramkishen（2002）利用5个亚洲国家服务贸易的有关数据，研究认为适当有序地开放金融和电信等服务市场，能够使本国居民获得物美价廉的服务产品进口，对一国技术进步和经济结构调整具有重要意义。Hoekman（2006）也研究认为，开放条件下服务将是一国企业竞争力的关键决定因素，服务业基础设施和基础服务的发展水平直接影响到一个国家的产品出口竞争力，服务业落后国家则可以通过进口服务或相关服务领域的FDI来发展，从而提高该国的技术水平和经济绩效。OECD（2006）系统研究了服务市场开放对技术转移或扩散的积极影响，认为服务市场开放是技术扩散的最重要途径，不仅为进口国的技术进步提供了一条重要途径，同时还降低了进口国的技术进步成本，这一点对发展中国家尤为重要。

---

❶ Mohnen（2001）总结了国际技术溢出主要的6个途径：（1）产品（最终产品、中间产品、资本品）的国际贸易；（2）外国直接投资（FDI）；（3）科学家、工程师等受过高级教育的人的移民；（4）各种技术杂志的出版、专利和专利转让等；（5）国际跨国合作或者跨国并购等；（6）外国技术的直接购买等。Mohnen, P. International R&D Spillovers and Economic Growth, in M. Pohjola（Ed.）Information Technology, Productivity and Economic Growth, Oxford University Press, 2001.

此外，随着经济开放程度的提高和国际产业结构的不断调整，全球FDI也逐渐转向服务业，服务业FDI（商业存在服务贸易进口）技术溢出的问题引起了国内外很多经济学者的高度关注，成为近年来经济研究的热点问题之一，产生了许多有价值的成果。多数研究发现，服务业FDI有利于促进东道国的技术进步和经济增长。第一，宏观层面的研究大都发现包括服务业FDI在内的服务自由化改革和放松管制对于发展中国家和经济转型国家的经济增长和生产率增长具有促进作用。如Mattoo，Rathindran和Subramanian（2006）的跨国回归分析发现，基础电信和金融服务等服务部门的自由化有利于一国的长期经济增长，并估计全面开放电信和金融服务业的国家比其他国家增长要快1.5个百分点。Eschenbach和Hoekman（2006）对1990～2004年经济转型国家的研究发现，服务自由化的改革与1990年以后转型经济体的经济增长存在显著的正相关关系。Konan和Maskus（2006），Jensen等（2007）基于可计算一般均衡模型分别对突尼斯和俄罗斯的研究发现，放宽对跨国服务供应商的限制对国家的经济增长贡献很大。Markusen等（1999）运用比较静态模型研究发现，中间服务业FDI自由化由于提高了利用其作为中间投入的最终产品部门的生产力，因此有利于东道国经济福利的增加。第二，产业层面的研究发现包括服务业FDI在内的服务自由化改革和放松管制有利于促进东道国相关产业部门尤其是下游制造业部门的生产率增长，如Francois和Woerz（2007）利用1994～2004年OECD国家货物与服务贸易的面板数据研究发现，服务部门开放程度的增加（包括更多的服务进口和服务业FDI的进入）会显著提升一国制造业部门，尤其是技能和技术密集型产业的竞争力。Fernandes（2007）研究了1994～2004年东欧经济转型国家服务部门的绩效，发现金融、通信等基础服务部门的自由化对于东欧国家下游制造业行业的生产率具有显著正向的促进作用。第三，微观企业层面的研究也证明了服务业FDI与东道国下游制造业企业的生产率增长正相关。如Arnold，Javorcik和Mattoo（2006，2008）分别用捷克和印度的企业层面数据对服务业改革与下游制造业生产率之间的关系进行实证分析，发现服务业改革与国内下游制造业的全要素生产率（TFP）之间存在正相关关系，其中允许外资进入服务业是服务自由化改善下游制造业效率的最主要渠道。Javorcik和Li（2007）对罗马尼亚的研究也发现，零售行业的外国直接投资对于国内制造业企业的全要素生产率具有促进作用。Fernandes 和 Paunov（2008）利用 1992~2004 年智利企业数据研究了服务业 FDI 与制造业企业劳动生产率增长之间的关系，发现两者显著正相关。

近年来，随着中国服务贸易规模和服务业 FDI 的不断扩大，国内经济学者也逐渐开始关注服务贸易（包括服务业 FDI），但偏重于服务贸易和服务业 FDI 与经济增长关系问题的研究，包括服务贸易和服务业 FDI 对中国总体经济（丁辉侠、冯宗宪，2008；黄卫平、方石玉，2008；等等）、区域经济（贺梅英，2005；吴静，2007；王传荣、周晓艳，2007；马元、刘婧，2008；等等）、服务行业（钟晓君，2009；姜建平、赵伊川，2007）的经济增长的影响。从研究方法来看，主要是利用中国整体或各地区或各服务业的时间序列数据，对服务贸易或服务业 FDI 和 GDP 等变量进行协整分析、格兰杰因果关系检验以及对服务贸易或服务业 FDI 对经济增长作用的机制进行研究等。但目前国内甚少对服务贸易或服务业 FDI 技术溢出效应的研究。国内研究国际贸易或 FDI 的溢出效应，主要是针对工业或制造业来讨论的。

那么，服务贸易（包括服务业 FDI）是否对中国存在技术溢出效应呢？这种技术溢出效应对中国总体经济的影响如何呢？是否促进了中国服务业和制造业的技术进步和增长质量呢？中国服务贸易的技术溢出效应会受到哪些因素的影响？中国怎样才能从服务贸易的技术溢出中获得更大的收益？目前的形势下，如何建立和加深服务业外资企业与本国相关产业的联系，促进服务贸易技术溢出效应的有效发挥，促进中国服务业的效率提升和制造业发展与转型升级等问题是值得我们研究的重要课题。

二、研究目的和意义

1. 研究目的

本书希望通过理论和实证研究，力图回答以下问题：

服务贸易（包括服务业 FDI）是否对中国存在技术溢出效应？这种技术溢出是正向还是负向作用？哪些因素影响服务贸易技术溢出效应的发挥？服务贸易（包括服务业 FDI 在内）是否通过技术溢出效应促进了中国服务业和制造业的产业发展？中国政府应采取什么样的外贸政策、外资政策和产业政策以有效利用服务贸易的技术溢出效应来促进技术进步和产业发展?

2. 研究意义

充分利用服务贸易（包括服务业 FDI）的技术溢出效应促进中国服务业生产力水平的发展，并提高下游制造业的技术效率和竞争力，是发展中国家吸收国际技术溢出促进技术进步的重要途径。

本书主要研究在扩大服务贸易（包括服务业 FDI）的基础上，如何充分利用服务贸易（包括服务业 FDI）的技术溢出效应问题。理论方面，本书在梳理前人相关文献的基础上，对服务贸易（包括服务业 FDI）的技术溢出进行了专门的理论和实证研究，分析了服务贸易（包括服务业 FDI）技术溢出的机理，并在服务贸易（包括服务业 FDI）技术溢出的存在性、正负向作用、溢出渠道、影响因素，以及对服务业和制造业的产业发展影响等方面提供中国的经验证据。实践方面，本书的研究结论可为中国的产业政策和外贸外资政策提供参考，并为中国政府如何利用服务贸易（包括服务业 FDI）的技术溢出效应，提升技术能力和产业竞争力提供新思考。

第二节　研究对象与重要概念的界定

一、服务业

20 世纪 30 年代末，Fisher（1939）和 Clark（1940）提出了经济增长阶段的模型，并将服务业定义为第三产业。所谓第三产业就是指除第一产业、第二产业之外的其他各行业。目前，各国对第三产业的界定存在显著的差异。

联合国贸发数据库（UNCTAD）把服务业分为 12 类，包括电力、燃气和水的供应业，建筑业，零售业，住宿和餐饮业，运输、仓储及通信业，金融业，商务服务业，公共管理服务业和国防，教育业，卫生和社会服务业，社区、社会和个人服务业以及其他服务业。世界贸易组织（WTO）将服务业也分为 12 类，包括商业性服务（其中既包括个人消费服务，也包括企业、政府消费的服务），通信服务，建筑服务，销售服务，教育服务，环境服务，金融服务，健康及社会服务，旅游及相关服务，文化、娱乐及体育服务，交通运输服务及其他服务。基于 WTO 的分类主要是针对服务贸易，本书在对全球商业存在服务贸易（服务业外商直接投资）进行分析时，采用的是 UNCTAD 的分类方法。

中国按照《国民经济行业分类》（GB/T 454 – 2002）的划分标准，第一产业包括农、林、牧、渔业；第二产业包括采矿业，制造业，电力、燃气及水的生产和供应业，建筑业；第三产业包括除第一、第二产业外的其他行业，包括了一级分类中的 14 个部门，具体包括：交通运输、仓储和邮政业，信息传输、计算机服务和软件业，批发和零售业，住宿和餐饮业，金融业，房地产业，租赁和商务服务业，科学研究、技术服务和地质勘查业，水利、环境和公共设施管理业，居民服务和其他服务业，教育、卫生、社会保障和社会服务业，文化、体育和娱乐业，公共管理和社会组织，国际组织等。在本书中，我们研究中国商业存在服务贸易即服务业外商直接投资时，采用的是该种分类方式。在本书中，我国的服务业与第三产业是同义词。❶

二、服务贸易

（一）服务贸易的定义和分类

关于服务贸易，国际上迄今为止没有一个规范性的定义。传统上是参照货物贸易来定义服务贸易——跨越国界进行服务交易的商业活动，具体而言是：一国（地区）的劳动力向另一国（地区）的消费者（法人或自然人）提供服务并获得相应外汇收入的全过程构成服务出口；相应地，一国（地区）消费者购买他国（地区）劳动力提供服务的过程构成服务进口。而世界贸易组织的《服务贸易总协定》（GATS）❷ 按照服务提供方式对国际服务贸易进行了定义，其所定义的四种服务提供方式包括：（1）跨

---

❶ 自 1985 年起，在中国的国民经济核算中，第三产业一直是服务业的同义词。而在 2002 年新颁布的《国民经济行业分类》中，将农、林、牧、渔业列入第一产业，使得服务业与第三产业出现差别。但农、林、牧、渔业的规模不大（何德旭，2005），本书以下所指的服务业，均等同于第三产业的概念，工业等同于第二产业的概念。

❷ 1994 年 4 月，各国经过反复磋商总结，在乌拉圭回合谈判中签订了《服务贸易总协定》（General Agreement on Trade in Services，GATS），并定义了服务贸易。

境提供（或过境交付）（Cross-border Supply）：由一个成员境内向另一个成员境内提供服务。在这种形式下，服务提供者和消费者分别在本国境内，并不移动过境，服务借助于计算机网络或远程通信手段来实现，例如国际电话通信服务等。(2) 境外消费（Consumption Abroad）：在一个成员境内向任何其他成员的服务消费者提供服务。在这种服务提供形式下，服务消费者跨越国境进入服务提供者所在的国家或地区接受服务，如出国旅游、出国留学实际上都是接受的这种服务提供方式。(3) 商业存在（Commercial Presence）：是指通过一成员方的商业实体在任何其他成员方境内的存在而提供服务。这种商业实体实际上就是外商投资企业。在这里，服务的提供是以直接投资为基础的，其提供涉及资本和专业人士的跨国流动。例如外资银行提供的服务就属于这种形式。(4) 自然人移动（Movement of Natural Persons）：是由一成员方的自然人在其他任何成员方境内提供的服务。这种形式涉及服务提供者作为自然人的跨国流动。与商业存在不同的是，它不涉及投资行为。而根据世界贸易组织的估算，在这四种服务提供模式中，第三种服务提供方式——商业存在模式是如今最主要的服务贸易模式，该种形式的服务贸易主要以服务业FDI为载体来实现。

国际货币基金组织（IMF）于1993年发布的《国际收支手册（第5版）》（简称BPM5）中，把服务贸易分为11个大类，即运输，旅游，通信，建筑，保险，金融服务，计算机与信息服务，专有权使用费与特许费，其他商业服务，个人、文化与娱乐服务，别处未提及的政府服务。2008年12月，IMF公布了最新版的《国际收支手册（第6版）》（简称BPM6），充实了《国际收支手册（第5版）》的相关内容，对货物与服务贸易收支部分子项目进行了调整，把服务贸易分为11大类，即与货物相关的服务（包括加工服务、维护与维修服务），运输，旅行，建设，保险和养老金服务，金融服务，知识产权使用费，电信、计算机和信息服务，其他商业服务，个人、文化和娱乐服务，别处未提及的政府服务。本书在对全球和中国服务贸易进行分析时，综合运用了国际货币基金组织的BPM5和BPM6的服务贸易总体数据，而在具体分行业分析时主要运用的是

BPM5 的分类方法。❶

(二) 跨境服务贸易与商业存在服务贸易（服务业 FDI）

本书中的服务贸易是根据世界贸易组织的《服务贸易总协定》（GATS）进行的定义。目前关于服务贸易主要有两类统计体系：一是国际收支统计，又称为 BOP（Balance of Payments）统计，是指各国的国际收支平衡表所记录的、经常项目下的服务交易，只能提供跨境交付、境外消费和部分自然人流动的服务贸易数据，无法反映商业存在模式服务贸易数据，因为按照 BOP 的观点，对外贸易是发生在居民与非居民之间的交易，因此服务贸易就是发生在常驻单位和非常驻单位之间的服务产品交易。二是外国附属机构服务贸易统计，又称为 FATS（Foreign Affiliates Trade in Service）统计，主要反映外国商业存在在东道国发生的服务交易情况。

但目前，除了美国等少数几个国家拥有比较完整的 FATS 统计数据以外，全球大部分国家和地区只有 BOP 统计的服务贸易数据。然而，商业存在模式在全球服务贸易中的地位很重要。根据 WTO 秘书处的测算，通过商业存在（外国直接投资）进行的服务贸易占世界服务贸易总值的 50% 以上。此外，服务提供方式商业存在与服务业 FDI 密切相关，其发展和变化趋势与国际服务贸易的发展趋势相一致。因此，本书在研究服务贸易的技术溢出效应及对产业发展的影响时，把 BOP 统计的服务贸易统称为"跨境服务贸易"，而把服务业 FDI 作为"商业存在服务贸易"的替代变量或代名词。也就是说，本书中服务业 FDI 实际上等同于服务贸易的一种具体形式：商业存在服务贸易。

三、技术

在早期的新古典经济增长文献中（Solow，1956），技术被简单地假定为外生给定，并没有得到学术界充分的关注。内生增长理论将技术视为经济增长的最终源泉，并把技术当作内生的知识来看待（Aghion and Howitt，

---

❶ 这主要是在联合国贸发数据库（UNCTAD）中，关于《国际收支手册（第 6 版）》（BPM6）的分类服务贸易数据年份比较少，只有 2005 年以后的，而《国际收支手册（第 5 版）》（BPM5）的分类服务贸易数据年份比较长，有 1980～2013 年的完整数据。因此本书在对全球和中国服务贸易进行行业结构分析时，使用的是 BPM5 的服务贸易分类数据。

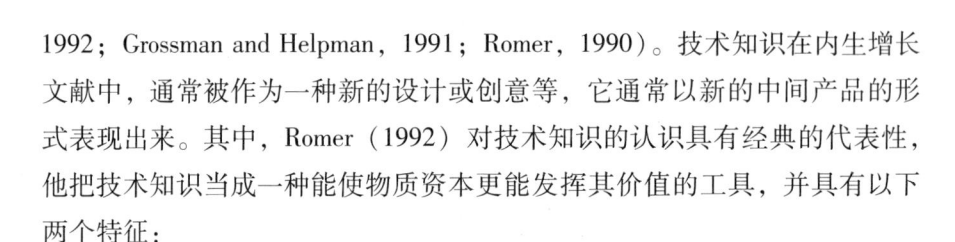

1992；Grossman and Helpman，1991；Romer，1990）。技术知识在内生增长文献中，通常被作为一种新的设计或创意等，它通常以新的中间产品的形式表现出来。其中，Romer（1992）对技术知识的认识具有经典的代表性，他把技术知识当成一种能使物质资本更能发挥其价值的工具，并具有以下两个特征：

（1）技术的非竞争性。"技术与竞争性的投入品——资本或劳动不同，竞争性的投入品在生产过程中只能使用一次，而技术的非竞争性意味着一个人对新技术的使用，并不排除其他人同时使用这种技术。"技术的最主要的物理特征是：它是一个"非竞争性"物品。这一特性意味着同一技术可以被许多厂商同时使用。

（2）技术的非排他性或外部性。"技术一旦被发明，其在生产中作为投入要素的边际成本很小甚至为零。技术的收益一般通过专利或版权等由投资者收回（私人收益），但投资者之外的企业和个人也可能受益（公共收益），这种公共收益就是由于技术的外部性造成的。"技术知识的创造者或拥有者并不能阻止其他人对知识的利用（即使考虑法律因素，完全的知识产权保护和保密也是不可能的）。技术知识的生产只需一次性投入固定成本，而获得的边际成本为零。由于技术知识不能享有完全的专利和保密。一个厂商创造的新技术知识对其他厂商的生产具有正的"外溢效应"（Spillover Effect）。新技术知识生产者无法获得新知识带来的全部收益，生产新知识的私人收益率小于社会收益率。

技术可以分为两种类型：外在型技术和内在型技术。所谓外在型技术是指那些很容易转移、复制和储存的技术。这种技术具有一些公共产品的特征，是规模报酬递增的最终源泉。许多研究者认为，只有少数技术知识属于外在型，大多数技术知识属于内在型。Polanyi（1974）最早阐述了外在型技术知识和内在型技术知识的区别。技术属于外在型还是内在型，对于技术溢出来说意义很大，因为外在型技术比内在型技术更容易转移或者溢出。任何技术知识只具有部分的外在型性质，因为我们有时候不可能或很难将内在知识外在化。"实际上，技术由许多复杂的内在和外在知识以及物资资本构成，由于内在型技术知识并不会在公司和国家之间转移，技术指导手册并不包括那些内在型的技术知识；相反地，这些手册常被翻译成具有某种特别应用的工艺，这个具有不确定制造性的过程可能会导致不同的绩效水平。"（Bell and Pavitt，1993）Teece（1977）研究发现，非外在型技术知识在企业之间的转移成本是很高的。但内在型的技术知识也能转换成外在型的技术知识（Nonaka and Takeuchi，1995）。内在型技术知识的转化可采取学徒、合作研究、模仿、岗位训练和有指导的"干中学"等特殊形式。这些技术知识扩散或溢出的方法可称为知识转移的"横向"方法，从而区别于内在的知识被以"纵向"的方法所转移。Arora 和 Gambardella（1994），Cowan 和 Foray（1997）等认为，随着技术溢出和经济增长，更多技术变成外在型的，这意味着社会学习和技术进步的步伐加快。

四、技术溢出

（一）技术溢出

技术溢出（Spillover）也称为技术外部性，具体有两种情况：一是正外部性，指外部性在给经济主体带来好处时，产生正的溢出效应；二是负外部性，指外部性在给经济主体带来损失时，产生负的溢出效应。MacDougall（1960）认为外商直接投资对东道国具有重要经济影响，并第一次提出了外商直接投资（FDI）的技术溢出（Technology Spillover）效应。Kokko（1992）和 Blomstrom（1996）把 FDI 的技术溢出定义为：跨国公司在东道国设立分公司，引起当地技术进步，但其分公司不能获得其全部收益的情况。大部分情况下，FDI 会对东道国产生正的技术外部性。然而，FDI 对东道国的技术进步也可能产生负面影响，如当跨国公司的进入迫使东道国本地企业退出市场或生产率下降时，就会产生负向的溢出效应，即通常所说的"挤出效应"（Crowding – out Effect）。

（二）金钱溢出和知识溢出

Griliches（1979）最早区分了关于技术溢出的两种类型：一是金钱或租金溢出（Pecuniary or Rent Spillovers），二是知识溢出（Knowledge Spillovers）。Griliches 和 Lichtenberg（1984）认为，金钱溢出完全是由于市场交易活动中的衡量误差所造成的。因此，金钱溢出的一个很重要的特征是，它只能伴随着市场交易活动而发生。当一个国家产生的技术创新有助于其他国家的创新进程时，知识溢出就发生了。知识溢出是由于创新者对知识的不完全可控性，如不完全的专利保护、创新秘密的不完全保密性等。与租金溢出不同，知识溢出的发生不一定非要有经济交易活动或衡量误差的发生。但经济交易活动的发生一般会伴随着知识溢出的发生，如FDI、国外技术引进、国际R&D合作、科学技术论文的出版、科学家的移民等。因此，在经济交易活动中既有租金溢出也有知识溢出，并且两种难以区分。在实证研究中，也很少有文献对租金溢出和知识溢出加以区别❶，大家往往都笼统地使用广义的国际技术溢出概念。

（三）行业内溢出和行业间溢出

目前，国际贸易和FDI的技术溢出主要有两种分类：（1）按照技术溢出的具体途径可以分为竞争效应、示范效应、人员培训效应和关联效应；（2）按照技术溢出是否发生在同一个行业内，可分为行业内溢出（或称为水平溢出）和行业间溢出（或称为垂直溢出）两种❷。Perez（1998）从产业结构的层面，将跨国公司的溢出效应分为行业间溢出效应和行业内溢出效应。行业内溢出，主要是指外商投资企业与东道国相同行业内企业之间通过竞争、示范、人员培训和流动等渠道产生的溢出。行业间溢出，是指通过外商投资企业与东道国上下游企业之间的投入产出关联而产生的溢出。按照产业关联的方向，行业间溢出可分为前向关联溢出和后向关联溢出。陈羽（2006）指出，按照行业内外溢出的二分法，在测算绩效时比较符合FDI技术溢出的实际，因为实践中很难把不同溢出渠道产生的技术溢出效应在数量上进行区分。本书在研究商业存在模式服务贸易即服务业FDI的技术溢出效应时，倾向于把服务业FDI的技术溢出效应分解为以下两个方面：一是行业内溢出，即服务业FDI对东道国服务业的技术溢出；二是行业间溢出，主要是研究服务业FDI通过前向关联对东道国下游制造业的技术溢出。

---

❶ 金钱溢出在一定条件下可转化为知识溢出。如Branstetter（2001），Kox和Rubalcaba（2007）研究指出，如果使用更好服务的下游制造业企业能够运用服务产品总体所包含的知识来提高自身的生产率，如营销、技术和咨询服务等知识密集型行业所提供的知识密集型投入，有助于制造业企业提高自主创新能力和生产效率。

❷ 陈涛涛（2003）把FDI技术溢出分为行业内溢出、行业间溢出和人员流动的溢出。但大多数文献把人员流动的溢出作为行业内和行业间的一种溢出途径。

第三节 研究内容、研究目的与研究方法

一、研究内容

本书一共分为八章内容。第一章为导言,第二章为理论基础与文献综述,第三章为中国服务贸易的发展现状,第四章到第八章为文章的主体。具体的内容安排如下:

第一章为导言。首先,提出本书要研究的问题和阐述本书的主要研究目的和意义。然后,对服务业、服务贸易、跨境服务贸易、商业存在服务贸易(服务业 FDI)、技术、技术溢出、产业发展等重要概念进行界定。在概念界定的同时,将服务贸易与服务业 FDI、金钱溢出与知识溢出等相关概念进行比较。最后,介绍本书的研究内容、研究方法和主要的创新点。

第二章为理论基础与文献综述。在理论基础部分,本书介绍了传统国际贸易理论和国际直接投资理论,并分析了其对服务贸易和服务业的适应性。在文献综述方面,本书首先对国际贸易、FDI 技术溢出的理论和实证研究的发展脉络进行介绍和简短评论,然后介绍和评论国内外关于服务贸易与服务业 FDI 技术溢出的理论和实证研究。

第三章为中国服务贸易的发展现状。第一节对中国跨境服务贸易的发展规模、行业结构以及竞争力状况进行分析,第二节对中国商业存在服务贸易即服务业 FDI 的发展现状和特征进行分析。

第四章为服务贸易的技术溢出效应分析。这一章包括三节内容,第一节对中国跨境服务贸易的技术溢出效应进行理论和实证分析,通过对我国 1984~2015 年的服务贸易进口与全要素生产率(TFP)的协整分析,并在向量误差修正模型的基础上通过格兰杰因果关系检验来分析它们的关系。研究结果发现:我国服务贸易进口和全要素生产率之间存在长期的正向关系,说明服务贸易进口存在显著的技术溢出效应。第二节对中国商业存在服务贸易即服务业 FDI 的技术溢出效应进行理论和实证分析,通过对我国 1984~2015 年的服务业 FDI、生产性服务业 FDI 与全要素生产率指数的时间序列数据进行平稳性检验和协整分析,并在向量误差修正模型的基础上

通过因果关系检验来分析它们的关系。结果发现：无论是流量还是存量，我国的服务业 FDI 包括生产性服务业 FDI 和技术进步之间都存在长期的均衡关系，服务业 FDI 对中国总体经济的技术进步存在正向促进作用。第三节研究商业存在服务贸易技术溢出效应的影响因素，根据利用中国 16 省市的面板数据，分析了法制水平、劳动力市场化程度、服务业发展水平和人力资本水平等因素对服务业 FDI 技术溢出效应大小的影响。研究结果发现，法制水平、劳动力市场化程度、服务业发展水平与服务业 FDI 技术溢出效应的大小显著正相关，人力资本存量与服务业 FDI 的技术溢出效应正相关，但只有东部地区才显著，说明服务业 FDI 的技术溢出效应存在人力资本的门槛效应。

第五章为跨境服务贸易与制造业发展。第一节分析跨境服务贸易进口通过技术溢出对制造业产业发展的影响，通过运用 52 个国家 2000～2011 年的跨国面板数据分析生产性服务贸易进口对制成品出口复杂度的影响，实证分析表明生产性服务进口通过引入高级服务要素投入，促进了一国高技术制成品生产的专业化分工水平与技术进步，从而有助于高技术制成品出口复杂度的提升。第二节主要研究跨境运输服务贸易进口对制造业出口规模的影响。根据 2000～2012 年中国制造业行业的面板数据，对运输服务贸易自由化对制造业出口规模的影响进行实证分析。结果发现：运输服务贸易自由化的确可以通过降低贸易成本，促进制成品出口规模增长。因此，加快运输服务贸易自由化是提升一国制成品出口规模的重要途径。

第六章为商业存在服务贸易与产业发展。第一节分析商业存在服务贸易进口（即服务业 FDI）通过技术溢出对服务业发展的影响。研究结果发现，服务业 FDI 显著地促进了中国各服务行业的全要素生产率增长和技术进步的增长。第二节研究商业存在服务贸易进口（服务业 FDI）通过技术溢出对制造业发展的影响。研究结果发现，服务业 FDI 尤其是生产性服务业 FDI 显著地促进了中国制造业行业的全要素生产率增长和技术进步的增长。

第七章为生产性服务贸易、技术溢出与产业发展。这一章，以生产性服务为例，分析生产性服务贸易，包括跨境生产性服务贸易进口、商业存在生产性服务贸易进口（生产性服务业 FDI）通过技术溢出对制造业发展的影响。一共分为三节，第一节同时研究生产性服务贸易进口、商业存在生产性服务贸易进口（生产性服务业FDI）与中国总体技术进步的关系。结果发现：生产性服务贸易进口、生产性服务业FDI与中国技术进步之间均存在长期的均衡关系；生产性服务贸易进口和生产性服务业FDI都是技术进步的格兰杰原因，但技术进步并不是生产性服务贸易进口、生产性服务业FDI的格兰杰原因。第二节综合研究生产性服务贸易进口与商业存在生产性服务贸易进口（生产性服务业FDI）对中国制造业劳动生产率的影响。研究表明：生产性服务贸易进口促进了中国制造业生产率的提升，而且这种促进效应要比生产性服务业FDI对制造业生产率的效应更为突出；生产性服务贸易进口和生产性服务业FDI都更能促进资本和技术密集型制造业的生产率增长，而对劳动密集型制造业生产率的促进则影响相对较小；不同生产性服务部门进口对中国制造业总体生产率所产生的效应存在很大差异；进口的不同类型生产性服务对中国不同要素密集度制造业劳动生产率所产生的影响也存在较大差异。第三节研究生产性服务贸易进口与商业存在生产性服务贸易进口（生产性服务业FDI）对中国制造业出口竞争力的影响。研究结果表明：生产性服务进口比生产性服务业FDI更能显著促进制造业出口竞争力的提升，且二者都更有利于资本技术密集型制造业出口竞争力的提升；不同部门的生产性服务进口对制造业整体以及不同要素密集度制造业出口竞争力的提升相应存在较大差异。

第八章为本书的研究结论与政策建议。这一章，在前面理论和实证分析的基础上，提出充分利用服务贸易技术溢出效应以促进中国技术进步和产业发展的对策建议。

二、研究目的

本研究的主要目的是从理论与实证双重维度来分析服务贸易（包括服务业FDI在内）的技术溢出和产业发展效应。旨在为国际贸易和FDI发生结构性转变的背景下，实现我国服务贸易和服务业FDI的正向溢出效应、优化资源配置效率、改善服务业发展滞后的现状，提供理论依据和政策启示。本研究将通过以下几个方面来实现这一目标：

第一，揭示服务贸易（包括服务业FDI在内）技术溢出的机制。一般认为国际贸易和FDI的技术溢出渠道包括竞争效应、人员流动效应、学习效应和关联效应。本书借鉴国际贸易的理论模型揭示了跨境服务贸易进口和商业存在服务贸易进口（服务业 FDI）可通过增加进口国或东道国的服务产品种类与数量、扩大生产规模的方式，提升东道国技术水平和专业化水平，从而实现正向的生产率溢出。通过服务贸易模型结合不同经济学家的理论模型可知，跨境服务贸易进口和商业存在服务贸易进口（服务业 FDI）的技术溢出机制可归结为两个，即跨境服务贸易进口和商业存在服务贸易进口（服务业 FDI）可通过研发外溢效应提升进口国或东道国技术进步；跨境服务贸易进口和商业存在服务贸易进口（服务业 FDI）可通过产业关联效应产生行业内与行业间溢出，分别影响进口国或东道国的服务业生产率和制造业生产率。

第二，验证跨境服务贸易进口和商业存在服务贸易进口（服务业 FDI）技术溢出效应的存在性与影响因素。现有研究已从实证方面论证了进口贸易和 FDI 技术溢出效应的存在性，并得出不同结论，即进口贸易和 FDI 的技术溢出效应可能为正、可能为负，或者说 FDI 技术溢出效应的存在或作用大小会受到某些因素的影响。一般的做法是基于东道国 GDP、劳动生产率、全要素生产率或者企业生产率与 FDI 之间的联系来判断 FDI 技术溢出效应，当系数为正则说明技术溢出效应存在。本书沿袭这一思路，利用时间序列数据和协整分析方法等实证分析跨境服务贸易进口商业存在服务贸易进口（服务业 FDI）技术溢出效应的存在性，并进一步利用中国省际面板模型论证了商业存在服务贸易进口（服务业 FDI）技术溢出效应的影响因素。

第三，对跨境服务贸易进口与商业存在服务贸易进口（服务业 FDI）的技术溢出机制之一——产业关联效应进行实证分析。事实上，由于生产性服务业作为制造业中间投入的这一性质，服务业与制造业之间即存在所谓的"前向关联"，而服务贸易进口和服务业 FDI 对制造业生产率的影响即体现了服务贸易与商业存在服务贸易进口（服务业 FDI）的行业间溢出效应，这是跨境服务贸易进口与商业存在服务贸易进口（服务业 FDI）的重要技术溢出机制。然而跨境服务贸易进口与商业存在服务贸易进口（服务业 FDI）的竞争效应和人员流动效应等也会对本产业产生产业内溢出，并表现在对服务业生产率的影响上。本书以中国服务行业和制造行业的面板数据为样本，验证了跨境服务贸易进口与商业存在服务贸易进口（服务业 FDI）的产业关联效应是否显著，即到底表现为行业内溢出还是行业间溢出。

第四，对生产性服务贸易进口和商业存在生产性服务贸易进口（生产性服务业 FDI）的技术溢出效应，及其对制造业的产业发展影响进行实证分析。以生产性服务业为例，综合分析跨境服务贸易进口与服务业 FDI 的技术溢出效应，以及对制造业发展的影响。其中，对生产性服务贸易进口和生产性服务业 FDI 的技术溢出效应和产业发展影响的大小进行比较分析，并具体考察不同部门生产性服务贸易进口对制造业发展水平（如劳动生产率和出口竞争力等）影响的差异性。

三、研究方法

本书主要采用实证研究方法，力求做到实证研究与规范研究相结合。在理论分析部分，利用国际贸易理论、国际直接投资理论、知识溢出理论、服务业与制造业互动发展理论等阐述了服务贸易技术溢出的溢出渠道和溢出效应，以及技术溢出效应大小的影响因素。在实证分析部分，利用时间序列数据进行协整分析，或利用面板统计数据进行计量回归分析。本书采用了两种方法来测算全要素生产率。在第四章测算全国和各地区的全要素生产率时，采用的是生产函数法，而在第五章则借助于 DEA 的 Malmquist 指数方法测算中国服务业和制造业的生产率及其指数分解，将其与商业存在服务贸易（服务业 FDI）参与变量组成计量回归模型，进一步确定了服务业 FDI 技术溢出的途径。在理论分析和实证研究的基础上，对未来的外贸外资政策和产业政策提出政策建议。具体来说：

（1）规范研究的方法。理论研究能够对经济现象背后的经济规律进行深度的挖掘，为自身的研究主题提供坚实的基础。由于服务贸易和服务业 FDI 的特殊性，对其研究需建立在以服务业为主要研究对象的各种经济理论上，并分别从行业及区位等视角进行分析。本书的理论基础包括国际贸易理论、服务贸易理论、跨国投资理论、内生经济增长理论等，这些将在文献综述部分进行具体的描述。

（2）计量实证回归方法。本书利用固定效应模型、动态面板模型方法对研究主题进行了计量分析。例如，在分析商业存在服务贸易（服务业 FDI）技术溢出效应的影响因素时，本书利用中国 16 省市的面板数据，分析了法制水平、劳动力市场化程度、服务业发展水平和人力资本水平等因素对服务业 FDI 技术溢出效应大小的影响。

（3）数据包络分析法（DEA）。由于本书的研究需要对中国服务业生产率以及制造业生产率进行测算与分解，因此笔者利用数据包络分析（DEA）为基础的非参数估计——Malmquist 指数方法，该方法无须满足特定生产函数形式和其他假定，不用预先估计参数，在计算方法上具有较大的优越性，可以得到较为稳健的结果。本书主要使用 DEAP 2.1 软件计算出最终的结果。而其中的中国各地区物质资本存量、服务业物质资本存量以及制造业物质资本存量则均采用永续盘存法来进行具体测算。

（4）协整分析和格兰杰因果检验方法。本书在分析中国跨境服务贸易进口和商业存在服务贸易进口（服务业 FDI）对中国整体经济的技术溢出效应时，运用的是时间序列数据，对我国 1984～2015 年的服务贸易进口、服务业 FDI 与全要素生产率（TFP）进行了协整分析，并在向量误差修正模型的基础上通过格兰杰因果关系检验来分析它们的关系。

第二章 理论基础与文献综述

第一节 理论基础

这一节,我们首先分析传统国际贸易理论及其对服务贸易的适用性,研究跨境服务贸易的理论基础,然后分析传统国际直接投资理论及其对服务业的适用性,研究商业存在服务贸易(服务业 FDI)的理论基础。

一、传统国际贸易理论及其对服务贸易的适用性

国际贸易是国际经济发展中的重要现象,也是国际技术溢出的重要方式之一。长期以来,国际贸易都受到国内外学术界的高度关注,很多经济学者对此进行了大量的研究和探索,并提出了解释国际贸易形成和发展的各种理论。

(一)绝对优势理论

绝对优势理论(Theory of Absolute Advantage),又称绝对成本说(Theory of Absolute Cost)。亚当·斯密代表工业资产阶级的要求,1776 年出版的代表作《国民财富的性质和原因的研究》(简称《国富论》)中,反对重商主义,要求自由放任,系统地提出了绝对成本说。所谓绝对成本,是指某两个国家之间生产某种产品的劳动成本的绝对差异,即一个国家所耗费的劳动成本绝对低于另一个国家。绝对优势理论的主要内容包括:(1)分工可以提高劳动生产率,增加国民财富;(2)分工的原则是成本的绝对优势或绝对利益;(3)国际分工是各种形式分工中的最高阶段,在国际分工基础上开展国际贸易,对各国都会产生良好效果;(4)国际分工的基础是

有利的自然禀赋或后天的有利条件。斯密认为，有利的生产条件来源于有利的自然禀赋或后天的有利条件，而自然禀赋和后天条件因国家而不同，这就为国际分工提供了基础。因为有利的自然禀赋或后天的有利条件可以使一个国家生产某种产品的成本绝对低于其他国家，而在该产品的生产和交换上处于绝对有利地位。各国按照各自的有利条件进行分工和交换，将会使各国的资源、劳动和资本得到最有效的利用，将会大大提高劳动生产率和增加物质财富，并使各国从贸易中获益。

绝对成本这一学说从劳动分工原理出发，在人类认识史上第一次论证了贸易互利性原理，克服了重商主义者认为国际贸易只是对单方面有利的片面看法。这种贸易分工互利的双赢思想仍然是当今世界各国扩大对外开放，积极参与国际分工贸易的指导思想。但是，斯密的理论只能解释国际贸易的一小部分，即具有绝对优势的国家参与国际分工和国际贸易能够获利。但在现实世界中，有的国家可能没有任何产品处于绝对有利的地位，这些国家如何进行贸易，该理论无法解释。因此，本书认为，绝对优势理论也可以在一定程度上解释一部分服务业的国际分工与国际贸易。

（二）比较优势理论

大卫·李嘉图在其代表作《政治经济学及赋税原理》中提出了比较优势贸易理论。比较优势理论认为，各国不一定要专门生产劳动成本绝对低的产品，而只要专门生产劳动成本相对低的产品就可以对外贸易。他指出，国际贸易的基础是生产技术的相对差别（而非绝对差别），以及由此产生的相对成本的差别。每个国家都应根据"两利相权取其重，两弊相权取其轻"的原则，集中生产并出口具有"比较优势"的产品，进口具有"比较劣势"的产品。比较优势贸易理论在更普遍的基础上解释了贸易产生的基础和贸易利得，大大发展了绝对优势贸易理论。整体来看，李嘉图的比较优势理论首次为自由贸易提供了有力证据，并从劳动生产率差异的角度成功地解释了国际贸易发生的一个重要起因。直到今天，这一理论仍然是许多国家，尤其是发展中国家制定对外经济贸易战略的理论依据。然而李嘉图的比较优势理论只提出国际分工的一个依据，未能揭示出国际分工形成和发展的主要原因。而且，李嘉图的比较优势理论存在明显的局限性：仅有一种生产要素——劳动，在多种要素存在的情况下，该理论在解释比较优势来源时存在困难。

(三) 要素禀赋理论

赫克歇尔-俄林继承和发展了李嘉图的比较成本理论，提出了要素禀赋论，用生产要素的丰缺来解释国际贸易产生的原因。俄林（1933）认为，商品价格的绝对差异是由于其成本的绝对差异，而成本的绝对差异是由于两个因素：一是生产要素的供给不同，即两国的要素禀赋不同；二是不同产品在生产过程中所使用的要素的比例不同（要素密集程度不同）。他指出，各国的相对要素丰裕度是国际贸易中各国具有比较优势的基本原因和决定因素；一国应该出口丰裕要素密集型产品，进口稀缺要素密集型产品，从而获得贸易利益。

生产要素禀赋理论自创立以来，虽然受到里昂惕夫等学者的质疑，但仍被奉为当代国际经济理论中的圭臬，西方经济学界认为该理论构成了对古典学派李嘉图比较成本说的重大挑战，奠定了现代国际贸易理论的基石。但是，要素禀赋理论仅是从一国要素禀赋出发分析一国的贸易模式，只强调了要素禀赋的静态结果，强调"靠山吃山，靠水吃水"的重要性，而忽略了技术进步的影响，忽略了一国政策对于静态要素的影响。当已有要素通过技术进步和政府政策得到改善和调整之后，一国可以重新选择它的贸易模式。我们应认识到一国的生产要素实际是变量，随着生产力的提高，科技和教育的发展，生产要素的数量、质量和结构相应发生变化。当代技术革命已改变了要素的内涵，促进了人力资本、技术创新信息资本等无形要素和有形要素的相融合，赋予生产要素以全新的内涵。因此我们不能片面静止地对待要素禀赋上的比较优势，这是我们借鉴要素禀赋理论应持有的科学态度。

(四) 新贸易理论

自20世纪60年代以来，国际贸易实践中也出现了许多新趋向，工业国家之间的许多贸易活动用传统的比较优势理论无法予以适当的解释，主要体现在：(1) 里昂惕夫之谜；(2) 世界贸易的绝大部分是在要素禀赋相似的工业化国家之间进行的，且大部分贸易是产业内贸易，即相似产品的双向贸易；(3) 不完全竞争市场的普遍发展。这种新的贸易倾向显然不能

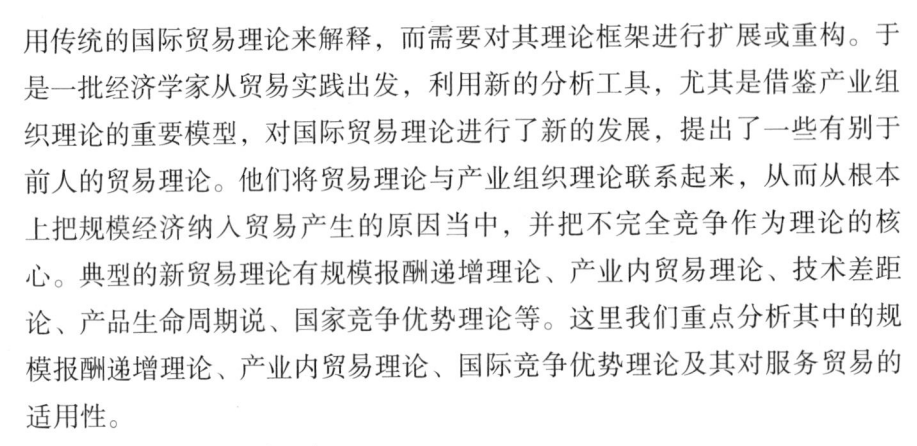

用传统的国际贸易理论来解释,而需要对其理论框架进行扩展或重构。于是一批经济学家从贸易实践出发,利用新的分析工具,尤其是借鉴产业组织理论的重要模型,对国际贸易理论进行了新的发展,提出了一些有别于前人的贸易理论。他们将贸易理论与产业组织理论联系起来,从而从根本上把规模经济纳入贸易产生的原因当中,并把不完全竞争作为理论的核心。典型的新贸易理论有规模报酬递增理论、产业内贸易理论、技术差距论、产品生命周期说、国家竞争优势理论等。这里我们重点分析其中的规模报酬递增理论、产业内贸易理论、国际竞争优势理论及其对服务贸易的适用性。

1. 规模报酬递增理论

规模报酬递增理论也称规模收益递增理论,由克鲁格曼和赫尔普曼(1985)提出。其论点是:规模报酬递增也是国际贸易的基础,当某一产品的生产发生规模报酬递增时,随着生产规模的扩大,单位产品成本递减而取得成本优势,因此导致专业化生产并出口这一产品。规模报酬递增为国际贸易直接提供了基础。在存在规模报酬递增条件下,以规模报酬递增为基础的分工和贸易会通过提高生产率、降低成本,使产业达到更大的国际规模而获利,而参加分工和贸易的双方均获其利。

2. 产业内贸易理论

传统的国际贸易理论,主要是针对国与国、劳动生产率差别较大的和不同产业之间的贸易,但自20世纪60年代以来,随着科学技术的不断发展,国际贸易实践中又出现了一种和传统贸易理论的结论相悖的新现象,即国际贸易大多发生在发达国家之间,而不是发达国家与发展中国家之间;而发达国家间的贸易,又出现了既进口又出口同类产品的现象。为了解释这种现象,国际经济学界产生了一种新的理论——产业内贸易理论。产业内贸易理论的主要内容:(1)产品的异质性是产业内国际贸易的基础。(2)需求偏好的相似性和多样性是产业内贸易的保证。(3)企业内部规模收益递增是产业内贸易的主要利益来源。服务贸易在很大程度上是产业内贸易,如两国同时可作为旅游服务贸易的出口国和进口国。因此本书认为,产业内贸易理论对服务贸易具有较强的解释能力。

3. 国家竞争优势理论

国家竞争优势,又称"国家竞争优势钻石理论""钻石理论"。由哈佛大学商学院迈克尔·波特教授在其代表作《国家竞争优势》(*The Competitive Advantage of Nations*)中提出,属于国际贸易理论之一。国家竞争优势理论既是基于国家的理论,也是基于公司的理论。国家竞争优势理论试图解释如何才能造就并保持可持续的相对优势。波特在《国家竞争优势》一书中,在继承发展传统的比较优势理论的基础上提出了独树一帜的"国家竞争优势"理论,为贸易理论的发展做出了巨大的贡献。该理论着重讨论了特定国家的企业在国际竞争中赢得优势地位的各种条件。它给我们的启示是:在开放型经济背景下,一国产业结构状况并不是一成不变的,各国产业发展具有很强的能动性和可选择性,固有的比较优势不应成为谋求增强国际竞争优势的障碍。其核心理论包括一国某产业贸易国际竞争力由六大因素综合作用而形成:四个关键要素——生产要素,需求条件,相关产业与支持产业,企业组织、战略与竞争状态;除上述四个因素外,一国的机遇和政府的作用,对形成该国的国际竞争地位也起辅助作用。机遇包括重要发明、技术突破、生产要素供求状况的重大变动(如石油危机)以及其他突发事件。政府因素是指政府通过政策调节来创造竞争优势。波特认为以上影响竞争的因素共同发生作用,促进或阻碍一个国家竞争优势的形成。波特的国际竞争优势理论对于服务贸易也有很强的解释能力,目前很多分析文献根据其理论来解释服务贸易竞争力的影响因素。

目前,学术界关于传统的比较优势和要素禀赋理论,以及规模报酬递增理论、产业内贸易理论和国家竞争优势理论等新贸易理论在服务贸易领域的适用性问题,并没有达成共识。主要有以下几类观点:

一是认为无论是传统国际贸易理论还是新贸易理论,都是基于货物贸易提出来的,而服务贸易与货物贸易相比,存在很多明显差异,因此这些国际贸易理论不适用于解释服务贸易,美国经济学家 R. 迪克和 H. 迪克、菲克特库迪等都持该观点。

二是认为无论是货物贸易还是服务贸易,虽然形式上存在差异,但本质上都是一样的,因此国际贸易理论完全适用于解释服务贸易,如萨皮尔、卢兹、拉尔、理查德·库伯等。国内学者江小涓(2008)就明确指出,商品和服务都可还原为一组要素集合,商品和服务贸易都是要素集合的贸易,因此立足要素禀赋差异的国际分工和国际贸易理论对商品和服务贸易都适用。

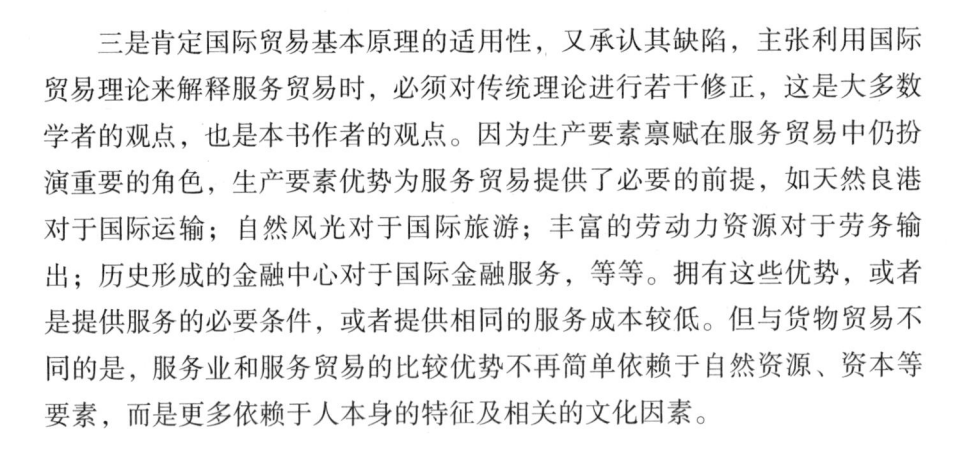

三是肯定国际贸易基本原理的适用性，又承认其缺陷，主张利用国际贸易理论来解释服务贸易时，必须对传统理论进行若干修正，这是大多数学者的观点，也是本书作者的观点。因为生产要素禀赋在服务贸易中仍扮演重要的角色，生产要素优势为服务贸易提供了必要的前提，如天然良港对于国际运输；自然风光对于国际旅游；丰富的劳动力资源对于劳务输出；历史形成的金融中心对于国际金融服务，等等。拥有这些优势，或者是提供服务的必要条件，或者提供相同的服务成本较低。但与货物贸易不同的是，服务业和服务贸易的比较优势不再简单依赖于自然资源、资本等要素，而是更多依赖于人本身的特征及相关的文化因素。

二、传统国际直接投资理论及其对服务业的适用性

与国际贸易一样，国际直接投资也是国际经济发展的重要现象，同样也是国际技术溢出的重要方式之一。第二次世界大战以后，国际直接投资的飞速发展引起了学术界的高度关注，众多经济学者们对此进行了大量的研究和探索，并提出了解释国际直接投资形成和发展的各种理论。

（一）垄断优势理论

1960年美国学者海默（Hymer）在其博士论文《国内企业的国际化经营：对外直接投资的研究》中，第一次提出了垄断优势理论，认为对外直接投资的根本原因是由于市场的不完全性和跨国公司的垄断优势。具体而言：第一，市场具有不完全性。其中，产品市场的不完全主要表现在产品差异、特殊的市场技能以及价格联盟等方面；要素市场的不完全表现在特殊的管理技能、进入资本市场的便利等；此外，不完全竞争还表现在规模经济以及政府对竞争的某些干扰等。第二，市场的不完全竞争使跨国公司在国内获得垄断优势：（1）市场垄断优势，如产品性能差别、特殊销售技巧、控制市场价格的能力等；（2）生产垄断优势，如经营管理技能、融通资金的能力优势、掌握的技术专利与专有技术；（3）规模经济优势，即通过横向一体化或纵向一体化，在供、产、销各环节的衔接上提高效率；（4）政府的课税、关税等贸易限制措施产生的市场进入或退出障碍，导致跨国公司通过对外直接投资利用其垄断优势；（5）信息与网络优势。

海默的垄断优势理论，以市场不完全竞争代替完全竞争，突破了传统

的研究方法,为跨国公司国际投资行为的研究奠定了基础。具体就服务业而言:(1) 服务的难以储存性和服务生产消费的不可分离性使得服务质量受服务技巧、服务企业的技术设备和管理体制等无形资本的影响,而这些无形资本正是服务业跨国公司的垄断优势;(2) 由于要素市场的不完全性,拥有大量高素质服务提供者和拓展服务网络与开发新型服务产品所需雄厚资金的服务业跨国公司,可以依靠自身的垄断优势,在其他国家市场有效地提供服务、树立品牌形象或者利用规模经济效益来降低服务成本和获得更丰厚的利润。因此,本书认为垄断优势理论可以在一定程度上解释服务业跨国公司的对外直接投资。

(二) 内部化理论

内部化理论是由英国的巴克利和卡森(Buckley and Casson, 1976)提出,并由加拿大学者鲁格曼(Rugman, 1981)等进行发展的。根据内部化理论的观点,由于市场的不完全,如果企业将其所拥有的技术和营销知识等中间产品通过外部市场来组织交易,则难以保证企业获得最大化利润;而如果企业建立内部市场,则可利用企业管理手段协调企业内部资源的配置,以避免市场不完全对企业经营效率的负面影响。跨国公司对外直接投资的实质,是在所有权基础之上的企业控制权的扩张,结果是以企业内部管理机制取代外部市场机制,以便拥有跨国经营的内部化优势和降低交易成本。

巴克利和卡森在原来的内部化理论基础上,说明服务业也同样存在内部化中间市场的优势。如卡森指出,服务交易中买方的不确定性将会引起市场不完善,并导致较高的交易成本,从而使企业的对外直接投资具有必要性。鲁格曼以银行业为例分析了内部化理论对服务业的适用性,他认为按照内部化理论,跨国公司可通过创造内部交易市场来克服国际市场的不完全性,而跨国银行也同样可以通过内部交易来克服国际金融市场的不完全性。而且很多服务业部门属于技术复杂性较低的行业,难以确定企业的特定优势;并且服务业跨国公司经营中广泛采用的非股权安排(包括许可证、管理合同、特许经营等)是以市场交易为基础的,这对于内部化理论的适应性会产生一定影响(Enderwich, 1989)。

(三) 国际生产折衷理论

邓宁（Dunning，1979）最早提出国际生产折衷理论（The Eclectic Theory of International Production）。他在对垄断优势理论、内部化理论以及直接投资区位选择理论等进行综合分析的基础上，认为跨国公司必须同时拥有所有权优势（Ownership Advantage）、区位优势（Location Advantage）和内部化优势（Internalization Advantage）这三种优势时才会进行对外直接投资。他指出：(1) 所有权优势是发生国际直接投资的必要条件，是指企业拥有的或能获得的国外企业所没有或无法获得的特定优势，同时也是企业内部化的资产。这种资产可以是有形资产也可以是无形资产，但必须具有所有权。所有权优势解释了企业为何能进行国际生产的原因。(2) 内部化优势是指企业为避免不完全市场给自身带来的影响，将其拥有的资产加以内部化而保持企业优势，即企业的所有权优势必须由企业自身通过生产经营的内部化来实现。企业可以通过内部化来减少市场交易的不确定性以及降低市场交易的风险，并获得规模经济和提高效率。因此，内部化优势解释了企业以何种方式开展国际生产的问题。(3) 区位优势是指投资的东道国或地区对投资者来说投资环境方面所具有的优势，使企业在当地市场能够获得比投资者母国和其他国家市场更丰厚的利润。区位优势主要包括自然资源、劳动力等要素禀赋、基础设施、市场条件、政府政策等。因此，区位优势解释了企业在何处设立分支机构进行国际生产的问题。

邓宁（Dunning，1988）在《跨国公司与服务增长：一些概念和理论的阐述》一文中，对其在制造业发展起来的国际生产折衷理论在服务业FDI的适用性上进行了补充说明。首先，在所有权优势方面，他指出了服务质量、范围经济、规模经济、技术与信息、声誉以及创新等企业优势对服务业对外直接投资的影响；在区位优势方面，他强调了东道国人口众多以及政治体制稳定、政策法规灵活等条件；而在内部化优势方面，他强调了弱化或消除要素投入在性质和价值方面的不确定性以及中间产品的质量保证等，并列举了银行、广告、建筑、教育、保险等服务行业部门的内部化优势与国际直接投资的关系。邓宁表示，服务业跨国公司可以在价值链的不同方面获取全球规模经济。相对于以前的垄断优势理论和内部化理论而言，邓宁的国际生产折衷理论体系比较完善，具有代表性。索旺（Sauvant，1993）根据不同国家 11 个服务部门中最大的 210 家公司的数据进行了回归分析，他分析了影响服务业跨国公司对外直接投资的 9 项决定性因素，包括：市场规模、本国在东道国的商业存在、文化差距、政府法规、服务业竞争优势、全球寡头反应、产业集中度、服务的可贸易性以及企业规模与增长。很明显，这些决定因素和邓宁折衷理论的解释因素具有很强的关联性，因此索旺的研究结果证实了邓宁的国际生产折衷理论在解释服务业国际直接投资上的正确性。

（四）边际产业扩张理论

边际产业扩张理论是由日本的小岛清（Kojima，1978）根据国际贸易理论中的比较优势理论以及日本对外直接投资的现实而提出的。根据小岛清的边际产业扩张理论，一国的对外直接投资应该从边际产业，即本国已经处于或即将处于比较劣势的产业开始，然后依次进行。这也正说明了日本与美国对外直接投资方式的差异。日本通过对外直接投资可把国内已处于比较劣势的边际产业转移到其他国家并转换成为这些国家的比较优势产业，从而使这些国家扩大生产和出口。因此，小岛清认为，按照边际产业的顺序进行对外直接投资而保留本国的比较优势产业，既可实现产业的国际转移又可促进国际贸易的发展。

边际产业扩张理论来源于当时高速发展的日本跨国经营实际状况，是一种符合发展中国家对外直接投资的理论。该理论可以解释许多制造业跨国公司因为东道国生产要素价格低廉而仅以东道国作为生产和出口加工的基地，但由于大部分服务的生产和消费具有同步性，很难像制造业那样实现异地销售，因而服务业对外直接投资考虑的主要不是成本问题，而是市场问题，因此，本书认为边际产业扩张理论不适用于解释服务业国际直接投资。

（五）产品生命周期理论

产品生命周期理论是由美国哈佛大学教授弗农（Vernon，1966）在其《产品周期中的国际投资与国际贸易》一文中第一次提出的。根据弗农的产品生命周期理论，任何产品都具有特定的生命周期，随着产品生命周期阶段的演进，企业应该采取相应的国际化方式将自己的产品逐步渗透到国外市场中去。弗农指出，企业产品生命周期的发展规律，决定了企业需要占领国外市场并进行对外直接投资。他认为产品的生命周期可分为三个阶段：产品创新阶段、成熟阶段和标准化阶段，而企业的跨国经营战略应该随产品所处生命周期的不同阶段来进行相应调整。首先，在产品创新阶段，产品是非标准化的，产品开发和生产需要进行大量的研发投入，因此企业应该在技术先进的母国进行生产和销售，然后出口到其他发达国家。其次，在成熟阶段，产品的生产技术逐渐标准化，国内市场逐渐饱和，而国外市场需求不断上升，企业应该在母国减少生产和出口，而到其他发达国家从事对外直接投资。最后，在产品的标准化期间，产品完全标准化，技术的垄断优势已丧失，企业应该到劳动力成本较低的发展中国家进行对外直接投资，在母国则停止生产，改为由海外进口。而为了有效防止技术溢出和维持公司的技术优势，跨国公司在海外生产产品时，最初会采用内部化方式建立子公司也就是直接投资的形式。

  对于传统理论在服务业方面的适用性问题，弗农并没有进行过多的说明，他认为，如果知识和技术的转移可以代替产品转移，那么关于制造业对外直接投资的理论就可以应用于服务业对外直接投资的解释。本书认为，弗农的产品生命周期理论是其根据美国企业对外直接投资进行研究的基础上得出的结论，它可以解释第二次世界大战以后美国企业（主要是制造业企业）向全球急剧扩张的动机和原因，但该理论对不以降低成本而主要以市场导向为主的服务业FDI无法提出合理的解释。因为大部分服务的生产与消费具有同时性，因此服务业跨国公司的知识信息在全球各分支机构内部是共享的。当服务业跨国公司开发出一种新的服务产品时，如果遵循弗农的产品生命周期理论，企业应该将新服务产品首先投放到发达国家，经过一段时滞之后再投放到发展中国家。但现实情况是，只要新开发的服务产品可以适应其他国家的市场，企业的最优选择是在世界各国同步提供该服务产品以获取最大利润。此外，如前所述，与许多制造业FDI不同的是，成本和价格竞争并不是服务业跨国公司对外直接投资的主要因素。由于服务与有形商品相比，存在无形性、异质性和不可储存性等特征，因此服务业外资企业与东道国本地服务企业相比并不具有成本优势，服务业外资企业更多采用的是差异化竞争战略。所以，本书认为弗农的产品生命周期理论不适用于解释服务业对外直接投资。

总之，本书认为，在众多传统国际直接投资理论中，边际产业扩张理论和产品生命周期理论不适用于解释服务业国际直接投资；而垄断优势理论、内部化理论和国际生产折衷理论等对于解释服务业 FDI 仍然有一定适用性，但是由于服务产品不同于有形产品的特征以及服务的多样化，源于制造业国际直接投资的理论需要进行适当的修正和补充。

第二节 文献综述

由于本书研究的主要对象是服务贸易进口，所以首先要对进口贸易的技术溢出进行文献研究。另外，由于商业存在模式服务贸易与服务业 FDI 直接相关，因此还需要对 FDI 的技术溢出效应进行文献研究。

一、进口贸易技术溢出的理论与实证研究

（一）货物贸易进口技术溢出的理论与实证研究

自 20 世纪 90 年代以来，经济学者们对国际贸易尤其是进口贸易与技术进步之间的关系进行了许多研究和检验，普遍认为进口贸易可通过技术溢出效应来促进进口国的技术进步。其中，Romer（1986，1990）首次将国际贸易纳入新增长理论的分析框架，提出了品种增长模型（又称为水平差异模型）思想，构建国际贸易的技术外溢模型，指出进口贸易能够增加新产品的品种，从而促进进口国的技术进步，进而带动进口国经济增长。Aghion 和 Howitt（1990）提出了质量阶梯模型（又称为垂直差异模型），指出进口贸易能够提高产品质量来促进进口国的技术进步和经济增长。Grossman 和 Helpman（1991）则用理论模型分析了外国研发资本通过中间产品贸易能够产生技术溢出进而促使经济增长。上述理论观点提出后，得到了大量实证研究的支撑，如 Coe 和 Helpman（1995）较早用规范的方法研究进口贸易对技术进步的影响，认为一国可以通过国内 R&D 和进口贸易所带来的国外 R&D 投入来实现技术进步。Adams 和 Jaffe（1996），Englander 和 Evenson（1998）等人从不同国家和不同产业层面的角度研究了进口贸易的技术溢出效应。之后，对进口贸易的技术进步效应和经济增长效

应的实证研究越来越关注商品种类，尤其是中间品的进口效应。例如，Fernandes（2006）利用企业微观层面的数据对哥伦比亚制造业产业进行研究后发现，中间产品的进口能够显著提高企业的全要素生产率；Dulleck（2007）利用55个发展中国家的跨国面板数据实证检验了中间品进口和经济增长之间的关系；Kasahara（2008）利用智利制造业企业层面的微观数据进行实证研究，结果发现从国外进口中间产品的企业要比没有进口国外中间品的企业，具有更为显著的生产率提高能力；Halpern等（2011）基于匈牙利企业层面的微观数据分析发现，中间品进口种类增加能够通过质量和互补两种机制促进企业全要素生产率的提升；Le（2012）以发展中国家为样本研究发现，通过进口贸易，发达国家的研究与开发资本对发展中国家的技术进步产生了显著的促进作用。

具体到中国而言，许多学者也进行了大量研究。一些国内学者实证研究了进口贸易技术溢出效应的大小，如方希降（2004）等使用我国与"七国集团"1978~2000年的相关数据研究后发现：通过进口贸易途径产生的技术溢出效应与国内R&D投入对我国全要素生产率的提升起着同样重要的作用。黄先海、张云帆（2005）将外资依存比例引入CH模型，发现进口贸易与FDI对我国全要素生产率提升都具有显著效应。喻美辞和喻春娇（2006）通过将人力资本加入LP模型，也得出了相似的结论。朱春兰和严建苗（2006）研究发现，初级产品进口对全要素生产率提升的促进作用较小，而进口工业制成品对全要素生产率提升的促进作用较大；许和连等（2006）研究认为，贸易开放主要通过人力资本的积累效应影响全要素生产率并最终促进经济增长；包群（2008）研究认为，贸易开放通过产出效应与技术外溢效应两条渠道影响了我国经济增长；余淼杰（2010）通过使用1998~2002年中国制造业企业层面上的面板数据和高度细化的贸易数据，研究发现贸易自由化显著地促进了企业生产率的提高；高凌云和王洛林（2010）、唐保庆（2010）、Herreriasa和Orts（2011）等实证分析发现了类似的结论；赵文军和于津平（2012）则首次分析了贸易开放与FDI对我国工业经济增长方式的影响，并发现进口对工业经济增长方式转型具有推动作用。

（二）服务贸易进口技术溢出的理论与实证研究

很明显，早期文献更多地把国际贸易锁定为货物贸易，但随着世界产业结构的调整和国际服务贸易规模的不断扩大，国内外学者们开始重视研究服务贸易进口的技术溢出效应和技术进步影响，多数研究发现服务贸易进口有助于进口国尤其是发展中国家的技术进步。如 Sherman Robinson（2002）选取了10个国家和地区11个部门的截面数据进行实证分析，结果显示发展中国家从发达国家进口服务产品的同时可以获取信息和先进的技术，提高全要素生产率进而推动经济增长；Ramkishen（2002）利用5个亚洲国家（中国、印度尼西亚、韩国、马来西亚和泰国）服务贸易的有关数据，研究发现在适当的时间有序地开放金融和电信服务市场，能够使进口国的居民获得物美价廉的服务产品进口，对一国的技术进步和经济结构调整具有重要意义；而 Hoekman（2006）研究认为，在开放条件下，服务将是一国企业竞争力的关键决定因素，企业的竞争力很大程度上取决于能否获得低成本和高质量的生产性服务，如金融服务、电信、运输、分销服务等。服务业基础设施和基础服务的发展水平直接影响到一个国家的产品出口竞争力，服务业落后的国家则可以通过进口服务或相关服务领域的 FDI 来促进服务业发展，从而提高该国的技术水平和经济绩效。OECD（2006）系统研究了服务市场开放对技术转移或扩散的积极影响，认为服务市场开放是技术扩散的最重要途径，不仅为进口国的技术进步提供了一条重要途径，同时还降低了进口国的技术进步成本，而这一点对发展中国家尤为重要。

而国内研究方面，龚锋（2003）认为国际服务贸易对我国经济持续高速增长具有重要作用，其机制主要体现在以下几个方面：提高经济运行效率、促进技术进步、转移剩余劳动力、扩大市场规模、促进产业结构升级换代以及增强经济增长的稳定性。傅强、胡奚何和袁晨分析了服务贸易结构对我国专利数量的影响。研究表明，劳动密集型服务贸易对专利数量有负面影响，其弹性系数为 -0.026；资本密集型服务贸易和技术知识密集型服务贸易对专利数量有正面影响，其弹性系数分别为 0.029 和 0.058；他们将专利细分为发明专利、实用新型和外观设计后，从横向上比较，发现在对技术含量最高的发明专利的溢出效应中，技术知识密集型服务贸易所占的比重最大；而从纵向上看，在对技术含量最低的外观设计的溢出效应中，这三种服务贸易的溢出效应都要显著大于其对于其他两种专利的溢出效应。任会利（2010）通过研究证明了金融、咨询、广告和宣传等服务业的进口对中国制造业国际竞争力的提高有显著的促进作用。蒙英华、黄宁（2010）研究发现中国从美国的服务进口（BOP）比美国在中国的 FATS 对制造业效率的促进效应要更为明显，更能促进资本密集型和技术密集型制造业效率的提升；而美国在中国的 FATS 更能促进技术密集型和劳动密集型制造业效率的提升。崔日明和张志明（2013）实证检验发现服务贸易进口对服务业整体全要素生产率均产生了显著正向影响，而出口的影响显著为负。蒙英华、尹翔硕（2010）通过运用中国制造业数据进行实证研究后发现，生产性服务进口贸易对中国制造业整体效率的提高存在着较强的正向促进效应，但对不同类型制造业效率的提升作用不同，有些还具有负面影响。唐保庆、陈志和、杨继军（2011）实证研究了不同要素密集型服务进口贸易的国外 R&D 溢出效应发现，劳动密集型和资本密集型服务的进口贸易对于进口国 TFP 没有促进作用；而技术与知识密集型服务贸易进口显著促进了全要素生产率。蔡宏波（2011）的研究则发现，材料外包和服务外包总体上提升了中国工业行业的劳动生产率，服务外包的促进作用更强。樊秀峰、韩亚峰（2012）基于价值链视角进行实证分析，发现生产性服务贸易可以提高制造业的生产效率以及资源配置的效率，但不同生产性服务部门的贸易对不同要素密集型制造业的生产效率的作用存在差异性。陈启斐、刘志彪（2015）基于 2000~2011 年 47 个国家双边服务贸易数据，测算了进口服务贸易的技术溢出强度，并分析了进口服务贸易的技术溢出与全要素生产率之间的关系，研究发现进口服务贸易的研发溢出可以显著提升东道国全要素生产率。

二、FDI 技术溢出的理论与实证研究

第二次世界大战以后，随着跨国公司的对外直接投资（FDI）在全球的迅速扩张以及 FDI 理论的不断发展，越来越多经济学者开始关注和研究与 FDI 活动有关的一个重要方面——FDI 的技术溢出效应。

（一）制造业 FDI 技术溢出的相关研究

1. FDI 技术溢出的理论研究

FDI 的技术溢出理论最早可以追溯到 20 世纪 60 年代初。MacDougall（1960）在研究 FDI 对东道国经济福利的影响时首次考虑了技术溢出效应。

Caves（1974）在考察 FDI 对产业模式和福利的影响时，也分析了 FDI 的技术溢出效应，他把跨国公司对东道国本地企业的影响分为三类：一是改善垄断行业的资源配置。当跨国公司进入东道国具有强大垄断势力的产业时，会遏制该行业的原有垄断势力，改善资源配置。二是跨国公司分支机构的进入，对东道国本地企业带来竞争压力和示范效应，促使其加速技术学习和改善经营效率。三是跨国公司的进入会通过竞争、模仿和其他机制，加快国际技术扩散的速度。Kokko（1992）把 FDI 的技术溢出效应总结为四类：竞争效应、示范—模仿效应、人员培训和流动效应以及产业关联效应。(1) 竞争效应。因为外资企业的投资，会增强国内同行业市场的竞争程度，从而使得本地企业为应对竞争必须加大人力资本投资和研发投入，并对生产技术和生产设备进行更新和升级。但如果跨国公司具有过于明显的竞争优势，将东道国企业挤出市场或使其生产率下降时，负向的溢出效应产生，即市场窃取效应（Market-stealing Effect）或"挤出效应"（Crowding-out Effect）。(2) 示范—模仿效应。由于外资企业与东道国本地企业之间存在技术差距，本地企业可以通过向外资企业不断学习、模仿，并进行改造和创新，不断提高自身的技术和生产力水平（Das, 1987）。(3) 人员培训和流动效应。外资企业往往会对企业管理和技术人员进行先进生产技术和管理制度、经营理念等方面的培训，从而促进当地人力资本存量的提升，而且外资企业技术管理人员的流动会促进技术扩散，这就产生了人员培训效应和流动效应。(4) 产业关联效应。包括外资企业与东道国本地销售商等下游企业形成的前向关联以及外资企业与本地供应商等上游企业发生的后向关联，这种产业关联效应是形成不同行业间溢出的主要途径，这种溢出又称为垂直溢出。

按照技术溢出效应是否发生在同一行业内，FDI 技术溢出的方式有两种：行业内溢出（Intra-industrial Spillovers）和行业间溢出（Inter-industrial Spillovers），又分别称为水平溢出（Horizontal Spillovers）和垂直溢出（Vertical Spillovers）。行业内溢出效应，主要是指外资企业与东道国同行业企业之间通过竞争、示范以及其他机制，促使外资企业向东道国本地企业产生溢出效应。行业内技术溢出效应包括竞争效应、示范—模仿效应、挤出效应和人员培训效应。而行业间溢出效应，主要是通过产业关联效应实现，具体来说包括外资企业与东道国上游供应商和下游购买商在交易过程中产生的前向和后向关联。

2. FDI 行业内技术溢出的实证研究

国际上学者们对 FDI 技术溢出的实证研究集中于两方面：一是 FDI 是否存在技术溢出效应；二是 FDI 技术溢出的发生会受到哪些因素的影响。对前一个问题的研究包括两个层面：行业内研究和行业间研究。学者们对 FDI 技术溢出效应的早期经验研究主要集中于行业内溢出方面。受制于数据的可得性，这些研究主要使用非面板宏观数据（包括时间序列数据和横截面数据），而且都认为 FDI 存在正向的技术溢出效应。如 Caves（1974）对澳大利亚的研究发现，外资企业与东道国本地产业的劳动生产率之间存在正相关性，证明了 FDI 的技术外溢效应。Blomstrom（1986），Kokoo（1994），Driffield（2001）等也都证明了 FDI 正向技术溢出效应的存在。但是，Gorg 和 Strobl（2001）却指出采用横截面数据无法控制多行业的劳动生产率在时间变化方面的差异而有可能产生选择性偏误。中后期的研究主要是采用微观企业层面的面板数据，克服了前期研究的许多问题，但研究结果却不令人满意。虽然有一些分析证明了 FDI 存在正向技术溢出，如 Ericsson 和 Irandoust（2001）对挪威和瑞典、Dimelis 和 Louri（2002）对希腊、Asheghian（2004）对美国以及 Girma（2005）对英国的研究均认为 FDI 存在显著的正向技术溢出效应。然而，不少实证分析特别是对发展中国家和转轨国家的研究并没有发现 FDI 的行业内技术溢出效应。如 Aitken 和 Harrison（1999）根据委内瑞拉企业层面的面板数据研究发现，FDI 的进入加剧了东道国市场竞争，随着外资进入的增加，本地企业的生产率出现了下降，而且一些企业的市场份额也出现了缩减，这说明外资企业对本地企业产生了负向溢出效应。Konings（2001）研究发现，保加利亚、波兰和罗马尼亚的外资企业对子公司存在明显的技术转移，但对东道国企业却没有技术溢出。此外，Djankov 和 Hoekman（2000），Damijan 等（2001），Cuadros 等（2004），Chowdhury 和 Mavrotas（2006）等对发展中国家和转轨经济国家的研究还显示出 FDI 进入与当地企业生产率变化存在负向影响。Bodman 和 Le（2013）以 15 个 OECD 国家为研究样本，发现通过 FDI 渠道溢出的国外研发资本有助于带动发达国家生产率水平的提升。Ang 和 Madsen（2013）以 6 个亚洲经济体为研究样本，发现发达国家的研发资本通过 FDI 渠道显著促进了亚洲经济体的技术进步。

FDI 技术溢出效应的实证研究结论的不一致与理论预期不吻合。因此，许多国内外学者着手从新的角度对此进行研究，一方面，有些学者开始关注和探讨 FDI 技术溢出效应的影响因素，另一方面，学者们也开始分析 FDI 的行业间溢出效应❶。

3. FDI 技术溢出效应形成的影响因素分析

为解释 FDI 技术溢出实证研究在结论上的分歧，一些经济学者从 FDI 溢出方和吸收方两个方面的特征、东道国环境等方面，探讨 FDI 技术溢出效应的影响因素。Findlay（1978），Wang 和 Blomstrom（1992）研究指出，跨国公司与东道国本地企业之间的技术差距越大，技术溢出效应就越大。但 Kokko（1996）对乌拉圭的研究、Haddad 和 Harrison（1993）对委内瑞拉的研究以及 Li，Liu 和 Paker（2001）对中国台湾地区的研究则发现，FDI 的技术溢出效应与技术差距负相关，本地企业技术能力越强即内外资企业技术差距越小，FDI 技术溢出效应就越明显。而 Kokko（1994），Borensztein 等（1998）和 Xu（2000）的研究表明 FDI 的技术溢出与东道国本地企业的吸收能力有联系，一国对新技术的吸收和消化能力越强，技术溢出效应越大。Borenztein 等还指出，当技术差距很大，以至于东道国本地企业无法在现有经验、教育水平及技术知识的基础上对国外先进技术进行有效吸收时，技术溢出将与技术差距负相关。许多文献，如 Cohen 和 Levinthal（1990），Griffith 等（2003）往往用 R&D 投入水平来衡量当地企业吸收能力。另外，吸收能力的概念也从企业和行业层面被进一步扩展到一国的宏观经济层面，如很多研究从一国的研发投入、人力资本存量（Borenztein et al.，1998）、金融市场以及知识产权保护程度（Durham，2004）等来衡量吸收能力。

4. FDI 行业间溢出的实证研究

为解释 FDI 技术溢出实证研究在结论上的分歧，一些学者指出 FDI 技术溢出的渠道更可能发生在行业间（即垂直方向）而不是行业内（即水平方向），即溢出可能通过外资企业与东道国本地销售商等下游企业形成的

---

❶ Javorcik（2004）指出，研究者可能在错误的地方寻找 FDI 的溢出效应，溢出渠道更可能发生在行业间（即垂直方向）而不是行业内（即水平方向），溢出可能通过后向关联，通过外资企业与东道国本地的供应商等上游企业发生的后向联系以及与销售商等下游企业形成的前向联系而产生。

前向关联以及与本地供应商等上游企业发生的后向关联而产生。后向关联产生的FDI行业间溢出研究较多❶。Brash（1966）研究发现，通用汽车公司对澳大利亚本地供应商实行的严格质量控制促进了当地供应商生产力水平的提高。Katz（1969）通过对阿根廷的调查发现，外资企业为保证产品质量，往往会要求当地的供应商使用其母公司所使用的先进生产技术和工序。Blalock和Gertler（2004）的案例调查发现，印度尼西亚的外资企业对本地的供应商会提出各种直接或间接的技术和管理上的要求，并提供相应的支持，使当地供应商获益不少。Watanabe（1983）研究发现外资企业对菲律宾当地企业供应品质量、性能和价格的严格要求，促进了本地企业生产水平和管理技能的进步。Kenney和Florida（1993），Macduffie和Helper（1997）研究发现美国供应商获得了日本汽车生产商大量的技术转移。Kugler（2001）对哥伦比亚、Schoors等（2001）对匈牙利、Lopez（2003）对墨西哥、Konnings（2001）对保加利亚，以及Smarzynska（2002）对立陶宛、波兰和罗马尼亚的研究，都证实了FDI可通过后向关联产生显著的行业间溢出效应，而行业内溢出效应有限。而关于前向关联产生的FDI行业间溢出研究相对较少。Aitken和Harrison（1991）在研究FDI对委内瑞拉制造业的影响时讨论了前向关联效应，他们认为，由于委内瑞拉的外资企业具有很高的进口倾向，其与本地上游供应商的交易关系并不密切，因此FDI的前向关联一般会带来较明显的正向技术溢出效应，而后向关联的作用相对很小。但总的来说，目前国内外对FDI前向关联的研究相对较少，我们估计这与外商直接投资的类型有一定关系。由于在发展中国家吸收的外商直接投资大多是出口导向型而非市场导向型，因此外资企业产品的主要销售市场并不在东道国，从而其与本地企业发生的前向关联太少，难以形成技术溢出效应。

（二）服务业FDI技术溢出的理论和实证研究

20世纪80年代以来，随着经济开放程度的提高和国际产业结构的不

---

❶ 许多研究者认为，前向关联相比后向关联对东道国的重要性次之，另外也不涉及东道国中间投入品行业，因而也有学者不将其纳入研究范围。但是本书认为，这对于制造业FDI来说可能比较合理，但对于服务业FDI而言，通过前向关联对下游产业尤其是制造业所产生的技术溢出效应更为重要。

断调整，全球 FDI 逐渐转向服务业，服务业 FDI 技术溢出的问题引起了国内外很多经济学者的高度关注，成为近年来经济研究的热点问题之一，产生了许多有价值的成果。

1. 国外关于服务业 FDI 技术溢出的理论研究

许多学者构建理论模型探讨了包括服务业 FDI 在内的服务自由化对东道国技术进步和经济福利的影响，基本上都认为服务自由化有利于一国福利的增进和生产率的提升。Francois（1990）从生产性服务与分工的关系角度，建立理论模型证明了服务业 FDI 可以产生与比较优势有关的收益和效率，而且可以带来由于分工和专业化程度提高而导致的额外收益。Rivera – Batiz FL 和 Rivera – Batiz LA（1992）从分工和专业化的角度构建一般均衡模型分析后认为，商务服务业部门的 FDI 有助于促进东道国分工和专业化的发展，进而有利于提升本地以商务服务部门作为中间投入的下游产业尤其是制造业的劳动生产率。Burgess（1995）构建理论模型研究了服务业 FDI 自由化对东道国福利效应的影响，发现当服务业特定要素与制造业特定要素存在互补关系时，有利于东道国经济福利的增加；而当服务业特定要素与制造业特定要素存在替代关系时，对东道国经济福利的影响则不确定。Marrewijk 等（1997）利用一个要素禀赋理论和 S – D – S 垄断竞争模型相结合的框架，建立一般均衡模型讨论生产性服务贸易的福利改善问题，研究发现服务贸易自由化可产生净福利收益，针对服务贸易采取保护政策的国家往往福利受到损失。Wong，Wu 和 Zhang（2006）分析了跨境贸易和商业存在（即服务业 FDI）两种类型的服务贸易，他们的理论模型分析证明，如果服务贸易开展前一国国内市场的自由化程度是受到限制的，那么各国之间的服务贸易自由化将有利于一国福利的增进。Markusen 等（1989，1999）运用比较静态模型研究发现，中间服务业 FDI 自由化由于提高了利用其作为中间投入的最终产品部门的生产力，因此有利于东道国福利的增加，同时提高了高技术工人的工资。Markusen 等（2005）将生产性服务业作为中间产品引入理论模型，分析了生产性服务业促进一国制造业发展和经济增长的内在机制，以及进行生产性服务贸易的积极作用。他的一般均衡分析表明，生产性服务贸易和外商直接投资的自由化能给一国经济增长带来重要的好处，因为外资服务企业的存在，可以让东道国最终产品的生产商获得更多的专业知识从而提高生产效率。Hoekman（2006）研究指出，服务是一国企业获得竞争力的关键决定因素之一。企业的竞争力在很大程度上取决于能否获得高质量和低成本的生产性服务。因此，一国或地区的服务业基础设施的发展水平将会直接影响到该国或地区的产品竞争力，而服务业落后的国家或地区可通过引进金融、电信、运输等基础服务领域的外商直接投资来发展，从而提高竞争力和生产力水平。

也有文献专门研究了服务市场开放对技术进步的影响。Miroudout（2006）研究了服务市场开放对于从发达国家到发展中国家的技术转让和技术扩散的影响，他认为，服务贸易增加了接触外国技术的机会。开放服务市场，可以降低技术转让成本，有助于东道国服务部门增强技术吸收能力。该研究特别强调了服务贸易自由化带来的生产率增长和技术溢出的好处。在外商直接投资的情况下，外国服务提供者可以使用从母国进口的商品和其他服务。包括 FDI 在内的服务自由化可促进外资企业和国内企业之间的知识交流，对于技术溢出具有显著的正向影响。OECD（2006）对服务自由化对技术转移或扩散的积极影响进行了系统的研究，指出服务自由化是国际技术扩散的最重要途径之一，不仅能够为东道国（或进口国）的技术进步提供一条重要途径，同时还有助于东道国（或进口国）的技术进步成本的降低。服务自由化引起的技术转移和扩散效应有利于促进所有经济部门的生产力水平，进而促进一国经济增长。江小涓（2004）研究认为，服务业外资企业的服务产品质量较高，有助于一国引入先进管理理念和服务方式，从而为本地服务业企业提供良好的学习机会。而且，由于大多数服务活动的生产与消费过程具有不可分割性，因此服务业务往往需要通过服务提供者对客户的服务过程来实现，进行技术保密的难度很大。因此，与制造业相比，服务业外资企业的示范效应将会更为容易和明显。

2. 国外关于服务业 FDI 技术溢出的实证研究

服务业 FDI 技术溢出的问题引起了国内外很多经济学者的高度关注，许多学者利用宏观、中观或微观数据对服务业 FDI 的技术溢出效应进行了实证研究，大多数研究发现，服务业 FDI 有利于促进东道国的技术进步和经济增长。

（1）宏观层面的研究。宏观层面的研究大都发现包括服务业 FDI 在内的服务自由化改革和放松管制对于发展中国家和经济转型国家的经济增长具有促进作用。Mattoo，Rathindran 和 Subramanian（2006）的跨国回归分析发现，基础电信和金融服务等服务部门的自由化有利于一国的长期经济增长，并估计全面开放电信和金融服务业的国家比其他国家增长要快 1.5 个百分点。Eschenbach 和 Hoekman（2006）对 1990～2004 年经济转型国家的实证研究发现，在控制了其他影响经济增长的因素之后，服务自由化的改革与 1990 年以后转型经济体的经济增长存在显著的正相关关系。Konan 和 Maskus（2006），Jensen 等（2007）基于 CGE 模型（Computable General Equilibrium Model）即可计算的一般均衡模型，对突尼斯和俄罗斯的研究发现，相对于货物贸易的自由化，包括 FDI 在内的商业服务自由化更能促进一国的经济增长。Robinson，Wang 和 Martin（2002）也建立了一个 CGE 模型，对服务贸易自由化的收益和影响进行了估算。他们利用对比世界不同国家服务投入占各部门生产投入成本的比例，认为服务是当代经济中几乎所有生产活动必需的中间投入，并且经济发展水平越高，服务投入比重越高，相对于发展中国家来说，发达国家生产成本中服务投入所占的比例普遍相对较高。正是通过服务业和其他生产行业之间的投入产出关系，服务贸易自由化所带来的收益可以转移到经济中的其他部门。具体来讲，服务贸易提高了进口国的全要素生产率（TFP），特别是那些对服务投入需求较高的产业的生产率。Dee 和 Hanslow（2000）的研究发现，全球贸易自由化的收益中超过一半都来自于服务贸易自由化，并且不少发展中国家在乌拉圭回合的服务贸易自由化中获得了很大收益，如印度尼西亚获得的相应收益为 GDP 的 5.1%，中国获得了 GDP 的 14.6%。

（2）产业层面的研究。产业层面的研究发现，服务业的开放（包括更多的服务进口和服务业 FDI 的进入）具有正向溢出效应，能显著促进一国服务业和下游制造业的技术进步和生产率的提高。Francois 和 Woerz（2007）利用 1994～2004 年 OECD 国家货物与服务贸易的面板数据研究发现，服务部门开放程度的增加（包括更多的服务进口和服务业 FDI 的进入）会显著提升一国制造业部门，尤其是技能和技术密集型产业的竞争力。Fernandes（2007）研究了 1994～2004 年东欧经济转型国家服务部门的绩效，发现金融、通信等基础服务部门的自由化对于东欧国家下游制造业行业的生产率具有显著正向的促进作用。世界银行（2004）也研究发现，拉美国家通过实行包括针对外国跨国公司的服务私有化和放松规制后，其电力部门的服务提高质量获得明显改善。Francois 和 Schuknecht（2000），Mattoo，Rathindran 和 Subramanian（2006）对两个重要服务部门（基础电信和金融服务）的计量研究结果表明，服务部门的贸易开放度对一国的长期经济增长具有显著影响，尤其是在金融服务部门。Kim（2000）对韩国的研究表明服务贸易自由化和全要素生产率（TFP）的增长率之间存在相关性，发现对外资开放较早的服务部门如销售部门的全要素生产率增长相对比较快，而且他们根据投入产出表的相关数据研究还发现，以销售服务作为中间服务投入的相关制造业部门的全要素生产率也增长很快。此外，我们发现，目前对金融服务部门开放与经济增长关系的研究比较多，如 King 和 Levine（1993）；Levine 等（1998）；Murinde 和 Ryan（2003）；Barth，Caprio 和 Levine（2004）等。大多数研究发现，金融服务部门的开放会显著促进一国经济增长，金融服务市场的开放程度越高，竞争程度越激烈，一国可获得收益越多。总结这类研究具体服务部门开放效应的文献，主要包括电信、运输、销售和医疗卫生等服务领域，我们发现这些文献研究的结论基本一致，这说明服务业的自由化改革与对外开放，能够通过提高规则的透明度和促进竞争，提高这些服务部门的经济绩效，这对于一国长期经济增长具有至关重要的作用。

（3）微观企业层面的研究。一些学者利用微观企业层面的研究发现，服务业的开放对于下游制造业企业的生产率提升具有促进作用，具有正向的技术溢出效应。Arnold，Javorcik 和 Mattoo（2006，2008）对捷克和印度的企业层面数据研究发现，一国服务业改革和国内下游制造业的全要素生产率（TFP）之间具有显著的正相关关系，而服务自由化提高下游制造业效率的最主要渠道就是允许外资企业进入服务业。Javorcik 和 Li（2007）对罗马尼亚的研究也发现，零售行业的外国直接投资对于国内制造业企业的全要素生产率具有促进作用。Fernandes 和 Paunov（2012）利用企业微观数据对智利的研究发现，服务业 FDI 与本国制造业企业的劳动生产率增长之间存在显著正相关关系。此外，服务业 FDI 的进入能改善东道国的商业环境，能吸引制造业 FDI 的进入，进而通过制造业外资企业对东道国产生技术溢出效应。如 Gross，Raff 和 Ryan（2005）对日本制造业和服务业跨国公司的研究发现，在 20 世纪 70 年代，日本制造业跨国公司在某一国家或地区的商业存在吸引了制造业和服务业部门的 FDI 进入，但到 20 世纪

80年代和90年代前半期,却是日本服务业FDI的商业存在吸引了日本制造业FDI的进入,这一关系发生了逆转。

3. 国内关于FDI的技术溢出研究

国内对FDI的技术溢出效应研究很多,大多肯定了FDI技术溢出的存在,这方面代表性的研究有沈坤荣等(2001)、张建华等(2003)、陈涛涛等(2003)、蒋殿春等(2005),等等。近年来,随着服务业FDI的逐渐增加,国内学者也越来越关注服务业FDI,但国内学者更多的是关注服务业FDI对于经济增长的影响,包括服务业FDI对中国总体经济(戴枫,2005;黄卫平、方石玉,2008)、区域经济(贺梅英,2005;吴静,2007;王传荣、周晓艳,2007;马元、刘婧,2008;等等)、服务行业(钟晓君,2009;姜建平、赵伊川,2007)的经济增长的影响。从研究方法来看,主要是利用中国整体或各地区或各服务业的时间序列数据,对服务业FDI和GDP等变量进行协整分析、格兰杰因果关系检验以及服务业FDI对经济增长作用的机制进行研究等。

国内对于服务业FDI的技术溢出效应研究相对较少,大多认为服务业FDI对中国服务业或制造业存在正向技术溢出效应。如江小涓(2008)对外资设计公司的调研表明其促进了本土制造业企业竞争力的提高,主要表现在6个方面:促进了本土企业经营手段和技术创新能力的提高、促进了本土企业吸收新的经营理念、提高了本土企业效率、促进了本土企业快速进入国际市场、加速本土企业创建品牌以及降低了企业成本。方慧(2009)基于我国1991~2006年的服务业FDI数据,分析了服务业FDI对我国服务业的技术溢出效应,其结论表明我国服务贸易的发展存在技术溢出。韩德超(2011)利用2000~2006年省级面板数据的实证研究表明,生产性服务业FDI对工业企业生产效率具有显著的促进效应。王晶晶(2014)于24个OECD国家2003~2011年的面板数据,采用两步法系统——GMM方法考察了服务业FDI对东道国全要素生产率的溢出效应,研究发现服务业FDI的流入可以显著促进东道国全要素生产率增长。王恕立、胡宗彪(2013)研究表明,FDI对中国服务业生产率具有显著的正向作用。张如庆等(2014)考察了生产性服务业FDI对我国制造业的技术溢出效应,认为生产性服务业FDI对制造业生产率的提高具有明显的溢出效应。沙文兵、汤磊(2016)用2005~2012年中国制造业分行业面板数据,研究了生产性服务业 FDI 对制造业创新能力的影响。结果发现，整体和 6 类细分行业生产性服务业 FDI 均显著促进了中国制造业整体创新能力的提升。庄惠明、郑剑山（2015）的研究证实服务业 FDI 的技术溢出效应确实存在。

但也有少数研究发现服务业 FDI 的正向技术溢出效应并不存在，甚至存在负向影响。如荆林波、华广敏（2014）利用中国 2003~2011 年 28 省市的面板数据对中国高技术服务业对制造业效率影响进行分析，结果发现由于高技术服务业外商直接投资支持了大量的代工企业，高技术服务业并没有提升中国国内制造业效率，相反具有一定的抑制作用。钟晓君、刘德学（2016）基于广东各细分服务行业相关数据，运用面板数据模型，对服务业 FDI 与服务业行业生产率的关系进行实证研究，结果发现服务业 FDI 对不同服务行业生产率的影响存在较大差异：一些服务行业的外商直接投资对行业生产率具有积极影响，另一些则具有消极影响，还有一些没有显著的生产率效应。

通过对以上国内外现有关于国际贸易和 FDI 技术溢出文献的分析，我们可以得出以下结论：

（1）现有文献对国际贸易、FDI 及其技术溢出进行的大量理论和实证研究主要集中于货物贸易和制造业 FDI，这对于我们理解和研究服务贸易和服务业 FDI（商业存在服务贸易）的技术溢出效应提供了很多借鉴作用，但这些现有文献并没有详细分析服务贸易和服务业 FDI（商业存在服务贸易）的技术溢出发生的渠道和效应，也没有详细探讨服务贸易技术溢出大小的影响因素，而这些正是本书要研究的着力点。本书主要从溢出渠道和溢出效应两方面分别对服务贸易和服务业 FDI 的行业内溢出效应和行业间溢出效应的发生机理进行研究，以及服务贸易和服务业 FDI 通过技术溢出对服务业和制造业等产业发展的影响，而且还对服务贸易技术溢出效应大小的影响因素进行了分析。

（2）目前国际上对于服务贸易和服务业 FDI（商业存在服务贸易）的研究，大多数文献偏好于利用统计数据和计量方法来测算服务贸易和服务业 FDI 技术溢出的存在性、溢出的正负向作用及作用的大小，忽视对技术溢出如何发生、溢出过程以及制约条件等的深入探讨。而理清服务贸易和服务业 FDI 技术溢出的发生机制和途径，有助于东道国企业更好地吸收技术溢出，提高技术能力和水平。因此，本书第四章第三节在相关理论分析的基础上，通过利用中国的数据，考察服务业FDI对中国总体经济、服务业、制造业的技术溢出的渠道和效应，并用中国16省区市的面板数据分析服务业FDI（商业存在服务贸易）技术溢出的影响因素。

第三章 中国服务贸易的发展现状

要研究中国服务贸易的技术溢出和产业发展效应,首先要对中国服务贸易的发展现状有所了解,因此本章对中国两种模式的服务贸易:跨境服务贸易和商业存在服务贸易(服务业 FDI)的发展现状和特征进行分析。

第一节 中国跨境服务贸易的发展现状

一、全球跨境服务贸易的发展现状

(一)全球跨境服务贸易快速增长

20 世纪 80 年代以来,随着全球产业结构的调整和国际服务贸易多边规制的推行,服务贸易快速发展,服务贸易在国际贸易中所占比重不断提升。1980 年世界服务贸易进口额和出口额分别为 4477.7 亿美元和 3956.6 亿美元,到 2014 年分别增长到 50442.1 亿美元和 51392.6 亿美元,分别增长了 11.27 倍和 12.99 倍(具体可见表 3-1)。1980 年,世界服务贸易进口额和出口额占世界货物与服务贸易进口总额和出口总额的比重分别为 17.64% 和 16.18%,2014 年所占比重分别上升到 20.98% 和 21.29%,分别上升了 3.34% 和 5.11%。

第三章 中国服务贸易的发展现状

表 3-1 世界服务贸易进出口额（1980~2015 年）

单位：亿美元

年份	世界服务贸易进口额	世界服务贸易出口额	年份	世界服务贸易进口额	世界服务贸易出口额
1980	4477.7	3956.6	1998	13544	13899.8
1981	4685.5	4074.6	1999	14308	14355.5
1982	4516.9	4001.5	2000	15193.9	15219.8
1983	4355.5	3896.2	2001	15378.3	15251.1
1984	4450.6	3983.4	2002	16230.6	16340.7
1985	4437.2	4112	2003	18627	18965.9
1986	5000.8	4845.9	2004	22287.2	23023.5
1987	5887.2	5747.1	2005	24723.6	25732.2
1988	6707.9	6426.4	2006	27579.5	29087
1989	7346.4	6997.4	2007	32813.7	34902.4
1990	8751.9	8313.5	2008	37545.3	39162
1991	9211.8	8777.1	2009	34229.9	35555.3
1992	10065.7	9769.3	2010	37392.5	38962.6
1993	10112.6	9938.4	2011	41806.4	43728.9
1994	10935.6	10834.8	2012	42926.9	44738.1
1995	12409.4	12222.5	2013	44991.9	47201.8
1996	13156.3	13173.1	2014	50442.1	51392.6
1997	13512.4	13726.1	2015	4826.0	4729.5

资料来源：联合国贸发会议统计数据库（http：//unctadstat.unctad.org/wds/ReportFolders/reportFolders.aspx）。其中，1980~2013 年为 BPM5 服务贸易分类数据，而 2014~2015 年则是最新的 BPM6 服务贸易分类数据；此外，由于缺少部分国家 2015 年的服务贸易数据，因此 2015 年全球服务贸易进出口额比较少，只是粗略估计。

（二）全球跨境服务贸易发展的区域极不平衡

发达国家在全球服务贸易进出口中所占比重均在 50% 以上，是全球服务贸易的主体。首先，从全球服务贸易出口结构来看，由表 3-2 和图 3-1 可知，在世界服务贸易总出口中，发达国家所占比重超过 2/3，但大体呈现出明显的下降趋势，1987年比重最高达到80.8%，2015年最低降到66.7%，降幅达到14.1个百分点。与此同时，发展中国家服务出口所占比重快速上升，从最低不足20%，2015年最高上升到33.3%。

表3-2 世界服务贸易出口地区结构（1980~2015年）

单位：%

年份	发达国家比重	发展中国家比重	年份	发达国家比重	发展中国家比重
1980	79.0	21.0	1998	76.2	23.8
1981	77.2	22.8	1999	76.5	23.5
1982	77.3	22.7	2000	75.5	24.5
1983	77.7	22.3	2001	75.4	24.6
1984	78.0	22.0	2002	75.2	24.8
1985	78.4	21.6	2003	75.6	24.4
1986	80.3	19.7	2004	74.7	25.3
1987	80.8	19.2	2005	73.6	26.4
1988	80.1	19.9	2006	72.7	27.3
1989	79.4	20.6	2007	72.0	28.0
1990	79.9	20.1	2008	71.0	29.0
1991	80.0	20.0	2009	71.5	28.5
1992	79.5	20.5	2010	69.2	30.8
1993	77.5	22.5	2011	68.9	31.1
1994	77.0	23.0	2012	67.1	32.9
1995	76.3	23.7	2013	67.2	32.8
1996	76.0	24.0	2014	67.6	32.4
1997	75.1	24.9	2015	66.7	33.3

资料来源：联合国贸发会议统计数据库（http://unctadstat.unctad.org/wds/ReportFolders/reportFolders.aspx）。其中，1980~2013年是BPM5服务贸易贸易分类数据，而2014~2015年则是最新的BPM6服务贸易分类数据。

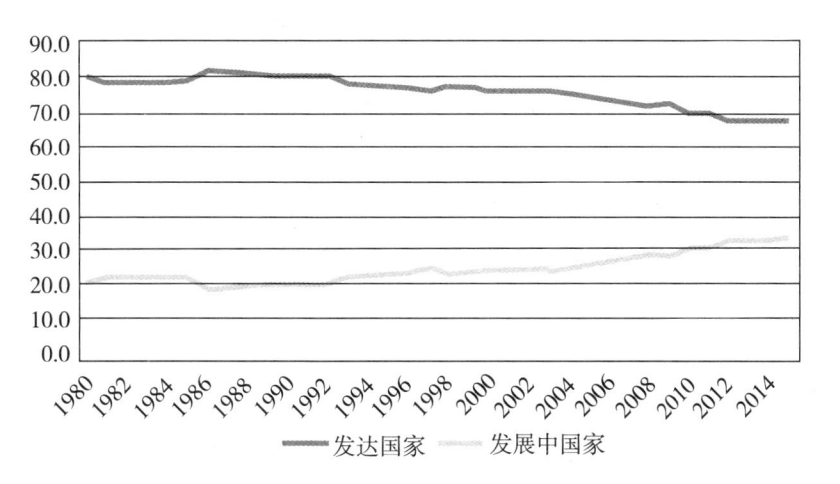

图 3-1 发达国家与发展中国家占全球服务贸易
出口比重（1980～2014 年） （单位:%）

其次，从全球服务贸易进口结构来看，由表 3-3 和图 3-2 可知，在世界服务贸易总进口中，发达国家所占比重在 50% 以上超过 2/3，也大体呈现出明显的下降趋势，1988 年比重最高达到 75.6%，2015 年最低降到 57.7%，降幅达到 17.9 个百分点。与此同时，发展中国家服务进口所占比重快速上升，从 1988 年最低 24.4%，2015 年最高上升到 42.3%。对比表 3-2 和表 3-3 可以发现，相对于服务贸易出口比重而言，发展中国家服务贸易进口比重更大，且上升幅度明显更快。这主要是因为与发达国家相比，发展中国家的服务业发展比较滞后，服务贸易竞争力较低，因此全球服务贸易市场尤其是出口市场被发达国家所主导。

表 3-3 世界服务贸易进口地区结构（1980～2015 年）

单位:%

年份	发达国家比重	发展中国家比重	年份	发达国家比重	发展中国家比重
1980	66.1	33.9	1998	71.9	28.1
1981	63.5	36.5	1999	72.5	27.5
1982	64.3	35.7	2000	70.8	29.2
1983	65.1	34.9	2001	70.8	29.2
1984	66.4	33.6	2002	70.7	29.3

续表

年份	发达国家比重	发展中国家比重	年份	发达国家比重	发展中国家比重
1985	68.5	31.5	2003	71.4	28.6
1986	72.5	27.5	2004	70.5	29.5
1987	74.8	25.2	2005	69.0	31.0
1988	75.6	24.4	2006	67.4	32.6
1989	74.4	25.6	2007	66.5	33.5
1990	74.4	25.6	2008	65.0	35.0
1991	72.9	27.1	2009	65.0	35.0
1992	73.4	26.6	2010	61.9	38.1
1993	72.0	28.0	2011	60.8	39.2
1994	72.2	27.8	2012	58.9	41.1
1995	70.9	29.1	2013	58.1	41.9
1996	70.7	29.3	2014	58.2	41.8
1997	69.5	30.5	2015	57.7	42.3

资料来源：联合国贸发会议统计数据库（http://unctadstat.unctad.org/wds/ReportFolders/reportFolders.aspx）。

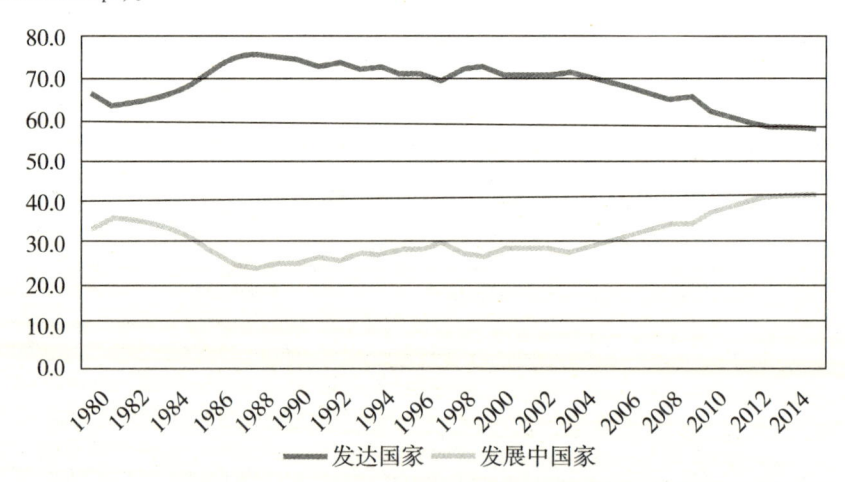

图3-2 发达国家与发展中国家占全球服务贸易进口比重（1980~2014年） （单位:%）

(三) 全球跨境服务贸易的行业结构不平衡

全球跨境服务贸易的行业结构中,各行业所占比重存在明显差异。由表3-4和图3-3可以发现,运输、旅游这两个传统服务行业所占出口比重明显较大,二者加起来所占比重一直在40%以上,但大体均呈现出下降趋势。此外,其他商业服务所占比重也比较大,一直在20%以上,且大体呈上升趋势。除了运输、旅游和其他商业服务以外,其他行业出口比重都不大,均在10%以内。其中,金融服务、专有权使用费与特许费这两个行业的比重相对较大,基本在6%以上;计算机与信息服务的比重也较大,且上升趋势明显,2000年仅为3.0%,2013年上升到了6.1%,增加了3.1个百分点;通信、建筑、保险、政府服务等行业比重较低,均在3%以内;个人、文化与娱乐服务所占比重最低,一直在1%以内。

表3-4 世界服务贸易各行业出口所占比重(2000~2013年)

单位:%

行业 年份	运输	旅游	通信	建筑	保险	金融服务	计算机与信息服务	专有权使用费与特许费	其他商业服务	个人、文化与娱乐服务	政府服务
2000	22.8	31.3	2.3	2.0	1.8	6.4	3.0	6.0	21.4	1.0	2.0
2001	22.2	30.6	2.4	2.1	2.0	6.1	3.5	5.9	22.2	0.8	2.1
2002	21.7	29.8	2.3	2.2	2.7	6.1	3.6	6.0	22.3	1.0	2.2
2003	21.1	28.7	2.4	2.1	2.9	6.3	4.0	6.1	23.1	1.0	2.4
2004	21.8	28.2	2.3	2.0	2.5	6.7	4.1	6.1	22.9	1.0	2.3
2005	22.1	27.3	2.3	2.2	1.9	7.0	4.0	6.2	23.7	0.9	2.2
2006	21.9	26.2	2.5	2.4	2.1	7.7	4.3	5.9	23.9	0.8	2.2
2007	22.0	25.1	2.4	2.5	2.2	8.5	4.5	5.8	24.2	0.8	2.0
2008	22.7	24.6	2.5	2.9	2.1	7.6	5.0	5.8	24.1	0.7	1.8
2009	19.5	24.7	2.6	3.1	2.7	7.4	5.3	6.6	25.3	0.8	1.9
2010	20.7	24.4	2.5	2.6	2.5	7.2	5.5	6.6	25.2	0.9	1.8
2011	20.1	24.3	2.4	2.4	2.4	7.2	5.7	6.6	25.8	0.9	1.8
2012	19.9	24.7	2.5	2.4	2.3	6.9	5.8	6.6	26.2	0.9	1.7
2013	19.2	25.1	2.6	2.2	2.2	7.1	6.1	6.6	26.4	0.9	1.6

数据来源:作者根据联合国贸发会议网站统计数据库的BPM5服务贸易分类数据计算得到。http://unctadstat.unctad.org/wds/ReportFolders/reportFolders.aspx.

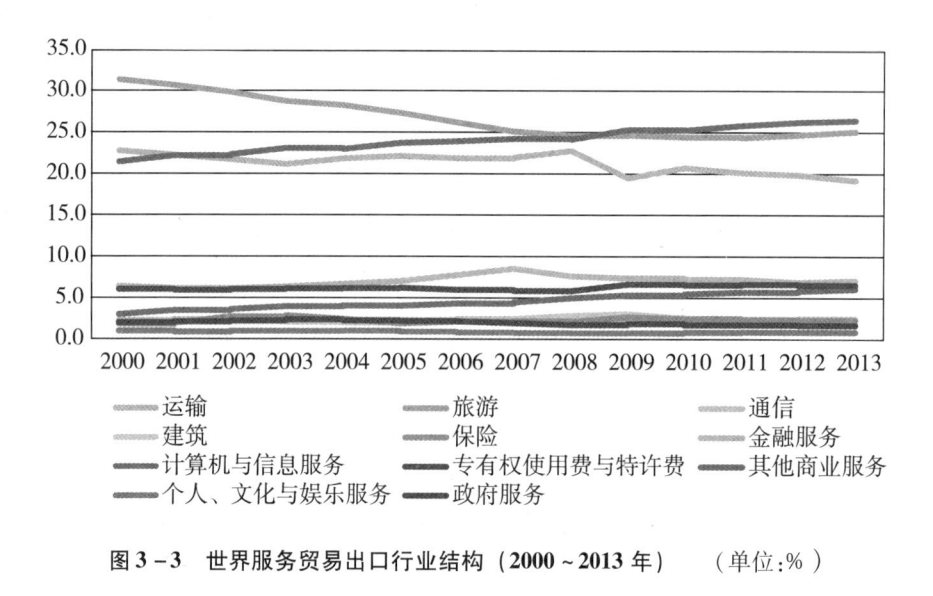

图 3-3 世界服务贸易出口行业结构（2000～2013 年）　　（单位:%）

二、中国跨境服务贸易的发展现状

（一）中国跨境服务贸易规模增长迅速

改革开放以来，中国跨境服务贸易也获得了快速发展。由表 3-5 可知，1982 年中国服务贸易进口额、出口额和贸易总额分别仅为 20.2 亿美元、26.7 亿美元和 46.9 亿美元，而到 2015 年我国服务贸易进口额、出口额和贸易总额分别达到 4689.0 亿美元、2865.4 亿美元和 7554.4 亿美元，分别增长了 232.13 倍、107.32 倍和 161.1 倍，年均增长率分别达到了 17.9%、15.2% 和 16.6%。其中，服务贸易进出口的增长呈现出明显的阶段性特征：(1) 第一个阶段是 1982～1991 年，服务贸易增长相对比较缓慢，服务贸易进出口额还没有突破 100 亿美元，这主要是因为当时改革开放的力度不够，而且改革开放的领域主要在农业和制造业领域，此时服务业还处于对内和对外管制严格的阶段。(2) 第二个阶段是 1992～2005 年，服务贸易增长明显加快，这是因为 1992 年开始中国服务业改革开放的步伐明显加快，尤其是 2001 年中国加入世界贸易组织之后，服务业对外开放的程度进一步扩大了，2003 年中国服务贸易总额首次突破了 1000 亿美元。(3) 第三个阶段 2006～2015 年，服务贸易迅猛增长，服务贸易进口额和出口额均突破 1000 亿美元，这是因为中国加入世界贸易组织的几年过渡期已经过去,中国服务业履行对外开放的承诺,开放幅度更为扩大。

表3-5 中国服务贸易进出口额和贸易差额(1982~2015年)

单位:亿美元

年份	服务出口	服务进口	贸易总额	贸易差额	年份	服务出口	服务进口	贸易总额	贸易差额
1982	26.7	20.2	46.9	6.5	1999	293.7	316.5	610.2	-22.8
1983	27.7	19.9	47.6	7.8	2000	350.3	361.6	711.9	-11.3
1984	30.9	28.6	59.5	2.3	2001	391.8	392.7	784.5	-0.9
1985	31.0	25.2	56.2	5.8	2002	462.3	465.3	927.6	-3.0
1986	38.6	22.8	61.4	15.8	2003	513.3	553.1	1066.4	-39.8
1987	40.8	24.9	65.7	15.9	2004	725.1	727.2	1452.3	-2.1
1988	51.0	36.0	87.0	15.0	2005	843.1	839.7	1682.8	3.4
1989	62.0	39.1	101.1	22.9	2006	1029.8	1008.4	2038.2	21.4
1990	80.6	43.5	124.2	37.1	2007	1353.2	1301.3	2654.5	51.9
1991	95.5	41.2	136.7	54.3	2008	1633.1	1589.5	3222.6	43.6
1992	125.8	94.3	220.1	31.5	2009	1435.7	1589.2	3024.9	-153.5
1993	145.8	120.4	266.2	25.4	2010	1783.4	1934.0	3717.4	-150.6
1994	202.0	163.0	365.0	39.0	2011	2010.5	2478.4	4488.9	-467.9
1995	244.2	252.2	496.4	-8.0	2012	2015.8	2813.0	4828.8	-797.2
1996	279.8	225.9	505.7	53.9	2013	2070.1	3306.1	5376.1	-1236.0
1997	342.4	279.7	622.0	62.7	2014	2804.8	4528.3	7333.1	-1723.5
1998	250.5	268.4	518.9	-17.9	2015	2865.4	4689.0	7554.4	-1823.6

数据来源:国家外汇管理局的中国国际收支平衡表,根据最新的BPM6服务贸易分类数据(http://www.safe.gov.cn/wps/portal/sy/tjsj_ szphb)。

(二) 中国服务贸易进口比出口增长更快,服务贸易长期处于逆差状态

从表3-5的数据,我们可以发现,中国服务贸易进口比出口增长更为快速,这直接导致服务贸易长期处于逆差状态。具体来说,1994年之前,中国服务业开放程度较低,服务贸易增长较慢,每年还均有小幅顺差;1995年首度出现贸易逆差,1996~1997年又出现一定贸易顺差;但从1998年开始,由于服务贸易进口增长更快,中国服务贸易就大都是逆差状态了,1998~2004年服务贸易逆差还算比较小,控制在100亿美元以内;但2009年开始,服务贸易逆差突破100亿美元,并且逐年飞速飙升,到2015年中国服务贸易逆差达到了1823.6亿美元。据联合国贸发会议网站的统计数据,中国目前已是全球服务贸易逆差最大的国家(见图3-4)。

图3-4 中国服务贸易进出口额和贸易差额
(1982~2015年)　　(单位:亿美元)

三、中国跨境服务贸易的进出口行业结构

(一) 中国跨境服务贸易的出口行业结构

2000~2013年,在中国服务贸易总出口中,各行业所占比重存在很明显的差异。由表3-6和图3-5可知,运输、旅游和其他商业服务三个服务行业所占比重较大,这三个行业出口占服务总出口比重的80%以上,是

我国服务贸易出口的主导行业。但其中，旅游服务贸易出口下降趋势明显，从2000年超过50%的比重下降到2013年的25.1%，减少了28.2个百分点，这主要是因为我国旅游服务贸易出口增长偏慢，而其他行业出口增长较快所导致的。其他商业服务出口比重大体呈快速上升趋势，从2000年的25.2%上升到2013年的38.6%，增长了13.4个百分点。运输服务贸易出口波动幅度相对较小，大部分年份出口比重在20%左右。

表3-6 中国跨境服务贸易各行业出口所占比重（2000~2013年）

单位:%

行业 年份	运输	旅游	通信	建筑	保险	金融服务	计算机与信息服务	专有权使用费与特许费	其他商业服务	个人、文化与娱乐服务	政府服务
2000	12.1	53.3	4.4	2.0	0.4	0.3	1.2	0.3	25.2	0.0	0.9
2001	13.9	53.4	0.8	2.5	0.7	0.3	1.4	0.3	25.3	0.1	1.3
2002	14.4	51.3	1.4	3.1	0.5	0.1	1.6	0.3	26.2	0.1	0.9
2003	16.9	37.2	1.4	2.8	0.7	0.3	2.4	0.2	37.3	0.1	0.8
2004	18.6	39.7	0.8	2.3	0.6	0.1	2.5	0.4	34.4	0.1	0.6
2005	20.7	39.4	0.7	3.5	0.7	0.2	2.5	0.2	31.3	0.2	0.7
2006	22.8	36.9	0.8	3.0	0.6	0.2	3.2	0.3	31.5	0.1	0.6
2007	25.6	30.5	1.0	4.4	0.7	0.2	3.6	0.3	33.1	0.3	0.5
2008	26.1	27.8	1.1	7.0	0.9	0.2	4.2	0.4	31.5	0.3	0.5
2009	18.2	30.6	0.9	7.3	1.2	0.3	5.0	0.3	35.2	0.1	0.7
2010	21.1	28.3	0.8	8.9	1.1	0.8	5.7	0.5	32.2	0.1	0.6
2011	20.2	27.5	1.0	8.3	1.7	0.5	6.9	0.4	33.0	0.1	0.4
2012	20.3	26.1	0.9	6.4	1.7	1.0	7.6	0.5	34.8	0.1	0.5
2013	18.3	25.1	0.8	5.2	2.0	1.5	7.5	0.4	38.6	0.1	0.6

数据来源：作者根据联合国贸发会议网站统计数据库的BPM5服务贸易分类数据计算得到。
http://unctadstat.unctad.org/wds/ReportFolders/reportFolders.aspx.

```
60.0
50.0
40.0
30.0
20.0
10.0
 0.0
     2000 2001 2002 2003 2004 2005 2006 2007 2008 2009 2010 2011 2012 2013
```
运输　　　　　　　　　旅游　　　　　　　　　通信
建筑　　　　　　　　　保险　　　　　　　　　金融服务
计算机与信息服务　　　专有权使用费与特许费　其他商业服务
个人、文化与娱乐服务　政府服务

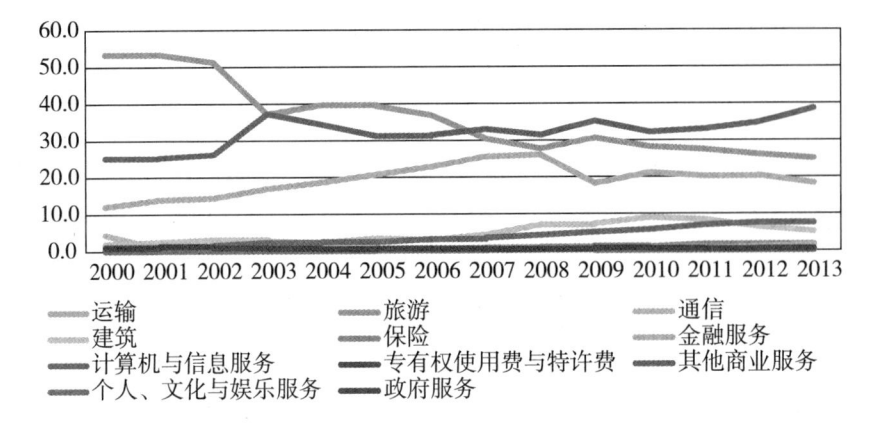

图 3-5　中国跨境服务贸易出口行业结构（2000~2013 年）　　（单位:%）

除运输、旅游和其他商业服务行业外，其他服务行业出口比重都比较小，均在 10% 以下。其中，建筑服务出口比重增长比较快，从 2000 年的 2.0%，最高上升到 2010 年的 8.9%；计算机与信息服务出口也增长较快，2000 年出口比重仅为 1.2%，最高上升到 2012 年的 7.6%，增加了 6.4 个百分点；而通信、金融、保险等其他几个行业所占比重都较小，大部分年份甚至在 1% 以下。

（二）中国跨境服务贸易的进口行业结构

表 3-7 列出了中国 2000~2013 年各细分服务行业进口所占比重。由表 3-7 和图 3-6 可知，与服务贸易出口结构类似，运输、旅游和其他商业服务三个行业所占进口比重较大，是中国服务贸易进口的主导行业。其中，运输服务贸易进口比重较为稳定，大部分年份都在 30% 左右；旅游服务贸易进口比重先降后升，上下波动幅度比较大，2008 年最低为 22.8%，2013 年最高升到 38.9%，是目前中国服务贸易进口比重最大的行业；而其他商业服务进口先升后降，2013 年最低降到 14.4%。

除运输、旅游和其他商业服务三个服务行业以外，其他服务行业所占比重较小，均在 10% 以下。其中，保险、专有权使用费与特许费这两个服务行业进口比重相对较大，基本在 6% 以上；而金融服务个人、文化与娱乐服务等其他几个服务行业的进口比重则很低，甚至不到 1%。

第三章 中国服务贸易的发展现状

表 3-7 中国跨境服务贸易各行业进口所占比重（2000~2013 年）

单位:%

行业 年份	运输	旅游	通信	建筑	保险	金融服务	计算机与信息服务	专有权使用费与特许费	其他商业服务	个人、文化与娱乐服务	政府服务
2000	28.9	36.4	0.7	2.8	6.9	0.3	0.7	3.6	19.3	0.1	0.5
2001	28.8	35.4	0.8	2.2	6.9	0.2	0.9	4.9	19.1	0.1	0.6
2002	29.3	33.1	1.0	2.1	7.0	0.2	2.4	6.7	17.1	0.2	1.0
2003	33.0	27.5	0.8	2.1	8.3	0.4	1.9	6.4	18.8	0.1	0.8
2004	33.8	27.1	0.6	1.8	8.4	0.2	1.7	6.2	19.1	0.2	0.7
2005	33.9	25.9	0.7	1.9	8.6	0.2	1.9	6.3	19.6	0.2	0.7
2006	34.1	24.1	0.8	2.0	8.8	0.9	1.7	6.6	20.4	0.1	0.5
2007	33.3	22.9	0.8	2.2	8.2	0.4	1.7	6.3	23.4	0.1	0.7
2008	31.7	22.8	1.0	2.7	8.0	0.4	2.0	6.5	24.3	0.2	0.6
2009	29.5	27.5	0.8	3.7	7.1	0.4	2.0	7.0	21.5	0.2	0.5
2010	32.7	28.4	0.6	2.6	8.1	0.7	1.5	6.7	17.7	0.2	0.6
2011	33.8	30.5	0.5	1.6	8.3	0.3	1.6	6.2	16.6	0.2	0.4
2012	30.5	36.3	0.6	1.3	7.3	0.7	1.4	6.3	15.1	0.2	0.4
2013	28.5	38.9	0.5	1.2	6.7	1.1	1.8	6.3	14.4	0.2	0.4

数据来源：作者根据联合国贸易与发展会议网站统计数据库的 BPM5 服务贸易分类数据计算得到。http://unctadstat.unctad.org/wds/ReportFolders/reportFolders.aspx.

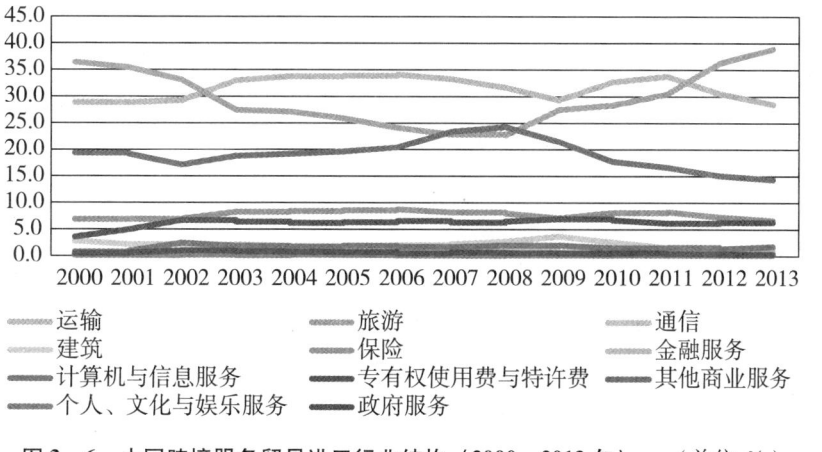

图 3-6 中国跨境服务贸易进口行业结构（2000~2013 年） （单位:%）

四、中国跨境服务贸易的国际竞争力状况

衡量一国或地区服务贸易竞争力的指标众多，这里我们综合运用国际市场占有率（MS）、贸易竞争力指数（TC）、显示性比较优势指数（RCA）、显示性竞争比较优势指数（CA）等指标，来综合分析中国跨境服务贸易总体及各细分服务行业的国际竞争力。

（一）国际市场占有率（MS）

国际市场占有率（Market Share，MS），是指一国或地区某种产品或某产业出口额占该产品或该产业世界出口总额的比重。这一指标衡量的是一国出口额的绝对比重，可反映一国某产品或产业在贸易出口方面的竞争力和地位。其具体计算公式如下：

$$MS_{ij} = \frac{X_{ij}}{X_{wj}} \qquad (3-1)$$

在式（3-1）中，MS_{ij}是指i国j产品或产业的国际市场占有率，X_{ij}和X_{wj}分别表示i国和全世界j产品或产业的出口额。国际市场占有率指数可直接反映某个产业或某产品国际竞争力的现实状态，反映一国出口的整体竞争力或竞争地位的变化，用以比较不同国家或地区同一产业或同类产品在国际市场上的竞争能力。一般来说，该比率的提高表示该国该产业或产品的国际竞争力增强。

表3-8是中国2000~2013年跨境服务贸易总体及各行业的国际市场占有率。由表3-8可知，总体来看，中国跨境服务贸易的国际市场占有率大体呈不断上升趋势，2000年仅为2.0%，2013年上升到4.4%，增加了2.4个百分点。从各细分服务行业来看，不同服务行业的国际市场占有率存在明显差异。其中，建筑服务的国际市场占有率上升最快，大部分年份数值也是最大，2000年仅为2.0%，2010年最高达到14.6%，之后又有所回落，但仍然维持在10%以上，说明我国建筑服务贸易出口竞争力很强；其他商业服务的国际市场占有率也较大且上升较快，从2000年的2.4%上升到2013年的6.4%，增加了4个百分点，这说明中国其他商业服务也具有较强的出口竞争力；旅游服务的国际市场占有率较为稳定，在3.4%~4.8%之间波动；运输和保险服务的国际市场占有率不大，但上升较快，

分别从2000年的1.1%和0.4%上升到2013年的4.2%和3.9%，分别增加了3.1个和3.5个百分点；而金融服务、专有权使用费与特许费，以及个人、文化与娱乐服务等几个服务行业的国际市场占有率则很低，基本在1%以内，说明我国在这几个服务行业的出口竞争力很弱。

表3-8　中国跨境服务贸易总体及各行业的国际市场占有率（2000~2013年）

单位：%

行业 年份	服务总体	运输	旅游	通信	建筑	保险	金融服务	计算机与信息服务	专有权使用费与特许费	其他商业服务	个人、文化与娱乐服务	政府服务
2000	2.0	1.1	3.4	3.9	2.0	0.4	0.1	0.8	0.1	2.4	0.1	0.9
2001	2.2	1.4	3.8	0.7	2.6	0.8	0.1	0.9	0.1	2.5	0.2	1.3
2002	2.4	1.6	4.2	1.5	3.5	0.5	0.1	1.1	0.1	2.9	0.1	1.0
2003	2.5	2.0	3.2	1.4	3.3	0.6	0.1	1.5	0.1	4.0	0.1	0.8
2004	2.8	2.4	4.0	1.0	3.2	0.7	0.1	1.8	0.2	4.2	0.2	0.7
2005	2.9	2.7	4.2	0.8	4.6	1.1	0.1	1.8	0.1	3.8	0.6	0.6
2006	3.2	3.3	4.5	1.0	4.0	0.9	0.1	2.4	0.1	4.2	0.2	0.6
2007	3.5	4.1	4.3	1.4	6.2	1.2	0.1	2.8	0.2	4.8	1.2	0.8
2008	3.8	4.3	4.2	1.6	9.2	1.7	0.1	3.2	0.2	4.9	1.4	1.0
2009	3.6	3.4	4.5	1.3	8.7	1.7	0.3	3.4	0.2	5.1	0.3	1.4
2010	4.2	4.2	4.8	1.3	14.6	1.8	0.5	4.3	0.3	5.3	0.4	1.4
2011	4.0	4.0	4.6	1.6	13.8	2.9	0.3	4.9	0.3	5.2	0.3	1.0
2012	4.3	4.4	4.5	1.6	11.4	3.2	0.6	5.5	0.4	5.7	0.3	1.3
2013	4.4	4.2	4.4	1.4	10.1	3.9	0.9	5.4	0.3	6.4	0.4	1.6

数据来源：作者根据联合国贸发会议网站统计数据库的BPM5服务贸易分类数据计算得到。http://unctadstat.unctad.org/wds/ReportFolders/reportFolders.aspx.

（二）贸易竞争力指数（TC指数）

贸易竞争力指数（Trade Competitieness，TC），即TC指数，是一国某产业净出口额与总贸易额的比重，可反映出该产业由引进到发展成熟再到向外出口的不同阶段。其计算公式为：

$$TC_{ij} = \frac{X_{ij} - M_{ij}}{X_{ij} + M_{ij}} \qquad (3-2)$$

在式（3-2）中，X_{ij}和M_{ij}分别为j国i产品或产业的出口额和进口额。TC指数取值处于-1与1之间，若TC指数为-1，表示该产品或产业处于完全引进阶段，出口为0；若TC指数为-1，则表示该产业已发展成熟，不断向国外出口产品，进口为0。TC指数小于0，表明该产业进口大于出口，国际竞争力较弱；反之，如果该指数大于0，则表明该产业出口大于进口，国际竞争力较强。

表3-9是中国2000~2013年跨境服务贸易总体及各行业的TC指数。由表3-9可知，总体来看，中国服务贸易总体的TC指数在2000~2013年均为负数，且自2008年以来TC指数呈现出明显下降势头，这说明我国服务贸易整体处于贸易逆差状态，缺乏国际竞争力，且竞争力越来越弱。

表3-9 中国跨境服务贸易总体及各行业的贸易竞争力（TC）指数（2000~2013年）

行业 年份	服务总体	运输	旅游	通信	建筑	保险	金融服务	计算机与信息服务	专有权使用费与特许费	其他商业服务	个人、文化与娱乐服务	政府服务
2000	-0.08	-0.48	0.11	0.70	-0.25	-0.92	-0.11	0.15	-0.88	0.05	-0.54	0.24
2001	-0.08	-0.42	0.12	-0.09	-0.01	-0.85	0.13	0.14	-0.89	0.06	-0.28	0.30
2002	-0.08	-0.41	0.14	0.08	0.13	-0.88	-0.28	-0.28	-0.92	0.13	-0.53	-0.10
2003	-0.08	-0.40	0.07	0.20	0.04	-0.86	-0.21	0.03	-0.94	0.25	-0.35	-0.12
2004	-0.06	-0.34	0.13	0.08	0.05	-0.88	-0.19	0.13	-0.90	0.23	-0.62	-0.17
2005	-0.06	-0.30	0.15	-0.11	0.23	-0.86	-0.05	0.06	-0.94	0.17	-0.07	-0.11
2006	-0.05	-0.24	0.17	-0.02	0.15	-0.88	-0.72	0.26	-0.94	0.17	0.06	0.07
2007	-0.03	-0.16	0.11	0.04	0.30	-0.84	-0.41	0.33	-0.92	0.14	0.35	-0.22
2008	-0.04	-0.13	0.06	0.02	0.41	-0.80	-0.28	0.33	-0.90	0.09	0.24	-0.16
2009	-0.10	-0.33	-0.05	0.04	0.23	-0.75	-0.29	0.34	-0.93	0.14	-0.48	0.06
2010	-0.09	-0.30	-0.09	0.04	0.48	-0.80	-0.02	0.51	-0.88	0.21	-0.50	-0.09

续表

行业 年份	服务总体	运输	旅游	通信	建筑	保险	金融服务	计算机与信息服务	专有权使用费与特许费	其他商业服务	个人、文化与娱乐服务	政府服务
2011	-0.15	-0.39	-0.20	0.18	0.60	-0.73	0.06	0.52	-0.90	0.19	-0.53	-0.17
2012	-0.19	-0.38	-0.34	0.04	0.54	-0.72	-0.01	0.58	-0.89	0.22	-0.64	-0.02
2013	-0.23	-0.43	-0.43	0.02	0.46	-0.69	-0.08	0.44	-0.92	0.25	-0.65	0.02

数据来源：作者根据联合国贸发会议网站统计数据库的 BPM5 服务贸易分类数据计算得到。http://unctadstat.unctad.org/wds/ReportFolders/reportFolders.aspx.

从具体服务行业来看，各行业的 TC 指数存在明显的差异。其中，建筑、计算机与信息服务、其他商业服务三个服务行业的 TC 指数基本为正数，且呈现出较明显的上升趋势，说明我国在这几个服务行业具有竞争优势，且竞争优势在不断上升。而旅游服务的 TC 指数一直处于下降趋势，由正转负，2000~2008 年虽然不断下降但仍为正数，说明这个阶段我国旅游服务贸易还处于贸易顺差，具有一定竞争优势；但从 2009 年开始，旅游服务贸易的 TC 指数变为负数，到 2013 年下降到 -0.43，说明这阶段中国旅游服务贸易出现贸易逆差且逆差不断扩大，竞争劣势越来越明显。通信服务的 TC 指数基本接近于 0，说明进出口比较平衡。而金融、保险、专有权使用费与特许费以及个人、文化与娱乐服务等几个服务行业的 TC 指数基本为负数，国际竞争力薄弱，尤其是专有权使用费与特许费这个服务行业的 TC 指数接近于 -1，说明我国该行业主要依赖进口，出口极少，竞争劣势尤为突出。

（三）显示性比较优势指数（RCA 指数）

TC 指数反映了一国进出口差额占该国进出口总额的比重，但该指标并未剔除国家总量波动和世界总量波动的影响，因而测量结果不够客观。为弥补 TC 指数的缺点，美国经济学家贝拉·巴拉萨（1965）提出显示性比较优势指数，即 RCA 指数（Revealed Comparative Advantage Index），从出口比较优势的角度进行测度，将一国某产品占本国总出口的比重跟世界同类产品的比重作比较。该指数通过该产品或服务在该国货物或服务总出口中所占的份额与世界贸易中该产品或服务占世界货物或服务总出口的份额之比来表示。因为剔除了国家总量波动与世界总量波动的影响,所以可以比较好地说明一个国家某一产品或服务的出口与世界平均出口水平相比之下的相对优势。其计算公式如下:

$$RCA_{ij} = \frac{X_{ij}/X_{it}}{X_{wj}/X_{wt}} \qquad (3-3)$$

在式(3-3)中,RCA_{ij} 表示 i 国 j 产品的显示比较优势指数,X_{ij} 和 X_{it} 分别表示 i 国 j 产品出口额和所有产品出口总额,X_{wj} 和 X_{wt} 分别表示世界 j 产品的出口额和所有产品出口总额。一般地,若 RCA 指数 >1,则认为一国在某产品方面具有比较优势;反之,若 RCA 指数 <1,则认为该国没有比较优势。RCA 指数值越大,说明竞争优势越大。有时候,为了更细致地分析各国或各行业贸易竞争力的强弱,我们通常把 RCA 指数分成以下 5 个区间:当 RCA 指数 >2.5 时,为极强的国际竞争优势;当 1.25 < RCA < 2.5 时,拥有很强的国际竞争优势;当 0.8 < RCA < 1.25 时,具有较小的国际竞争优势;当 <0.4 < RCA < 0.8 时,具有较小的竞争劣势;当 RCA < 0.4 时,则说明具有较大的竞争劣势。

表 3-10 是中国 2000~2013 年服务贸易总体及各行业的 RCA 指数。由表 3-10 可知,总体来看,中国服务贸易整体的 RCA 指数在 0.4~0.6 之间,具有较明显的竞争劣势。从具体服务行业来看,各行业的 RCA 指数存在明显的差异。其中,旅游、建筑、其他商业服务三个服务行业的 RCA 指数基本均大于 1,具有一定国际竞争优势。尤其是建筑服务行业的 RCA 指数上升快速,指数较大,有 3 个年份在 1.25 以下,只是具有较小的竞争优势,有 8 个年份 RCA 指数在 1.25~2.5 之间,具有较强的竞争优势,还有 3 个年份大于 2.5,呈现出极强的竞争优势。旅游服务的 RCA 指数虽一直在 1 以上,但下降趋势明显,从最初具备较强的竞争优势转为较小的竞争优势。而其他商业服务的 RCA 指数基本比较稳定,大部分年份在 1.25~2.5 之间,具有较强的竞争优势。除旅游、建筑、其他商业服务之外,其他服务行业的 RCA 指数基本小于 1,不具有竞争优势。尤其是金融、保险、专有权使用费与特许费以及个人、文化与娱乐服务等几个行业的 RCA 指数均在 0.4 以下,竞争劣势极为明显。

表 3-10 中国服务贸易总体及各行业的显示性
竞争优势（RCA）指数（2000~2013 年）

行业 年份	服务总体	运输	旅游	通信	建筑	保险	金融服务	计算机与信息服务	专有权使用费与特许费	其他商业服务	个人、文化与娱乐服务	政府服务
2000	0.57	0.53	1.70	1.96	1.00	0.19	0.04	0.39	0.04	1.18	0.04	0.46
2001	0.56	0.63	1.74	0.34	1.20	0.35	0.05	0.40	0.06	1.14	0.10	0.61
2002	0.53	0.66	1.72	0.60	1.45	0.19	0.02	0.44	0.06	1.17	0.08	0.41
2003	0.48	0.80	1.30	0.58	1.32	0.25	0.05	0.60	0.04	1.62	0.07	0.32
2004	0.49	0.85	1.40	0.36	1.12	0.34	0.02	0.62	0.06	1.50	0.06	0.26
2005	0.45	0.94	1.44	0.28	1.60	0.38	0.03	0.61	0.03	1.32	0.20	0.30
2006	0.44	1.05	1.41	0.33	1.26	0.28	0.02	0.75	0.04	1.32	0.18	0.29
2007	0.45	1.17	1.21	0.40	1.77	0.34	0.02	0.79	0.05	1.37	0.34	0.23
2008	0.47	1.15	1.13	0.43	2.45	0.44	0.03	0.86	0.07	1.31	0.38	0.26
2009	0.44	0.93	1.24	0.35	2.38	0.46	0.04	0.94	0.05	1.39	0.10	0.39
2010	0.45	1.02	1.16	0.30	3.50	0.43	0.11	1.04	0.08	1.28	0.09	0.33
2011	0.44	1.00	1.13	0.40	3.42	0.71	0.07	1.21	0.08	1.28	0.09	0.24
2012	0.43	1.02	1.06	0.38	2.67	0.75	0.14	1.29	0.08	1.33	0.07	0.30
2013	0.42	0.95	1.00	0.32	2.32	0.90	0.22	1.23	0.07	1.46	0.08	0.36

数据来源：作者根据联合国贸发会议网站统计数据库的 BPM5 服务贸易分类数据计算得到。http：//unctadstat.unctad.org/wds/ReportFolders/reportFolders.aspx。

（四）显示性竞争比较优势指数（CA 指数）

RCA 指数仅从出口的角度进行测度，未考虑一个产业既有出口同时有进口的现象发生。为此，Vollrath（1988）将 RCA 指标进行修正，提出了 CA 指数，用产品出口 RCA 指数减去进口 RCA 指数的差来衡量贸易竞争力。该指标修正了前述指标的缺陷，既综合考虑了进口对出口的影响，也消除了经济总量变动的影响，因此可更客观地衡量一国或地区某产品或产业的真正竞争优势。其计算公式如下：

$$CA_{ij} = \frac{X_{ij}/X_{it}}{X_{wj}/X_{wt}} - \frac{M_{ij}/M_{it}}{M_{wj}/M_{wt}} \qquad (3-4)$$

在式（3-4）中，X_{ij}、X_{it}、X_{wj} 和 X_{wt} 的含义与 RCA 指数计算公式一样，而 M_{ij} 和 M_{it} 分别表示 i 国 j 产品进口额和所有产品进口总额，M_{wj} 和 M_{wt} 分别表示世界 j 产品的进口额和所有产品进口总额。若 CA 指数 >0，说明具有比较优势；若 CA 指数 <0，则说明不具有比较优势。该指数值越高，说明贸易竞争力越强；反之，该指数越低，贸易竞争力越弱。

表 3-11 是中国 2000~2013 年服务贸易总体及各行业的 CA 指数。由表 3-11 可知，总体来看，中国服务贸易总体的 CA 指数小于 0，存在明显的比较劣势。从具体服务行业来看，各行业的 CA 指数存在明显的差异。其中，在 2000~2013 年唯有其他商业服务的 CA 指数一直大于 0，具有明显的比较优势。建筑服务的 CA 指数除前两年为负数之外，其他年份均为正数，且逐年上升，呈现出明显的比较优势。旅游服务的 CA 指数虽然大部分年份大于 0，但下降趋势明显，在 2010 年甚至转正为负，由具有比较优势转为比较劣势。

表 3-11 中国服务贸易总体及各行业的显示性
竞争比较优势（CA）指数（2000~2013 年）

行业 年份	服务总体	运输	旅游	通信	建筑	保险	金融服务	计算机与信息服务	专有权使用费与特许费	其他商业服务	个人、文化与娱乐服务	政府服务
2000	-0.18	-0.52	0.45	1.65	-0.85	-2.42	-0.05	0.01	-0.58	0.26	-0.04	0.33
2001	-0.17	-0.46	0.48	-0.03	-0.09	-1.75	-0.02	-0.01	-0.80	0.26	0.00	0.45
2002	-0.16	-0.48	0.54	0.14	0.27	-1.58	-0.05	-0.67	-1.07	0.39	-0.09	0.16
2003	-0.14	-0.48	0.29	0.22	0.07	-1.68	-0.10	-0.25	-0.98	0.76	-0.03	0.10
2004	-0.12	-0.40	0.40	0.06	0.13	-1.82	-0.04	-0.16	-0.91	0.59	-0.14	0.06
2005	-0.16	-0.29	0.46	-0.06	0.60	-1.84	-0.03	-0.20	-0.96	0.38	0.04	0.09
2006	-0.18	-0.19	0.45	-0.01	0.27	-1.80	-0.22	0.06	-1.06	0.35	0.07	0.14
2007	-0.20	-0.04	0.28	0.02	0.79	-1.64	-0.09	0.14	-1.05	0.29	0.22	0.03
2008	-0.20	0.02	0.15	-0.01	1.29	-1.43	-0.08	0.11	-0.97	0.19	0.21	0.07
2009	-0.21	-0.28	0.06	0.02	0.87	-1.06	-0.09	0.25	-0.91	0.46	-0.08	0.24
2010	-0.17	-0.24	-0.08	0.04	2.20	-1.35	-0.11	0.51	-0.86	0.48	-0.10	0.16

续表

行业 年份	服务总体	运输	旅游	通信	建筑	保险	金融服务	计算机与信息服务	专有权使用费与特许费	其他商业服务	个人、文化与娱乐服务	政府服务
2011	-0.22	-0.27	-0.22	0.16	2.62	-1.24	-0.03	0.66	-0.81	0.56	-0.09	0.09
2012	-0.29	-0.12	-0.51	0.10	2.03	-1.03	-0.08	0.84	-0.80	0.66	-0.12	0.17
2013	-0.34	-0.15	-0.63	0.08	1.61	-0.93	-0.14	0.65	-0.89	0.78	-0.17	0.23

数据来源：作者根据联合国贸发会议网站统计数据库的 BPM5 服务贸易分类数据计算得到。http://unctadstat.unctad.org/wds/ReportFolders/reportFolders.aspx.

第二节　中国商业存在服务贸易
——服务业 FDI 的发展现状

一、全球服务业 FDI 的总体现状和发展特征

（一）全球 FDI 的投资重心向服务业转移，服务业 FDI 规模不断扩大

全球服务业发展速度很快，服务业在各国经济发展中地位的提高推动外商直接投资向服务业转移。20 世纪 90 年代以来，全球 FDI 总额的一半以上流向了服务业。发展中国家吸引 FDI 的领域也逐渐从制造业转向服务业。虽然发达国家之间的服务业投资仍然是服务业对外直接投资的主体，但发展中国家 FDI 流入增速相对较快。在服务贸易总协定（GATS）的推动下，各国放松服务业管制以及一些国家国营部门私有化改革，为服务业 FDI 的流入创造了条件。根据《世界投资报告 2016》（World Investment Report, 2106）数据可知，截至 2014 年，全球服务业 FDI 存量已达 160722 亿美元，与 1990 年相比，增长了将近 16 倍（具体见表 3-12）。伴随着经济服务化及全球产业结构升级与调整，国际投资领域从制造业转移至服务业，1990~2014 年，服务业 FDI 所占比重从 48.7% 上升至 64%，与此同

时，制造业FDI所占比重从41.1%下降至27%。从投资主体来看，2014年，发达国家服务业FDI占比达65%，发展中国家为64%，而转型经济体占据70%。事实上，《世界投资报告2004》已明确突出了FDI转向服务业这一重要的结构性转变。1970年，服务业FDI所占比重仅达到全球FDI总量的1/4，1990年，服务业FDI已接近占据FDI的半壁江山，2005年该比重就已经达到2/3。

表3-12 全球外商直接投资存量在三次产业之间的分布情况

单位：亿美元,%

年份 经济体 行业	1990年			2014年			
	发达国家	发展中国家	全球	发达国家	发展中国家	转型经济体	全球
FDI总额	16943	3840	20783	163069	81720	63386	251128
农业FDI	1607	321	1928	9784	6538	9508	17579
制造业FDI	6864	1673	8537	44029	22064	9508	67805
服务业FDI	8335	1792	10127	105995	52301	44370	160722
农业FDI占比	9.5	8.4	9.3	6	8	15	7
制造业FDI占比	40.5	43.6	41.1	27	27	15	27
服务业FDI占比	49.2	46.7	48.7	65	64	70	64

数据来源：作者根据UNCTAD《世界投资报告2016》整理计算。

从全球FDI流量的数据来看，1990~1992年，全球外商直接投资流入量在三次产业之间的比重分别为8.7%、29.7%、54.5%，服务业FDI流入量的占比也已超过制造业。1990~1992年，发展中国家服务业FDI的流入量占比45.0%，转型经济体的服务业FDI流入量仅占13.3%。2009~2011年，全球服务业FDI流入量占FDI流入总量的比重已上升至63.0%，发达国家的这一比重高达65.2%，更重要的是，发展中国家以及转型经济体的FDI流量结构出现了质的变化，其中服务业FDI所占比重分别高达60.3%和63.9%（见表3-13）。

表3-13 全球外商直接投资流量在三次产业之间的分布情况

单位：亿美元，%

产业	1990~1992年				2009~2011年			
	发达国家	发展中国家	转型经济体	全球	发达国家	发展中国家	转型经济体	全球
FDI总额	1344	398	15	1757	7291	6138	826	14255
农业FDI	102	42	9	153	440	759	147	1346
制造业FDI	374	145	3	522	1612	1557	145	3315
服务业FDI	776	179	2	957	4757	3699	528	8984
农业FDI占比	7.6	10.6	60.0	8.7	6.0	12.4	17.8	9.4
制造业FDI占比	27.8	36.4	20.0	29.7	22.1	25.4	17.6	23.3
服务业FDI占比	57.7	45.0	13.3	54.5	65.2	60.3	63.9	63.0

数据来源：作者根据UNCTAD《世界投资报告2013》整理计算。由于《世界投资报告2016》中没有详细的FDI流量分行业数据，所以这里用《世界投资报告2013》的相关数据资料。

（二）全球服务业FDI的投资方式

根据投资方式的不同，FDI主要可分为跨国并购和绿地投资两种方式。从跨国并购的数据来看，1990年，全球外商直接投资跨国并购在三次产业之间的分布分别为9.1%、45.0%和45.9%，服务业跨国并购的占比也已略为超过制造业（具体见表3-14和图3-7）。之后的大部分年份中，服务业跨国并购的占比虽然波动幅度较大，但大都在50%以上，是三次产业中占比最大的。其中，2000年服务业跨国并购的占比最高达到74.7%。跨国公司借助对外直接投资在全球对服务资源进行优化配置。近年来，跨国并购（M&A）与非股权（Non-equity）安排成为服务业FDI最常见的方式。服务业跨国公司在进入外国市场时经常采用非股权安排方式，如发放特许证或者制定管理合同等。诸如组织和管理技能或者技术诀窍等无形资产可以与有形资产剥离，东道国可以利用跨国公司转移的关键知识，与当地资源进行组合，以达到发展本国经济的目的。虽然大多数服务业FDI仍然属于"市场寻觅型"，但是由于信息和通信技术的飞速发展，有些服务产品（主要是以信息为中心的服务产品）已经可以实现生产和消费的空间分离。有形产品生产中的资源全球配置方法也正在逐步运用到服务业。因此，许多服务业 FDI 的性质正在向"资源寻觅型"转变。

表 3-14 全球各行业跨国并购的金额和占比（1990~2015 年）

单位：亿美元，%

行业 年份	FDI 总计	基础产业 FDI	制造业 FDI	服务业 FDI	基础产业 FDI 比重	制造业 FDI 比重	服务业 FDI 比重
1990	980	89	441	450	9.1	45.0	45.9
1991	589	-7	258	338	-1.2	43.8	57.3
1992	469	23	231	215	4.9	49.3	45.8
1993	435	25	217	193	5.8	49.8	44.4
1994	939	57	488	394	6.0	52.0	42.0
1995	1099	95	494	510	8.6	45.0	46.4
1996	1412	101	370	941	7.1	26.2	66.6
1997	1873	29	807	1037	1.6	43.1	55.4
1998	3497	115	1347	2036	3.3	38.5	58.2
1999	5595	247	1607	3742	4.4	28.7	66.9
2000	9597	107	2324	7165	1.1	24.2	74.7
2001	4318	483	975	2859	11.2	22.6	66.2
2002	2437	187	949	1301	7.7	38.9	53.4
2003	1654	188	621	846	11.3	37.5	51.1
2004	1986	52	623	1311	2.6	31.3	66.0
2005	5350	108	1492	3750	2.0	27.9	70.1
2006	6198	455	1886	3856	7.3	30.4	62.2
2007	10327	924	3266	6137	8.9	31.6	59.4
2008	6176	948	1958	3270	15.4	31.7	52.9

续表

行业 年份	FDI 总计	基础产业 FDI	制造业 FDI	服务业 FDI	基础产业 FDI 比重	制造业 FDI 比重	服务业 FDI 比重
2009	2876	512	794	1570	17.8	27.6	54.6
2010	3471	798	1278	1396	23.0	36.8	40.2
2011	5534	1560	2042	1932	28.2	36.9	34.9
2012	3282	462	1348	1472	14.1	41.1	44.9
2013	2625	-129	1355	1399	-4.9	51.6	53.3
2014	4325	361	1893	2071	8.3	43.8	47.9
2015	7215	316	3883	3016	4.4	53.8	41.8

数据来源：作者根据 UNCTAD《世界投资报告 2016》整理计算，其中基础产业包括农业和采矿业。

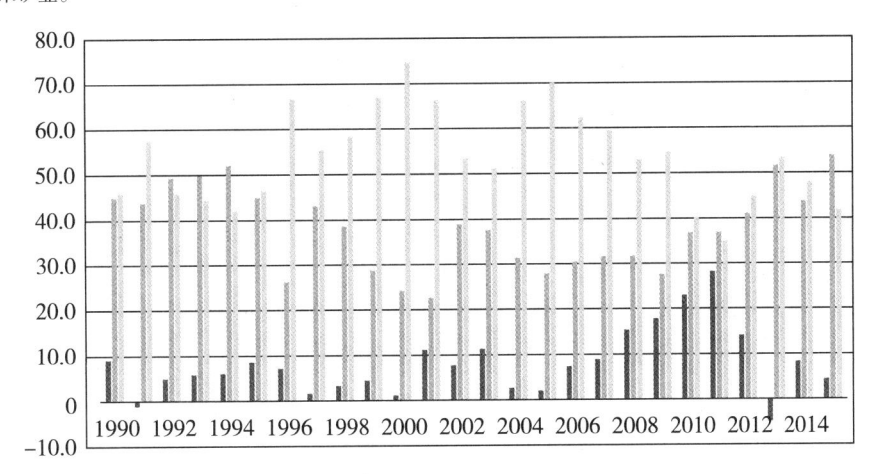

图 3-7　全球各行业跨国并购所占比重（1990~2015 年）　　（单位:%）

从全球绿地投资 FDI 来看，2003~2006 年和 2010~2011 年这 6 个年份中，服务业 FDI 的比重低于制造业 FDI 比重，但 2007~2009 年和 2012~2015 年这 7 个年份中，服务业 FDI 占比最高，其中 2013 年最高达到 56.1%。对比表 3-14 和表 3-15 可知，相对于绿地投资 FDI 方式而言，跨国并购 FDI 中服务业占比更高一些。

表 3-15　全球各行业绿地投资金额及所占比重（2003~2015 年）

单位：亿美元,%

行业 年份	FDI 总计	基础产业 FDI	制造业 FDI	服务业 FDI	基础产业 FDI 比重	制造业 FDI 比重	服务业 FDI 比重
2003	7194	1263	3796	2135	17.6	52.8	29.7
2004	6460	795	3383	2282	12.3	52.4	35.3
2005	6326	1068	2912	2346	16.9	46.0	37.1
2006	8175	578	4027	3570	7.1	49.3	43.7
2007	8045	596	3480	3969	7.4	43.3	49.3
2008	12943	1287	5109	6547	9.9	39.5	50.6
2009	9581	1169	3778	4635	12.2	39.4	48.4
2010	8190	564	4287	3339	6.9	52.3	40.8
2011	8653	696	4358	3599	8.0	50.4	41.6
2012	6310	271	2843	3196	4.3	45.1	50.6
2013	8308	389	3261	4658	4.7	39.3	56.1
2014	7060	416	3177	3467	5.9	45.0	49.1
2015	7657	350	3225	4082	4.6	42.1	53.3

数据来源：作者根据 UNCTAD《世界投资报告 2016》整理计算。

（三）全球服务业 FDI 的行业结构

全球服务业 FDI 的行业结构呈现出以下几个方面的特征：

（1）无论是发达国家还是发展中国家，金融服务业均是东道国吸引外商直接投资占比最高的服务行业，但目前这一比重正呈现出迅速下降的趋势。1990 年全球金融服务业 FDI 占比为 40.3%，其中发达国家这一比重为 36.9%，而发展中国家高达 56.3%。2011 年全球金融服务业 FDI 占比略降为 37.8%，而发达国家的该比重上升至 40.6%，发展中国家的这一比重则下降到了 32.2%。与 20 世纪 90 年代初期相比，服务业 FDI 的行业呈现出明显的分散化趋势。

（2）零售业和商务服务业是除金融服务业之外，吸引外商直接投资占比最高的两个服务行业。从结构变动的角度看，这两个行业的变动趋势相反。具体来说，1990 年全球零售服务业的 FDI 占比高达 24.2%，位居服务业中吸引外商直接投资的第二大行业,到2011年这一比重下降至15.1%。而商务服务业FDI的规模和占比则呈现出跳跃式扩张趋势,1990年商务服务业FDI占比仅为14.9%,低于零售业,而到2011年这一比重上升至26.25%,已超越贸易服务业成为第二大吸引外商直接投资的服务行业。无论是发达国家还是发展中国家,这两个行业的变动趋势基本上是一致的。

(3) 生产性服务FDI是服务业FDI的主要投资领域。全球范围内,服务业外商直接投资主要集中在金融业、零售业、商务服务业、运输、仓储及通信业等生产性服务业。1990年,这4个生产性服务行业的外商直接投资存量占服务业FDI总量的82.6%,而且随后该比重仍呈现出不断上升的趋势,2011年提高到了87.7%。这种服务业内部结构的变动主要体现在发达国家,这12年期间,4个行业的比重从81.2%上升至87.0%,而发展中国家这一比重的变化并不大。

(四) 全球服务业FDI的区位变动

服务业外商直接投资主要地区领域集中在发达国家,但正逐步向发展中国家扩散。20世纪90年代,全球有80%以上的服务业外商直接投资集聚在发达国家,随着后来众多发展中国家服务业开放程度的不断提高及招商引资政策的拉动,服务业FDI开始逐步流向发展中国家。2011年,发达国家服务业FDI占全球的比重下降到70%以下,为69.2%。根据《世界投资报告2013》的统计,2012年流向发展中国家和地区的直接投资量占全球直接外资流入量的52%,首次超过发达国家。

(五) "资源寻觅型"服务业FDI——服务外包兴起

随着技术进步,制造业企业活动外购的比例日益提高。原本在制造业内部进行的服务越来越可以通过外购的方式进行。新技术尤其是IT技术改变了服务业的传送方式,离岸外包业务得以发展,大大降低了国际服务链的相对成本,同时也增加了服务产品的可贸易性。20世纪90年代之后,随着经济一体化、专业分工的日益细化,以及市场竞争程度的不断提高,越来越多的企业纷纷将非核心服务活动外包给其他企业,以降低成本、优化产业链、提升企业核心竞争力。作为一种新的国际商务模式,全球服务外包进入快速发展时期,已成为国际服务产业转移的重要形式,以及一些

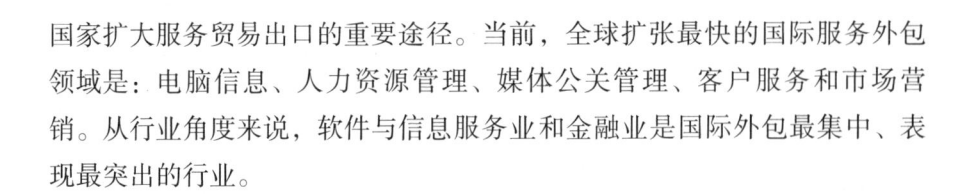

国家扩大服务贸易出口的重要途径。当前，全球扩张最快的国际服务外包领域是：电脑信息、人力资源管理、媒体公关管理、客户服务和市场营销。从行业角度来说，软件与信息服务业和金融业是国际外包最集中、表现最突出的行业。

二、中国商业存在服务贸易——服务业 FDI 的发展现状与趋势

自 20 世纪 90 年代以来，全球范围内的服务业外国直接投资出现明显增长。中国加入 WTO 后服务业市场逐步开放，近几年服务业正成为中国吸引外国直接投资的重点领域。

（一）服务业已超过制造业成为中国吸引外资的第一大产业

自改革开放以来，中国利用外资的规模不断扩张。1992 年以后，FDI 逐渐成为中国利用外资的主要形式。而在 2002 年以后，中国更是取代美国，成为世界上吸引 FDI 最多的国家。根据商务部发布的最新数据显示，2015 年中国实际利用外商直接投资达到 1262.67 亿美元，中国服务业实际利用外资金额达 811.38 亿美元，占总体 FDI 的比重达 64.26%，创历史新高。从表 3-16 和图 3-8 可以看出，在大多数年份，中国吸引的外商直接投资的主要产业是以制造业为主，服务业 FDI 的比重并不大，但服务业实际利用 FDI 占总 FDI 的比重在逐年明显上升。截至 2011 年，中国服务业首次超过制造业成为吸引外商直接投资的第一大产业，服务业 FDI 占比达 50.21%，已经超过外商直接投资总量的一半；与此同时，制造业 FDI 下降为 47.4%。随后，服务业 FDI 继续保持持续增长的势头，2012 年该比重达 51.20%，2015 年更是高达 64.26%。

中国服务业 FDI 占 FDI 总额比重的提高意味着中国 FDI 行业结构的升级。但是对比全球数据可知，在 1990 年全球服务业 FDI 存量占比已达 48.7%，流量达到 54.5%，与中国 2010 年这一数据相当，这也从服务业 FDI 的视角可以看出，中国服务业发展比较滞后，服务业开放程度还滞后于全球平均水平。

表 3-16 1983~2015 年中国实际利用外商直接投资情况

单位：亿美元，%

年份	FDI 总体	服务业 FDI	生产性服务业 FDI	房地产 FDI	服务业 FDI 比重	生产性服务业 FDI 比重	房地产 FDI 比重
1983	9.16	2.68	0.29	—	29.22	10.70	—
1984	14.19	10.31	0.41	—	72.65	4.02	—
1985	19.56	11.40	1.66	7.01	58.27	14.57	61.53
1986	18.75	12.80	0.22	10.70	68.24	1.74	83.61
1987	23.14	10.94	0.11	9.17	47.28	0.98	83.86
1988	31.94	5.72	0.67	3.20	17.90	11.80	55.93
1989	33.93	4.53	0.34	3.17	13.35	7.45	70.05
1990	34.87	3.83	0.36	2.39	10.97	9.51	62.53
1991	43.66	7.29	0.41	5.48	16.70	5.68	75.19
1992	110.08	43.44	3.06	34.24	39.47	7.04	78.81
1993	275.15	136.28	5.52	108.08	49.53	4.05	79.31
1994	337.67	144.63	11.41	97.45	42.83	7.89	67.38
1995	375.21	106.79	8.39	73.31	28.46	7.85	68.65
1996	417.26	111.90	10.18	73.17	26.82	9.10	65.39
1997	452.57	120.60	16.90	51.69	26.65	14.01	42.86
1998	454.63	135.12	16.85	64.10	29.72	12.47	47.44
1999	403.19	118.29	17.63	55.88	29.34	14.91	47.24
2000	407.15	104.64	11.50	46.58	25.70	10.99	44.51
2001	468.78	111.81	10.75	51.37	23.85	9.62	45.94
2002	527.43	122.50	12.25	56.63	23.23	10.00	46.23
2003	535.05	133.25	13.76	52.36	24.90	10.33	39.29
2004	606.30	127.80	81.29	28.24	21.08	63.61	22.10
2005	603.25	131.02	79.51	37.45	21.72	60.68	28.58
2006	630.21	179.30	117.89	42.23	28.45	65.75	23.55
2007	747.68	289.76	224.40	40.19	38.75	77.44	13.87
2008	923.95	350.97	276.44	50.59	37.99	78.76	14.41

续表

年份	FDI 总体	服务业 FDI	生产性服务业 FDI	房地产 FDI	服务业 FDI 比重	生产性服务业 FDI 比重	房地产 FDI 比重
2009	900.33	385.28	129.82	167.96	42.79	33.70	43.59
2010	1057.35	499.63	149.51	239.86	47.25	29.92	48.01
2011	1160.11	582.53	186.40	268.82	50.21	32.00	46.15
2012	1117.16	571.96	202.58	241.25	51.20	35.42	42.18
2013	1175.86	662.17	225.40	287.98	56.31	34.04	43.49
2014	1195.62	740.96	271.33	346.26	61.97	36.62	46.73
2015	1262.67	811.38	375.70	289.95	64.26	46.30	35.74

资料来源：作者根据《中国统计年鉴》《中国对外经济统计年鉴》各年的数据计算整理。《中国对外经济统计年鉴》和《中国统计年鉴》中 1983～1996 年只有合同利用外资的数据，没有实际利用外资的数据。本书参照黄卫平和方石玉（2008）的处理方法，把当年外商直接投资的实际金额占合同利用外资金额的比例作为当年外商直接投资的实际金额占合同利用外资金额的比例，尽量使其接近真实的数据。

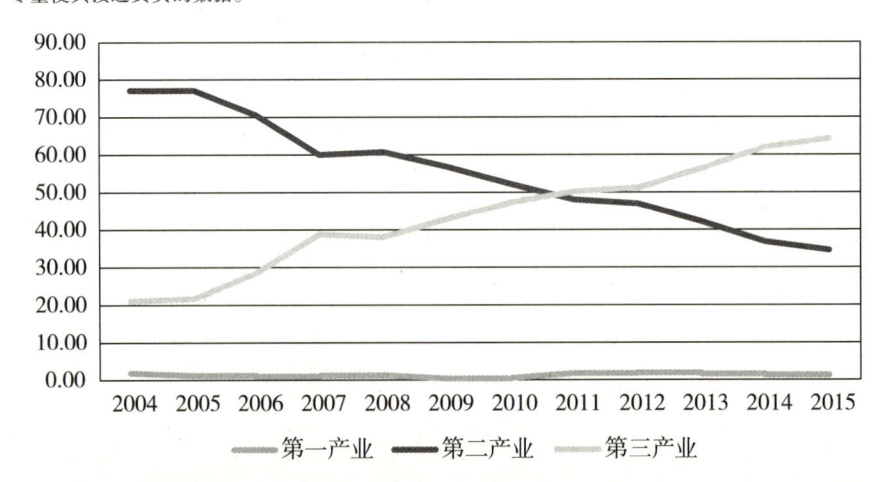

图 3-8　2004～2015 年我国 FDI 在三次产业之间的分布　（单位:%）

（二）中国服务业 FDI 的行业结构

伴随着我国 FDI 的结构性变动，服务业吸引外资的行业结构呈现以下几个方面的特征：

（1）服务业跨国公司在中国的投资领域主要集中在房地产业、批发零售业、租赁和商务服务业。由表 3-17 可发现，2014 年，这三个行业 FDI

占服务业 FDI 的比重分别达 46.7%、12.8% 和 16.9%。外商直接投资在金融业，交通运输、仓储和邮政业，信息传输、计算机服务和软件业以及科学研究、技术服务业和地质勘查业等行业的投资分别占服务 FDI 的 5.6%、6.0%、3.7% 及 4.4%。而住宿和餐饮业，水利、环境和公共设施管理业，居民服务和其他服务业，教育，卫生、社会保障和社会福利业，文化、体育和娱乐业等其他几个行业 FDI 占服务业 FDI 的比重比较低，大多不到 1%。

另外，值得注意的是，我国服务业外商直接投资的结构与全球服务业 FDI 的行业结构之间存在较大的差异。无论是在发达国家还是发展中国家，金融服务业 FDI 均是在总体服务业 FDI 中占比最高的，而服务业跨国公司投资在我国金融领域的占比大部分年份在 6% 以下，唯有 2015 年占比急剧上升为 18.4%。我国在房地产行业外资的过度引进以及在金融行业外资的相对匮乏，同时体现了中国服务业吸引外资的内部行业结构存在不合理的情况，这与我国对外资股权比例、高管等方面的限制密切相关。也就是说，我国服务业外商直接投资的结构还有待进一步转型升级。

（2）根据变化趋势来看，我国服务业 FDI 行业结构呈现分散化特征（见图 3-9）。2004 年，房地产业 FDI、租赁和商务服务业 FDI 总和占我国服务业 FDI 的比重达 62.4%，2015 年，该比重下降为 48.1%，服务业外商直接投资的行业呈现出多元化和分散化的趋势。一方面，2004~2015 年期间，占比呈现上升趋势的服务产业包括批发和零售业，金融业，科学研究、技术服务业和地质勘查业，其中金融业占比提升幅度最高，具体看来，所占比重由 2004 年的 1.8% 上升至 2015 年的 18.4%；批发和零售业 FDI 占比提升幅度也很高，具体看来，所占比重由 2004 年的 5.3% 上升至 2015 年的 14.8%。另一方面，交通运输、仓储和邮政业，住宿和餐饮业是服务业中吸引外商直接投资占比下降幅度最高的两个行业。2004 年，交通运输、仓储和邮政业为服务业中吸引外资的第三大行业，占比达 9.1%，截至 2015 年，该比重下降为 5.2%。住宿和餐饮业则从 2004 年的 6.0% 下降至 0.5%。

表 3–17　2004～2015 年中国服务业外商直接投资的行业结构

单位:%

行业\年份	2004	2005	2006	2007	2008	2009	2010	2011	2012	2013	2014	2015
交通运输、仓储和邮政业	9.1	12.2	10.0	6.5	7.5	6.6	4.5	5.5	6.1	6.4	6.0	5.2
信息传输、计算机服务和软件业	6.5	6.8	5.4	4.8	7.3	5.8	5.0	4.6	5.9	4.4	3.7	4.7
批发和零售业	5.3	7.0	9.0	8.6	11.7	14.0	13.2	14.5	16.5	17.4	12.8	14.8
住宿和餐饮业	6.0	3.8	4.2	3.4	2.5	2.2	1.9	1.4	1.2	1.2	0.9	0.5
金融业	1.8	1.5	1.5	0.8	1.5	1.2	2.2	3.3	3.7	3.5	5.6	18.4
房地产业	42.3	36.3	41.3	55.2	49.0	43.6	48.0	46.1	42.2	43.5	46.7	35.7
租赁和商务服务业	20.1	25.1	21.2	13.0	13.3	15.8	14.3	14.4	14.4	15.6	16.9	12.4
科学研究、技术服务和地质勘查业	2.1	2.3	2.5	3.0	4.0	4.3	3.9	4.2	5.4	4.2	4.4	5.6
水利、环境和公共设施管理业	1.6	0.9	1.0	0.9	0.9	1.4	1.8	1.5	1.5	1.6	0.8	0.5
居民服务和其他服务业	1.1	1.7	2.5	2.3	1.5	4.1	4.1	3.2	2.0	1.0	1.0	0.9
教育	0.3	0.1	0.1	0.1	0.1	0.0	0.0	0.0	0.1	0.0	0.0	0.0
卫生、社会保障和社会福利业	0.6	0.3	0.1	0.0	0.0	0.0	0.2	0.1	0.1	0.1	0.1	0.2
文化、体育和娱乐业	3.2	2.0	1.2	1.5	0.7	0.8	0.9	1.1	0.9	1.2	1.1	1.0

数据来源：作者根据《中国统计年鉴》(2005～2016 年) 整理计算。

[图表: 2004~2015年各服务业外商直接投资行业比例折线图，纵轴0~60]

图例：
- 交通运输、仓储和邮政业
- 信息传输、计算机服务和软件业
- 批发和零售业
- 住宿和餐饮业
- 金融业
- 房地产业
- 租赁和商务服务业
- 科学研究、技术服务和地质勘查业
- 水利、环境和公共设施管理业
- 居民服务和其他服务业
- 教育
- 卫生、社会保障和社会福利业
- 文化、体育和娱乐业

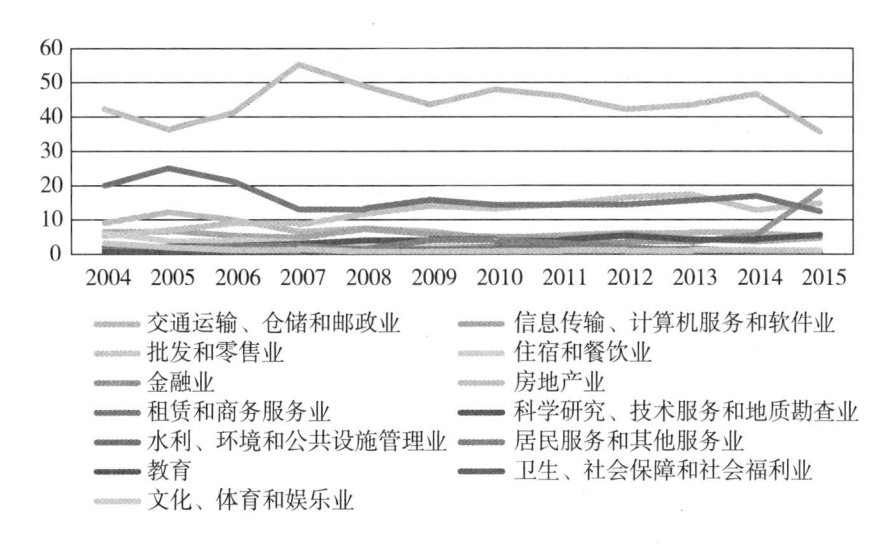

图 3-9　2004~2015 年中国服务业外商直接投资的行业结构　（单位:%）

（3）我国生产性服务业 FDI 所占比重偏低，但大体呈上升态势。格鲁伯和沃克（1993）将服务分为生产性服务、消费性服务和政府服务。其中，生产性服务是指生产者在私营市场购买的服务，用于商品和服务业的进一步生产，因此也称作中间（投入）服务；消费性服务是指消费者在私营市场购买的服务；政府服务主要由政府为消费者使用而提供的服务。从经济学的角度思考，生产性服务更大程度上是作为一种中间需求。由于对生产性服务业的认识在中国起步较晚，统计数据中对生产性服务业的划分存在一些问题。一是所包含的行业范围的统计口径不一，其中，1983~1997 年的生产性服务业内容大致包括：交通运输、仓储及邮电通信业，教育科学研究与综合技术服务业等两大行业；1998~2003 年的生产性服务业包括：地质勘查、水利管理业，交通运输、仓储及邮电通信业，金融保险业，教育科学研究与综合技术服务业共四大行业；2004 年以后，生产性服务业又有新的分类，主要包括科学研究、技术服务和地质勘查业，交通运输、仓储和邮政业，信息传输、计算机和软件业，金融业，租赁和商务服务业五大类行业。二是《中国统计年鉴》中关于 1983~1996 年只有合同利用外商直接投资的数据，没有实际利用外商直接投资的数据。本书把当年外商直接投资的实际金额占合同利用外资金额的比例作为当年外商直接投资的实际金额占合同利用外资金额的比例，尽量使其接近真实的数据。

从表 3-16 我们还可以看出，在服务业 FDI 中，生产性服务业 FDI 的比重偏低，2003 年之前大部分年份比重甚至低于 10%，2004~2008 年比重较高超过 60%，但 2009 年开始又降到 40% 以下，2015 年回升到 46.3%。1983~2015 年，我国生产性服务业 FDI 的占比经历了不同的变化（见图 3-10）。1983~2003 年，生产性服务业 FDI 比重较低，1983 年其占服务业 FDI 和 FDI 总体的比重分别在 10.8% 和 3.2% 左右；2004~2008 年，生产性服务业 FDI 比重呈跳跃式上升阶段，其占服务业 FDI 和 FDI 总体的比重分别从 63.61% 和 13.41% 提升至 78.76% 和 29.92%，其中，主要原因在于房地产业 FDI 占比的下降。2009 年，房地产业外商直接投资占服务业 FDI 比重迅速提高至 43.59%，带来生产性服务业 FDI 占比下降至 33.7%。2010 年之后，我国对生产性服务业外商直接投资的需求提升，体现了我国服务业 FDI 行业结构的变迁。格鲁伯和沃克（1993）认为"生产性服务部门乃是把日益专业化的人力资本与知识资本引进商品生产部门的飞轮，并且有利于提高劳动与物质资本的生产率"。因此，服务业 FDI 这一内部结构的优化为本书第四章对于服务业 FDI 技术溢出效应的分析提供了有利的现实条件。

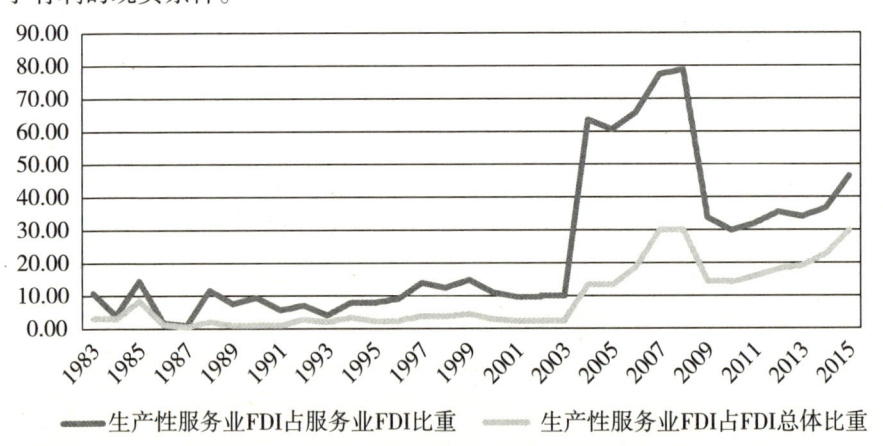

图 3-10　1983~2015 年中国生产性服务业 FDI 占服务业 FDI 及 FDI 总体的比重　（单位:%）

（4）房地产业 FDI 比重偏高。在服务业 FDI 中，房地产业 FDI 所占比重较大，1985~1996 年房地产业 FDI 一直占到服务业 FDI 的 60% 以上，1997 年后比重持续下降，2007 年最低降到 13.87%，但之后迅速上升，近年来比重大多在 40% 以上（见图 3-11）。需要指出的是，本书的统计数据中，1983~1997年房地产业FDI是与公用事业等一起合并计算的，其中能直接剔除的只有公用事业一项，其他项目难以剔除。但由于房地产业占大部分份额，又按照上述当年外商直接投资的实际金额占合同利用外资金额的比例缩小，应该不至于对结果产生较大影响。

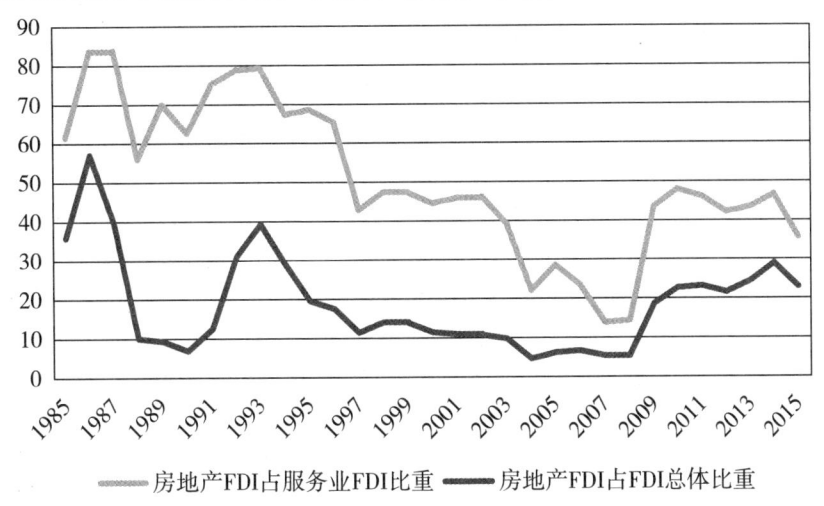

图 3-11 1985~2015年中国房地产业FDI占服务业FDI及FDI总体的比重　（单位:%）

（三）中国服务业FDI的地区结构

服务业FDI流入区域结构不平衡。中国对服务业FDI的引进政策是分期分批逐步开放，外资发展区域也因此受到一定限制。整体上来看，东部地区，特别是沿海城市是服务业FDI的主要流入区域，也是投资者竞争的主要区域。但西部地区由于资源优势和优惠政策，也逐步成为外资进入的新地区。随着中国逐步开放，中部和西部地区的经济更为发达，市场潜力增强，投资环境改善，也逐渐提高了对外资的吸引力。

根据2007~2012年《中国第三产业统计资料汇编》的资料显示，中国服务业外商直接投资主要集中在东部地区，但近年来，进入中国的服务业FDI逐步从东部地区向东北地区、西部地区❶扩散。2006年，东部地区服务业FDI占全国的比重达65.1%，2011年该比重下降为57%。与此同时，东北地区和西部地区吸引服务业FDI从2006年的12.2%和11.9%分别上升到了15.2%和16.4%。

统计资料显示，2004年我国服务业FDI主要集中在上海、广东、江苏、北京等地区，其中长三角地区❷这一占比就达到33.7%，而上海和江苏分别达17%和11.4%。上海的服务业FDI占全国比重最高，达17%。2011年服务业FDI进一步向辽宁、天津、重庆、山东等其他地区扩散，与此同时，上海、广东以及北京等地区的服务业FDI规模占全国的比重呈现出较大幅度的下降，分别下降了5个、2.8个和4.1个百分点。而重庆地区服务业实际利用外资规模分别从2004年的1.1%上升至2011年的7.3%，天津地区该占比从3.8%上升到7.6%。

（四）中国服务业利用FDI的环境发生变化

中国在逐步开放商品市场的同时，也面临着服务业的进一步开放。进入20世纪90年代后，中国加快了服务业领域的开放步伐。但由于服务业开放涉及一些敏感部门，因此中国对这一领域的开放采取了十分谨慎的态度，对利用外资方式、外方持股比例以及地域范围都做出了明确的限制，有些部门更是明令禁止外资进入。在2001年加入WTO以后，中国承诺将促进服务业进一步对外开放，服务业跨国投资的进入壁垒逐步减少和消除。根据加入WTO协议和GATS开放服务业所承诺的时间表，中国正在清除如金融、电信、物流管理和配送、运输、零售和批发贸易等行业的限制和障碍。到2008年，中国服务业基本上实现对FDI全面开放。

---

❶ 我国"十一五"规划的区域发展战略中，曾经将中国划分为东部、中部、西部和东北地区4大区域。其中西部地区包括广西、内蒙古、四川、重庆、贵州、云南、陕西、甘肃、宁夏、新疆、西藏、青海；东北地区包括辽宁、吉林、黑龙江；中部地区包括山西、河南、安徽、湖北、湖南、江西；东部地区包括北京、天津、河北、山东、上海、江苏、浙江、福建、广东和海南。

❷ 这里的长三角地区是指"两省一市"，即江苏省、浙江省和上海市。

第四章 服务贸易的技术溢出效应分析

本章我们利用中国全要素生产率（TFP）的有关数据来具体测算服务贸易对中国总体经济的技术溢出效应。第一节，分析跨境服务贸易的技术溢出效应，利用品种增长模型和 VECM 模型，对服务贸易进口与全要素生产率指数进行平稳性检验、协整分析、Granger 因果检验等，对中国跨境服务贸易进口的技术溢出效应进行实证分析。第二节，用类似方法对商业存在服务贸易（服务业 FDI）的技术溢出效应进行实证分析。第三节，从地区法制水平、劳动力市场化程度、服务业发展水平、人力资本水平等层面来考察商业存在服务贸易（服务业 FDI）对中国各省区市的技术溢出效应。通过对这些层面的分析，可使我们了解东道国地区的有关经济和技术特征对商业存在服务贸易（服务业 FDI）技术溢出效应的影响。

第一节 跨境服务贸易的技术溢出效应分析

一、引言

内生经济增长理论认为，技术进步是经济增长的最终源泉，而国际贸易是技术进步的一条很重要的途径。自 20 世纪 90 年代以来，经济学者们对国际贸易尤其是进口贸易与技术进步之间的关系进行了许多研究和检验，普遍认为进口贸易通过技术溢出效应可促进一国技术进步。Romer（1990）提出品种增长模型思想，构建国际贸易的技术外溢模型，指出进口贸易能够增加新产品的品种从而促进技术进步。Coe 和 Helpman（1995）较早用规范的方法研究进口贸易对技术进步的影响，认为一国可以通过国内 R&D 和进口贸易所带来的国外研发来实现技术进步。Adams 和 Jaffe

（1996），Englander 和 Evenson（1998）等人从不同国家和不同产业层面的角度研究了进口贸易的技术溢出效应。

不难发现，早期文献更多地把国际贸易锁定为货物贸易，但随着世界服务贸易规模的不断扩大，学者们开始研究服务贸易进口的技术溢出效应和技术进步影响，发现服务贸易进口有助于一国尤其是发展中国家的技术进步。Sherman Robinson（2002）选取了 10 个国家和地区 11 个部门的截面数据进行实证分析，结果显示，发展中国家从发达国家进口服务产品的同时可以获取信息和先进的技术，提高全要素生产率进而推动经济增长。Ramkishen（2002）利用 5 个亚洲国家（中国、印度尼西亚、韩国、马来西亚和泰国）服务贸易的有关数据，研究发现在适当的时间有序地开放金融和电信服务市场，能够使本国居民获得物美价廉的服务产品进口，对一国的技术进步和经济结构调整具有重要意义。Hoekman（2006）研究认为，在开放条件下，服务将是一国企业竞争力的关键决定因素，企业的竞争力在很大程度上取决于能否获得低成本、高质量的生产性服务，如金融、电信、运输、分销服务等。服务业基础设施和基础服务的发展水平直接影响一个国家的产品出口竞争力，服务业落后国家则可以通过进口服务或相关服务领域的 FDI 来发展，从而提高该国的技术水平和经济绩效。OECD（2006）系统研究了服务市场开放对技术转移或扩散的积极影响，认为服务市场开放是技术扩散的最重要途径，不仅为进口国的技术进步提供了一条重要途径，同时还降低了进口国的技术进步成本，这一点对发展中国家尤为重要。

近年来，随着中国服务贸易规模的不断扩大，国内经济学者也逐渐开始关注服务贸易，但偏重于服务贸易和收入增长关系问题的研究，而少有探讨服务贸易技术溢出效应的文献❶。针对国内学者对服务贸易进口技术溢出效应的实证研究的不足，本书运用协整理论与向量误差修正模型（VECM）对中国 1984~2015 年的服务贸易进口与技术进步的关系进行了实证分析，以验证服务贸易进口是否存在技术溢出效应。我们所要解决的主要问题包括：中国服务贸易进口与技术进步之间是否存在着长期稳定的

---

❶ 唐保庆（2009）研究了不同要素密集型的服务贸易进口对技术进步的影响，但他没有用规范的时间序列数据研究方法，没有验证各变量的平稳性。

均衡关系？它们之间的因果关系如何？它们之间的相互影响程度如何？短期动态关系怎样？

二、品种增长模型与协整向量自回归分析框架

服务贸易进口促进一国技术进步的理论基础，建立在两个很重要的内生增长模型之上，即品种增长模型和质量阶梯模型。品种增长模型，又称为水平差异模型，它的基本思想是新产品的创造扩展了知识存量，从而降低了创新成本，因此新产品品种的增加意味着生产者的生产率的提高，而服务贸易进口能够增加进口国服务产品尤其是生产性服务的品种，从而促进下游制造业和服务业的技术进步。模型的基本形式如下，设：

$$Y_t = A L_t^{1-\alpha} d_t^{\alpha} \tag{4-1}$$

在式（4-1）中，Y_t 为产出，A 是正的不变量，L_t 为劳动投入量，$0 < \alpha < 1$，d_t 是中间产品的投入量，并且：

$$d_t = \left[\int_0^{v_t} x(i)^{\alpha} di \right]^{1/\alpha} \tag{4-2}$$

其中，v_t 代表中间投入的产品品种数，$x(i)$ 代表每种中间品的投入量。我们假设在均衡状态下，每种中间品的投入数量为 $\bar{x}$，并且具有一单位投入可以转化为任一单位中间品的线性生产函数，所以资本投入量为：

$$K_t = v_t \bar{x} \tag{4-3}$$

从式（4-3）可解得：

$$\bar{x} = K_t / v_t \tag{4-4}$$

将式（4-4）代进式（4-2）解得 d_t 值后，并代进式（4-1），可得：

$$Y_t = A v_t^{1/(1-\alpha)} L_t^{1-\alpha} K_t^{\alpha} \tag{4-5}$$

设技术进步以全要素生产率（TFP）表示，则：

$$TFP_t = Y_t / L_t^{1-\alpha} K_t^{\alpha} = A v_t^{1/(1-\alpha)} \tag{4-6}$$

由于服务贸易进口能够直接增加中间投入的产品品种，所以服务贸易进口能促进技术进步。对于模型（4-6），我们设中间投入的产品品种 v_t 和本国的服务贸易进口额成线性相关关系，并对式（4-6）两边取对数可得：

$$tfp_t = \alpha_0 + \alpha_1 IMS \qquad (4-7)$$

其中，tfp_t 为全要素生产率（小写字母代表对数形式），IMS 表示服务贸易进口，α_0 为常数项，代表影响技术进步的其他因素。如果服务贸易进口促进了技术水平的进步，则 α_1 大于 0。

若定义 $y_t = (tfp_t, IMS)'$，我们可以得到一组向量自回归模型：

$$y_t = \alpha + \sum_{i=1}^{n} \prod_i y_{t-i} + \mu_t \qquad (4-8)$$

其中，α 是截距项，μ_t 是零均值的白噪声过程。如果 tfp_t、IMS 都是 I(1) 阶单整，对上式进行差分变换可以得到式（4-9）表示的模型：

$$\Delta y_t = \sum_{i=1}^{n} \Gamma_j \Delta y_{t-j} + \prod y_{t-1} + \varepsilon_t \qquad (4-9)$$

由于上式中的 Δy_t、Δy_{t-j}（$j=1, 2, \cdots, n$）都是平稳过程，那么只有 $\prod y_{t-1}$ 为平稳过程，才能保证新生误差也是平稳过程。于是，将 y_t 中的协整检验变成对矩阵 $\prod$ 的分析问题，如果矩阵 $\prod$ 的秩 $R(\prod) = r(0 < r < 2)$，就表示存在 r 个协整组合，其余 $2-r$ 个关系仍为 I(1) 关系。在这种情况下，$\prod$ 可以分解为两个矩阵之积，$\prod = \alpha\beta'$，α, β' 都是秩为 r 的 $2 \times r$ 维矩阵，β' 为协整向量矩阵，α 为调整参数矩阵。

如果两个变量之间存在一个协整关系（在本书后面我们将验证），我们可以将式（4-9）用以下的误差修正模型来表达：

$$\Delta y_t = \sum_{j=1}^{n} \Gamma_j \Delta y_{t-j} + \varphi vecm_{t-1} + \varepsilon_t \qquad (4-10)$$

其中，$vecm_t$ 为误差修正序列：

$$vecm_t = tfp_t - (\alpha_0 + \alpha_1 IMS) \qquad (4-11)$$

$vecm_t$ 表示长期均衡误差。φ 一般为负，如果某一时刻的短期值大于其长期均衡值。如果 φ 为负，则使得下期的短期值将下降，反之则上升，所以它反映了长期均衡对短期波动的影响；并且，φ 的绝对值的大小反映了该序列在受到短期冲击后向长期均衡值调整的速度，其值越大，调整的速度就越快。

三、数据处理和单位根检验

运用传统回归分析方法对各经济变量的关系进行估计与检验必须具

备一个前提条件：各变量必须具有平稳的特征，否则容易产生伪回归现象。由于本书中各变量的时间序列可能会具有非平稳性，因此我们首先对各变量进行单位根的平稳性检验，若为非平稳，我们将采用协整检验方法分析各变量之间的关系。然后，在协整检验的基础上，我们可以进行 Granger 因果关系检验，如果变量之间是协整的，那么至少存在一个方向上的 Granger 原因；而在非协整的情况下，任何原因的推断都是无效的。

在本书中，我们以全要素生产率（Total Factor Productivity，TFP）表示技术进步。计算我国的全要素生产率时，由于对数据处理方法和使用生产函数的不同，往往会得到不同的结果。在本章中，我们采用索洛残差法来估算中国的 TFP。假设 GDP 生产函数为 C-D 函数：$Y_t = AK_t^\alpha L_t^\beta$，其中 Y_t 为国内生产总值，K_t 和 L_t 分别为资本和劳动要素的投入，A 为全要素生产率（TFP），α 和 β 分别为资本和劳动的产出弹性，并且 $\alpha + \beta = 1$。对 α 和 β 的估计一般有两种方法，一是收入份额法，即假定在完全竞争的市场情况下，资本和劳动的产出弹性等于它们各自的收入份额。二是回归法，即对上式进行回归，估计出资本和劳动的产出弹性。一般来说，对于较长期的数据，采用回归法会比较准确，而且收入份额法只能在完全竞争的市场上才能适用，而我国目前正处于向市场经济过渡时期，明显与完全竞争市场的假设不符合，因此本书采用回归法。

对式子 $Y_t = AK_t^\alpha L_t^\beta$ 的两边同除以 L_t 并取对数可得：

$$\ln(Y_t/L_t) = \ln TFP_t + \alpha \ln(K_t/T_t) \quad (4-12)$$

我们用式（4-12）对中国的投入产出数据进行回归，求得 $\alpha = 0.609$，并且 $\beta = 1 - \alpha = 0.391$。全要素生产率为：

$$TFP_t = Y_t/(K_t^{0.609} L_t^{0.391}) \quad (4-13)$$

其中，K_t 为资本，并且：$K_t = I_t + 0.9 K_{t-1}$，I_t 为以 1990 年价格表示的固定资本投资，单位为亿元；L_t 表示历年就业人数，单位为万人；Y_t 为以 1990 年价格表示的国内生产总值，单位为亿元；相应的以 1983 年为基期的 TFP 指数为：

$$TFP \text{ 指数} = 100 TFP_t / TFP_{1983} \quad (4-14)$$

对于中国的服务贸易进口额，我们先以美元对人民币的年平均汇率换算成人民币值，然后再以居民消费价格指数折算成以 1990 年价格表示的不变值。所有数据均来自《中国统计年鉴》和国家外汇管理局的国际收支平衡表，检验区间为 1984~2015 年。

由于我国的全要素生产率指数、服务贸易进口额都有随时间上升的趋势（见图 4-1 和图 4-2），我们先对各变量取对数，以消除时间趋势，再对各项进行单位根检验。其中 TFP 和 IMS 分别表示全要素生产率指数和服务贸易进口。

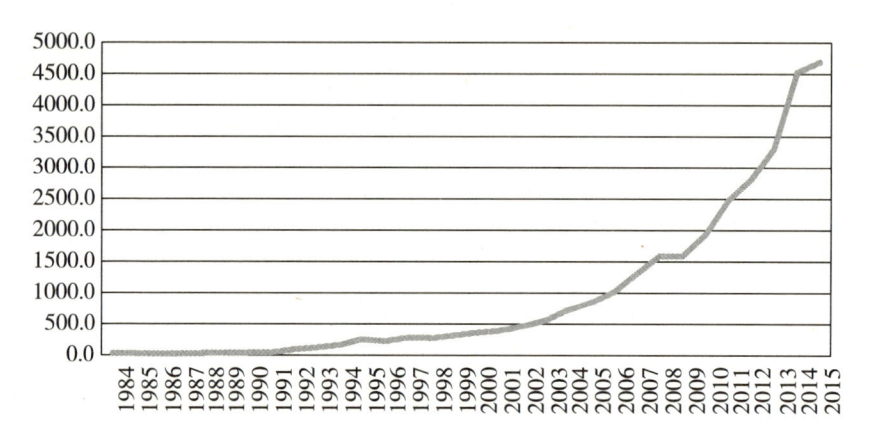

图 4-1 中国服务贸易进口额（1984~2015 年）

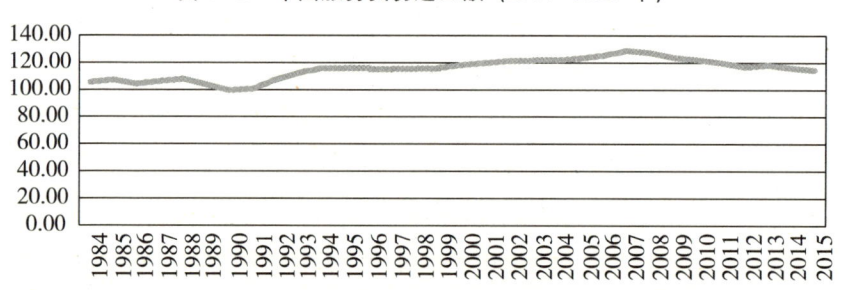

图 4-2 中国全要素生产率（TFP）指数的变化趋势（1984~2015 年）

表 4-1 给出了全要素生产率指数、服务贸易进口的自然对数值及其一阶差分的 ADF 统计值。根据表 4-1 的结果，各序列 ADF 检验的统计值比在 95% 的置信度水平下的临界值大，所以不能拒绝原假设，即序列存在单位根，且是非平稳的；至少在 95% 的置信度水平下，各序列的一阶差分序列的 ADF 检验的统计值小于临界值，所以各序列的一阶差分都拒绝原假设，是平稳的。

表 4-1　各变量的 ADF 单位根检验结果

变量	检验类型 (C, T, P)	ADF 统计值	临界值5%	结论
lnTFP	(C, T, 2)	-3.276325	-3.612199	非平稳
△lnTFP	(C, N, 4)	-3.639238	-3.004861	平稳
lnIMS	(C, T, 4)	-1.748366	-3.673616	非平稳
△lnIMS	(C, N, 3)	-3.314440	-3.029970	平稳

注：（1）表中的检验形式（C，T，P）分别表示单位根检验方程中包括常数项、时间趋势项和滞后差分阶数（由赤池信息准则 AIC 决定）；（2）"△"表示变量的一阶差分。

四、Johansen 协整检验

协整（Co-integration）方法是研究非平稳时间序列之间是否存在长期均衡关系的有力工具。根据协整理论，虽然两个或多个时间序列是非平稳的，但它们的某种线性组合则可能是平稳的。虽然全要素生产率指数、服务贸易进口都是非平稳时间序列，但它们应当存在长期稳定的均衡关系，即是协整的。而上面的平稳性检验已经说明它们都是一阶单整序列，满足协整检验的前提。

对于两组或两组以上存在单位根的变量序列，如果它们的线性组合是平稳的，则表明这些变量序列之间存在协整关系。在进行变量之间的协整关系检验时，主要有 EG 两步法和 Johansen 检验方法。采用 EG 两步法得到的协整参数估计量具有超一致性和强有效性，但在有限样本条件下，这种估计量是有偏差的，而且样本容量越小，偏差越大。由于本书分析中的有效样本数目相对较小，因此为克服小样本条件下 EG 两步法参数估计的不足，本书采用 Johansen 极大似然值方法。Johansen 极大似然值方法，是通过建立 VAR 模型来进行多变量协整检验，因此，首先必须确定 VAR 模型的最优滞后阶数及协整方程的形式。其中，最优滞后期 k 的选择根据非约束的 VAR 模型的 AIC、SC、FPE 和 HQ 准则而得到。协整方程可能会有以下几种情况：（1）序列没有确定性趋势且协整方程无截距；（2）序列没有确定性趋势且协整方程有截距；（3）序列有线性趋势但协整方程只有截距；（4）序列和协整方程都有线性趋势；（5）序列有二次趋势且协整方程有线性趋势。为保证实证结论的客观性，本书主要根据 AIC 及 SBC 标准来选择滞后阶数以及是否存在趋势项和截距项。当滞后阶数是 5 时，AIC 和 SBC 值最小，因此我们确定非约束 VAR 模型的最优滞后阶数为 5，并选择模型 4 的形式。

确定为模型 4 后，我们再进一步对该模型的协整方程数目进行选择。从表 4-2 我们可以发现没有协整关系的原假设的迹统计量的值为 53.75391，大于在 99% 的置信度下的临界值 31.15385，表明应该拒绝原假设，接受被选假设，即这两个变量之间至少存在一个协整关系。而对于"至多一个协整关系"的原假设，其迹统计量的值 11.13921 小于在 95% 的置信度下的临界值 12.51798，因此我们不能拒绝此原假设。所以，协整检验的结果表明全要素生产率指数和服务贸易进口之间只存在一个协整关系。

表 4-2 全要素生产率和服务贸易进口的 Johansen 协整检验结果表

H0	特征值	迹检验统计量	临界值 5%	临界值 1%
None***	0.859678	53.75391	25.87211	31.15385
At most 1	0.408999	11.13921	13.8415	16.55386

注：*** 表示在 99% 的置信度下拒绝没有协整关系的原假设。非约束 VAR 模型的最优滞后阶数为 5，选择模型 4。

标准化后的协整关系如表 4-3 所示，我们可以得到表示各变量长期关系的误差修正项。由表 4-3 可知，在长期内，技术进步与服务贸易进口呈正相关关系，服务贸易进口每增长 1%，技术进步将增长 0.484475%。尽管弹性系数较小，但在 1% 的水平上拒绝了零假设，统计检验比较显著。接着，我们将协整关系写成数学表达式，并令其等于 VECM，得到：

$$VECM_1 = \ln TFP_t - 0.484475 \times \ln IMS_t + 0.064011 @ \text{trend}$$

$$(4-15)$$

对序列 VECM 进行单位根检验，结果发现 t 统计值为 -3.737647，小于 95% 的置信度水平下的临界值 -3.02069，而大于 99% 的置信度下的临界值 -3.80855，所以其在 95% 的置信度下是平稳的，验证了技术进步与服务贸易进口之间的协整关系是正确的。

表 4-3　全要素生产率指数和服务贸易进口标准化后的协整关系

变量	ln*TFP*	ln*IMS*	@ trend
系数	1.00000	-0.484475 (0.05234)	0.064011 (0.00968)
协整方程	lnTFP_t = -0.484475 × lnIMS_t + 0.064011@ trend		

注：对数似然比 = 84.69773。

五、格兰杰（Granger）因果关系检验

以上协整检验的结果说明，服务贸易进口与全要素生产率指数之间存在显著的正向关系，即它们之间存在着长期稳定的相互依赖关系，因此我们可以运用格兰杰因果检验法进一步研究它们之间的因果关系。

格兰杰因果检验有两种形式：一种是传统的基于 VAR 模型的检验，另一种是近些年发展起来的基于向量误差修正模型（VECM）的检验。两者的区别在于各自适用的范围不同，前者的方法仅适用于非协整序列间的因果检验，而后者则是用来检验协整序列之间的因果关系。Feldstein 和 Stock（1994）研究认为，如果非平稳变量之间存在协整关系，则应考虑使用基于 VECM 进行因果检验，即我们不能省去模型中的误差修正项，否则得出的结论可能会出现偏差。由于全要素生产率指数、服务业 FDI 和生产性服务业 FDI 序列均是非平稳的，因此我们可以基于 VECM 模型进行格兰杰因果检验，结果如表 4-4 所示。

表 4-4　服务贸易进口和技术进步的格兰杰因果检验

因变量	自变量	Chi-sq	自由度	P 值
△ln*TFP*	△ln*IMS*	10.8148*	4	0.0287
△ln*IMS*	△ln*TFP*	4.7596	4	0.3129

注：Chi-sq 为 Wald 的 x^2 检验值，P 值为零假设（不存在格兰杰因果关系）的伴随概率，***，** 和 * 分别表示在 99%、95% 和 90% 的置信度水平上显著。

由表 4-4 可知，服务贸易进口是中国全要素生产率指数即技术进步的格兰杰原因，但技术进步对服务贸易进口的流量影响并不显著，因此技术进步不是服务贸易进口的格兰杰原因。

六、向量误差修正模型——我国服务贸易进口与全要素生产率的短期变动关系[①]

协整关系反映了各变量之间长期稳定的均衡关系，而在短期中，变量可能偏离其长期均衡状态，但会逐步向长期均衡状态调整。为了反映我国服务贸易进口与全要素生产率指数之间短期偏离的修正机制，我们可以利用向量误差修正模型进行分析。笔者采用如下形式的向量误差修正模型：

$$\Delta Y_t = \alpha_0 + \sum_{i=1}^{k} \alpha_i \Delta Y_{t-i} + \sum_{j=1}^{k} \beta_j \Delta X_{t-j} + \varphi VECM_{t-1} \quad (4-16)$$

其中 t 为滞后期数，由于前文的分析已经确定在服务贸易进口和全要素生产率指数的无约束模型中的最优滞后阶数为 4，因此我们可以确定以上向量误差修正模型的最优滞后阶数是 4。经过计算得到具体的向量误差修正模型结果如表 4-5 所示。

表 4-5 向量误差修正模型（VECM）估计结果

因变量	$\triangle \ln TFP$	
自变量	系数	T 值
VECM（-1）	-0.3265	-2.6628***
$\triangle \ln TFP$（-1）	0.0732	0.2747
$\triangle \ln TFP$（-2）	0.0732	-3.0141***
$\triangle \ln TFP$（-3）	-0.7302	-0.0921
$\triangle \ln TFP$（-4）	-0.0265	-0.2033
$\triangle \ln IMS$（-1）	-0.0527	0.2097
$\triangle \ln IMS$（-2）	0.0083	2.2073**
$\triangle \ln IMS$（-3）	0.0437	1.5694*
$\triangle \ln IMS$（-4）	-0.0675	-1.3945*
constant	0.0436	2.0910**
R^2	0.7763	

[①] 将向量误差修正模型引入分析框架，不仅可以避免伪回归等统计问题的出现，而且有利于长期政策的制定。

续表

因变量	$\triangle \ln TFP$	
自变量	系数	T值
F	3.4713	
AIC	-4.7192	
SC	-4.2221	

注：***，**和*分别表示在99%、95%和90%的置信度水平上显著。

从表4-5，我们可以看出，因变量为$\triangle \ln TFP$的向量误差修正模型的决定系数为0.7763，AIC和SC值分别为-4.7192和-4.2221，都较小，这说明模型的整体效果比较好。其回归系数大部分通过了显著性水平为10%的检验，误差修正项回归系数的T值为-2.6628，也通过了显著性检验。误差修正系数等于-0.3265，为负，符合反向修正机制。向量误差修正模型表明：在短期内，服务贸易进口与技术进步的关系可能偏离长期均衡水平，但它们的关系由短期偏离向长期均衡调整的速度非常快，上一年度的非均衡误差以0.3265的比率对本年度的全要素生产率（TFP）迅速做出调整，从而修正全要素生产率的偏离。

七、结论

本节对我国1984～2015年的服务贸易进口与全要素生产率指数（TFP）进行了协整检验，并在向量误差修正模型的基础上通过格兰杰因果关系检验来分析它们的关系，结果发现：我国的服务贸易进口和全要素生产率之间存在长期的正向关系，说明服务贸易进口存在显著的技术溢出效应。服务贸易进口是技术进步的格兰杰原因，但技术进步不是服务贸易进口的格兰杰原因；向量误差修正模型（VECM）显示，从短期来看，二者之间的关系由短期偏离向长期均衡调整的速度很快，服务贸易进口的短期波动对我国技术进步的影响非常显著。

长期以来，我国在服务产品的供给上严重不足，尤其是技术与知识密集型服务产品更是稀缺，进口包括金融业和保险业在内的技术与知识密集型服务产品实际上正是弥补了我国在该领域发展的不足。因此，我们要更进一步开放国内的服务业市场，重视服务贸易的进口，引进国外的先进技

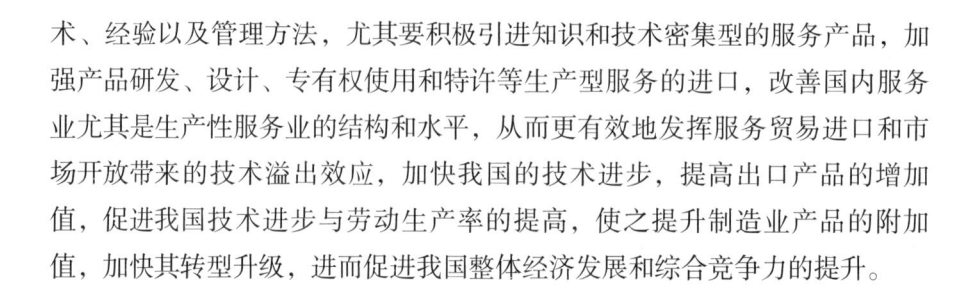

术、经验以及管理方法，尤其要积极引进知识和技术密集型的服务产品，加强产品研发、设计、专有权使用和特许等生产型服务的进口，改善国内服务业尤其是生产性服务业的结构和水平，从而更有效地发挥服务贸易进口和市场开放带来的技术溢出效应，加快我国的技术进步，提高出口产品的增加值，促进我国技术进步与劳动生产率的提高，使之提升制造业产品的附加值，加快其转型升级，进而促进我国整体经济发展和综合竞争力的提升。

第二节 商业存在服务贸易技术溢出效应分析

一、引言

技术进步是经济增长的最终源泉，而外国直接投资（FDI）是一国获取外国先进技术的重要渠道之一（Mohnen，2001）。国内外众多研究发现，FDI 可通过技术溢出效应促进东道国的技术进步和经济的长期增长，但这些文献更多地把 FDI 锁定为制造业 FDI。随着经济开放程度的提高和国际产业结构的不断调整，全球 FDI 逐渐转向服务业，服务业 FDI（以生产性服务业 FDI 为主）技术溢出的问题引起了国内外很多经济学者的高度关注，成为近年来经济研究的热点问题之一，产生了许多有价值的成果。大多数研究发现，服务业 FDI 有利于促进东道国的技术进步和经济增长。

（一）国家宏观层面的研究

宏观层面的研究大都发现包括服务业 FDI 在内的服务自由化改革和放松管制对于发展中国家和经济转型国家的经济增长和技术进步具有促进作用。Markusen 等（1989）运用比较静态模型研究发现，中间服务业 FDI 自由化由于提高了利用其作为中间投入的最终产品部门的生产率，因此有利于东道国技术进步和经济福利的增加。Mattoo，Rathindran 和 Subramanian（2006）的跨国回归分析发现，基础电信和金融服务等服务部门的自由化有利于一国的长期经济增长，并估计全面开放电信和金融服务业的国家比其他国家增长要快 1.5 个百分点。Eschenbach 和 Hoekman（2006）对 1990 ~ 2004 年经济转型国家的研究发现，服务自由化的改革与 1990 年以后转型经济体的经济增长存在显著的正相关关系。Konanand Mskus（2006）和 Jensenetal（2007）基于可计算一般均衡模型分别对突尼斯和俄罗斯的研究表明，放宽对跨国服务供应商的限制对国家的经济增长贡献很大。

（二）产业层面的研究

产业层面的研究发现，包括服务业 FDI 在内的服务自由化改革和放松管制有利于促进东道国相关产业部门尤其是下游制造业部门的技术进步，如 Francois 和 Woerz（2007）利用 1994~2004 年 OECD 国家货物与服务贸易的面板数据研究发现，服务部门开放程度的增加（包括更多的服务进口和服务业 FDI 的进入）会显著提升一国制造业部门，尤其是技能和技术密集型产业的技术水平和竞争力。Fernandes（2007）研究了 1994~2004 年东欧经济转型国家服务部门的绩效，发现金融、通信等基础服务部门的自由化对于东欧国家下游制造业行业的生产率具有显著正向的促进作用。Hoekman（2006）也研究认为，服务是国内产业竞争力的关键决定因素，产业的竞争力很大程度上取决于能否获得低成本、高质量的生产性服务，如金融、电信、运输、分销服务等。服务业基础设施和基础服务的发展水平直接影响到一个国家的产品出口竞争力，服务业落后国家则可以通过引进金融、电信、交通运输等基础服务领域的 FDI 来发展，从而提高该国的经济绩效。

（三）微观企业层面的研究

微观企业层面的研究也证明了服务业 FDI 与东道国下游制造业企业的生产率增长正相关。如 Arnold，Javorcik 和 Mattoo（2006，2008）分别用捷克和印度的企业层面数据对服务业改革与下游制造业生产率之间的关系进行实证分析，发现服务业改革与国内下游制造业的全要素生产率（TFP）之间存在正相关关系，其中允许外资进入服务业是服务自由化改善下游制造业效率的最主要渠道。Javorcik 和 Li（2007）对罗马尼亚的研究也发现，零售行业的外国直接投资对于国内制造业企业的 TFP 具有促进作用。Fernandes 和 Paunov（2012）利用 1992~2004 年智利企业数据研究了服务业 FDI 与制造业企业劳动生产率增长之间的关系，发现两者显著正相关。

近年来，国内学者也越来越关注服务业 FDI 的经济影响，但国内学者更多的是关注服务业FDI对于经济增长的影响（贺梅英，2005；吴静，2007；马元、刘婧，2008；黄卫平、方石玉，2008；等等），对于服务业FDI的技术进步效应甚少研究。因此，针对国内学者研究的不足，本书运用协整方法与向量误差修正模型（VECM），对我国1984~2015年的服务业FDI与技术进步的关系进行了实证分析。我们所要解决的主要问题包括：服务业FDI与我国技术进步之间是否存在着长期稳定的均衡关系？它们之间的因果关系如何？它们之间的相互影响程度如何？短期动态关系怎样？

二、质量阶梯模型及协整向量自回归分析框架

服务业FDI促进东道国技术进步的理论基础建立在两个很重要的内生增长模型之上，即品种增长模型和质量阶梯模型。其中质量阶梯模型，又称为垂直差异模型，由Aghion和Howitt（1990）提出。该模型体现了熊彼特的"创造性破坏"思想，熊彼特认为创新是一个创造性破坏的过程。新产品的创造意味着旧产品的淘汰。它与品种增长模型的主要区别是社会生产率的提高不是表现为产品品种的增加，而是产品质量的提高。由于消费者更愿意购买质量更高的产品，企业家就有动力去改进产品的质量。该模型有一个很重要的假设就是尽管专利限制了企业复制其他企业的创新产品，但是企业可以利用体现在该创新产品上的知识，这种知识溢出有助于企业家去创造质量更好的产品。而服务业FDI有助于提高东道国服务产品的质量，从而促进下游制造业和服务业的技术进步。模型的基本形式如下：

$$Y_t = A \times L_t^{1-\alpha} \times \sum_{j=1}^{n} (q^{k_j} x_{jk_j})^{\alpha} \qquad (4-17)$$

在式（4-17）中，Y_t为产出，A是正的不变量，L_t为劳动投入量，$0<\alpha<1$，n为中间产品的固定数目，q表示质量等级的比例间距，且$q>1$，q^{k_j}表示部门j中发生过k_j次质量改进，x_{jk_j}表示质量等级为k的第j种中间产品的数量。假设在一个给定部门中，高等级质量的中间产品会逐出较低等级质量的中间产品，由于在一定时期内，创新的中间产品具有垄断优势和垄断价格，该垄断价格为$1/\alpha$，那么x_{jk_j}的数量在其边际产品正好等于垄断价格时确定，则式（4-17）的生产函数可以写为：

$$Y_t = A \times L_t^{1-\alpha} \times X^{\alpha} \times Q^{1-\alpha} \qquad (4-18)$$

在式（4-18）中，$X = \sum_{j}^{n} x_{jk_j}$，表示总的中间产品投入量；$Q = \sum_{j}^{n} q^{k\alpha(1-\alpha)}$，表示总的质量指数。

设技术进步以全要素生产率（TFP）表示，则：

$$TFP_t = Y_t / L_t^{1-\alpha} K_t^{\alpha} = A \times Q^{(1-\alpha)} \qquad (4-19)$$

由于服务业 FDI 能够促进增加中间投入的质量提升，所以服务业 FDI 能促进技术进步。对于模型（4-19），我们设中间投入的产品质量指数 Q 和本国吸收的服务业 FDI 成线性相关关系，并对（4-6）式两边取对数可得：

$$tfp_t = \alpha_0 + \alpha_1 fdis \qquad (4-20)$$

其中，tfp_t 为全要素生产率（小写字母代表对数形式），$fdis$ 表示服务业 FDI，α_0 为常数项，代表影响技术进步的其他因素。如果服务业 FDI 促进了技术水平的进步，则 α_1 大于 0。

若定义 $y_t = (tfp_t, fdis)'$，我们可以得到一组向量自回归模型：

$$y_t = \alpha + \sum_{i=1}^{n} \prod_i y_{t-i} + \mu_t \qquad (4-21)$$

其中，α 是截距项，μ_t 是零均值的白噪声过程。如果 tfp_t、$fdis$ 都是 I（1）阶单整，对上式进行差分变换可以得到式（4-22）表示的模型：

$$\Delta y_t = \sum_{i=1}^{n} \Gamma_j \Delta y_{t-j} + \prod y_{t-1} + \varepsilon_t \qquad (4-22)$$

由于上式中的 Δy_t、Δy_{t-j}（$j = 1, 2, \cdots, n$）都是平稳过程，那么只有 $\prod y_{t-1}$ 为平稳过程，才能保证新生误差也是平稳过程。于是，将 y_t 中的协整检验变成对矩阵 $\prod$ 的分析问题，如果矩阵 $\prod$ 的秩 $R(\prod) = r (0 < r < 2)$，就表示存在 r 个协整组合，其余 $2-r$ 个关系仍为 I（1）关系。在这种情况下，$\prod$ 可以分解为两个矩阵之积，$\prod = \alpha\beta'$，α、β' 都是秩为 r 的 $2 \times r$ 维矩阵，β' 为协整向量矩阵，α 为调整参数矩阵。

如果两个变量之间存在一个协整关系（在本书后面我们将验证），我们可以将式（4-9）用以下的误差修正模型来表达：

$$\Delta y_t = \sum_{j=1}^{n} \Gamma_j \Delta y_{t-j} + \varphi vecm_{t-1} + \varepsilon_t \qquad (4-23)$$

其中，$vecm_t$ 为误差修正序列：

$$vecm_t = tfp_t - (\alpha_0 + \alpha_1 fdis) \quad (4-24)$$

$vecm_t$ 表示长期均衡误差。φ 一般为负，如果某一时刻的短期值大于其长期均衡值。如果 φ 为负，则使得下期的短期值将下降，反之则上升，所以它反映了长期均衡对短期波动的影响；并且，φ 的绝对值的大小反映了该序列在受到短期冲击后向长期均衡值调整的速度，其值越大，调整的速度就越快。

三、数据处理和单位根检验

运用传统回归分析方法对各经济变量的关系进行估计与检验必须具备一个前提条件：各变量必须具有平稳的特征，否则容易产生伪回归现象。由于本书各变量的时间序列可能会具有非平稳性，因此我们首先对各变量进行单位根的平稳性检验，若为非平稳，我们将采用协整检验方法分析各变量之间的关系。然后，在协整检验的基础上，我们可以进行 Granger 因果关系检验，如果变量之间是协整的，那么至少存在一个方向上的 Granger 原因；而在非协整的情况下，任何原因的推断都是无效的。

在本书中，我们以全要素生产率（Total Factor Productivity，TFP）表示技术进步。计算我国的全要素生产率时，由于对数据处理方法和使用生产函数的不同，往往会得到不同的结果。在本章中，我们采用索洛残差法来估算中国的 TFP。假设 GDP 生产函数为 C-D 函数：$Y_t = AK_t^\alpha L_t^\beta$，其中 Y_t 为国内生产总值，K_t 和 L_t 分别为资本和劳动要素的投入，A 为全要素生产率（TFP），α 和 β 分别为资本和劳动的产出弹性，并且 $\alpha + \beta = 1$。对 α 和 β 的估计一般有两种方法，一是收入份额法，即假定在完全竞争的市场情况下，资本和劳动的产出弹性等于它们各自的收入份额。二是回归法，即对上式进行回归，估计出资本和劳动的产出弹性。一般来说，对于较长期的数据，采用回归法会比较准确，而且收入份额法只能在完全竞争的市场上才能适用，而我国目前正处于向市场经济过渡时期，明显与完全竞争市场的假设不符合，因此本书采用回归法。

对式子 $Y_t = AK_t^\alpha L_t^\beta$ 的两边同除以 L_t 并取对数可得：

$$\ln(Y_t/L_t) = \ln TFP_t + \alpha \ln(K_t/T_t) \quad (4-25)$$

我们用式（4-25）对中国的投入产出数据进行回归，求得 $\alpha = 0.609$，并且 $\beta = 1 - \alpha = 0.391$。全要素生产率为：

$$TFP_t = Y_t / (K_t^{0.609} L_t^{0.391}) \quad (4-26)$$

其中，K_t 为资本，并且：$K_t = I_t + 0.9 K_{t-1}$，I_t 为以 1990 年价格表示的固定资本投资，单位为亿元；L_t 表示历年就业人数，单位为万人；Y_t 为以 1990 年价格表示的国内生产总值，单位为亿元；相应的以 1983 年为基期的 TFP 指数为：

$$TFP \text{ 指数} = 100 TFP_t / TFP_{1983} \quad (4-27)$$

对于中国的服务业 FDI，我们先以美元对人民币的年平均汇率换算成人民币值，然后再以固定资产投资价格指数折算成以 1990 年价格表示的不变值。所有数据均来自《中国统计年鉴》，检验区间为 1984~2015 年。

由于我国的全要素生产率指数、服务业 FDI 和生产性服务业 FDI 的存量和流量都有随时间上升的趋势（见图 4-3、图 4-4 和图 4-5），我们先对各变量取对数，以消除时间趋势，再对各项进行单位根检验。其中 TFP、FDI、FDIC、FDIP、FDIPC 分别表示全要素生产率指数、服务业 FDI 流量、服务业 FDI 存量、生产性服务业 FDI 流量和生产性服务业 FDI 存量。

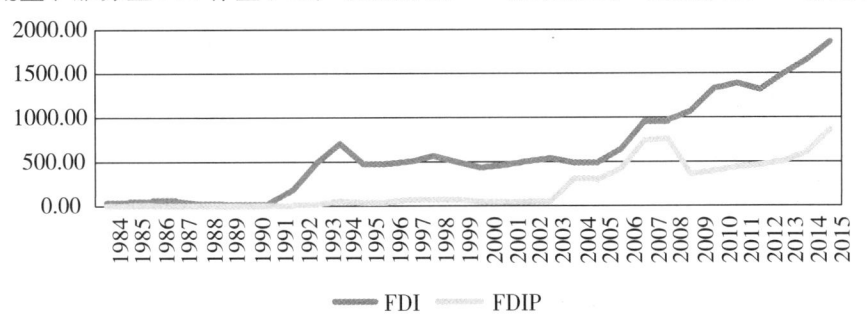

图 4-3 服务业 FDI 和生产性服务业 FDI 流量（1984~2015 年）

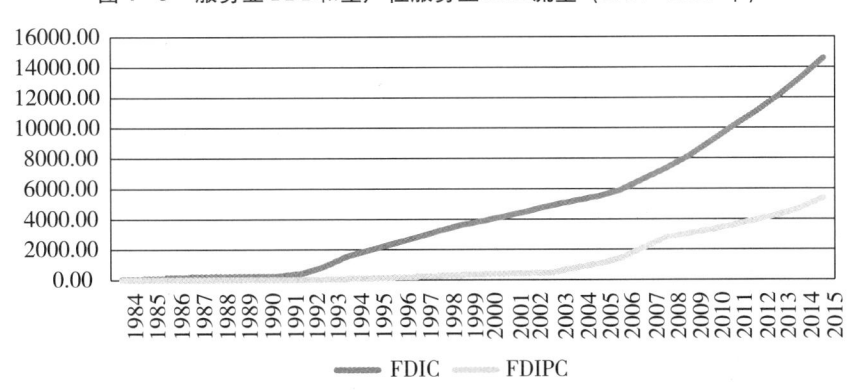

图 4-4 服务业 FDI 和生产性服务业 FDI 存量（1984~2015 年）

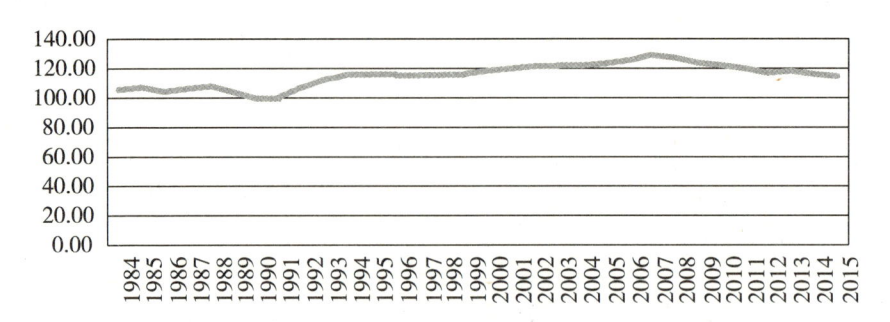

图 4-5 中国全要素生产率（TFP）指数的变化趋势（1984~2015 年）

表 4-6 给出了全要素生产率指数、服务业 FDI、生产性服务业 FDI 的存量和流量的自然对数值及其一阶差分的 ADF 统计值。根据表 4-6 的结果，各序列 ADF 检验的统计值比在 95% 的置信度水平下的临界值大，所以不能拒绝原假设，即序列存在单位根，且是非平稳的；至少在 95% 的置信度水平下，各序列的一阶差分序列的 ADF 检验的统计值小于临界值，所以各序列的一阶差分都拒绝原假设，是平稳的。

表 4-6 各变量的 ADF 单位根检验结果

变量	检验类型 （C, T, P）	ADF 统计值	临界值 5%	结论
$\ln TFP$	(C, T, 2)	-3.276325	-3.612199	非平稳
$\triangle \ln TFP$	(C, N, 4)	-3.639238	-3.004861	平稳
$\ln FDI$	(C, T, 1)	-3.079676	-3.612199	非平稳
$\triangle \ln FDI$	(C, N, 2)	-4.040295	-3.004861	平稳
$\ln FDIC$	(C, T, 5)	-0.928817	-3.658446	非平稳
$\triangle \ln FDIC$	(C, N, 0)	-5.481441	-2.991878	平稳
$\ln FDIP$	(C, T, 1)	-3.612199	-4.394309	非平稳
$\triangle \ln FDIP$	(C, N, 3)	-3.148890	-3.012363	平稳
$\ln FDIPC$	(C, T, 1)	-3.612199	-4.394309	非平稳
$\triangle \ln FDIPC$	(C, N, 3)	-2.991878	-2.762984	平稳

注：(1) 表中的检验形式（C, T, P）分别表示单位根检验方程中包括常数项、时间趋势项和滞后差分阶数（由赤池信息准则 AIC 决定）；(2) "△" 表示变量的一阶差分。

四、Johansen 协整检验

协整（Co-integration）方法是研究非平稳时间序列之间是否存在长期均衡关系的有力工具。根据协整理论，虽然两个或多个时间序列是非平稳的，但它们的某种线性组合则可能是平稳的。虽然全要素生产率指数、服务业 FDI 流量、服务业 FDI 的存量、生产性服务业 FDI 流量和生产性服务业 FDI 存量都是非平稳时间序列，但它们之间应当存在长期稳定的均衡关系，即是协整的。而上面的平稳性检验已经证明它们都是一阶单整的序列，满足协整检验的前提。

对于两组或两组以上存在单位根的变量序列，如果它们的线性组合是平稳的，则表明这些变量序列之间存在协整关系。在进行变量之间的协整关系检验时，主要有 EG 两步法和 Johansen 检验方法。采用 EG 两步法得到的协整参数估计量具有超一致性和强有效性，但在有限样本条件下，这种估计量是有偏差的，而且样本容量越小，偏差越大。由于本书分析中的有效样本数目相对较小，因此为克服小样本条件下 EG 两步法参数估计的不足，本书采用 Johansen 极大似然值方法。Johansen 极大似然值方法，是通过建立 VAR 模型来进行多变量协整检验，因此，首先必须确定 VAR 模型的最优滞后阶数及协整方程的形式。其中，最优滞后期 k 的选择根据非约束的 VAR 模型的 AIC、SC、FPE 和 HQ 准则而得到。协整方程可能会有以下几种情况：（1）序列没有确定性趋势且协整方程无截距；（2）序列没有确定性趋势且协整方程有截距；（3）序列有线性趋势但协整方程只有截距；（4）序列和协整方程都有线性趋势；（5）序列有二次趋势且协整方程有线性趋势。为保证实证结论的客观性，本书主要根据 AIC 及 SBC 标准来选择滞后阶数以及是否存在趋势项和截距项。当滞后阶数是 7 时，AIC 和 SBC 值最小，因此我们确定非约束 VAR 模型的最优滞后阶数为 7，并选择模型 3 的形式。

确定为模型 3 后，我们再进一步对该模型的协整方程数目进行选择。从表 4－7 我们可以发现没有协整关系的原假设的迹统计量的值为 37.3125，大于在 99% 的置信度下的临界值 14.2646，表明应该拒绝原假设，接受被选假设，即这两个变量之间至少存在一个协整关系。而对于"至多一个协整关系"的原假设，其迹统计量的值 2.1928 小于在 95% 的置信度下的临界值 3.8415，因此我们不能拒绝此原假设。所以，协整检验的结果表明全要素生产率指数和服务业 FDI 流量之间只存在一个协整关系。同样地，我们根据表 4-8、表 4-9、表 4-10 可以发现，全要素生产率指数与服务业 FDI 存量、生产性服务业 FDI 流量和生产性服务业 FDI 存量之间也只存在一个协整关系。

表 4-7　全要素生产率和服务业 FDI 流量的 Johansen 协整检验结果表

H0	特征值	迹检验统计量	5% 的显著度	Prob.**
None***	0.859678	37.3125	14.2646	0.0000****
At most 1	0.108999	2.1928	3.8415	0.1387

注：*** 表示在 99% 的置信度下拒绝没有协整关系的原假设。非约束 VAR 模型的最优滞后阶数为 7，选择模型 3。

表 4-8　全要素生产率和服务业 FDI 存量的 Johansen 协整检验结果表

H0	特征值	迹检验统计量	5% 的显著度	Prob.**
None***	0.527773	15.8640	14.2646	0.0440**
At most 1	0.041998	0.8581	3.8415	0.3543

注：*** 表示在 99% 的置信度下拒绝没有协整关系的原假设。非约束 VAR 模型的最优滞后阶数为 6，选择模型 3。

表 4-9　全要素生产率和生产性服务业 FDI 流量的 Johansen 协整检验结果表

H0	特征值	迹检验统计量	5% 的显著度	Prob.**
None***	0.656978	23.5251	14.2646	0.0025***
At most 1	0.154817	3.1958	3.8415	0.0738

注：*** 表示在 99% 的置信度下拒绝没有协整关系的原假设。非约束 VAR 模型的最优滞后阶数为 7，选择模型 3。

表 4-10　全要素生产率和生产性服务业 FDI 存量的 Johansen 协整检验结果表

H0	特征值	迹检验统计量	5% 的显著度	Prob.**
None***	0.497604	14.7012	14.2646	0.0656*
At most 1	0.045621	0.9339	3.8415	0.3339

注：*** 表示在 99% 的置信度下拒绝没有协整关系的原假设。非约束 VAR 模型的最优滞后阶数为 6，选择模型 3。

标准化后的协整关系如表 4-11、表 4-12、表 4-13 和表 4-14 所示，我们可以得到表示各变量之间长期关系的误差修正项。由表4－7可知，在长期内，服务业FDI每增长1%，技术进步将增长0.019307%。该结果表明，我国的服务业FDI和技术进步存在长期的正相关关系。同样，根据表4－8、表4－9和表4－10，我们也可以发现服务业FDI存量、生产性服务业FDI的流量和存量都与技术进步之间存在长期的正相关关系。另外，我们从表4－7、表4－8、表4－9和表4－10列出的协整方程可以发现，无论是流量和存量，服务业FDI和生产性服务业FDI与技术进步的相关系数都比较小，说明目前服务业FDI对技术进步的促进作用表现得还不是特别明显，这可能是因为我国大多数年份吸收的FDI仍然是以制造业为主，服务业FDI占的比重相对较小，还未形成规模效应，从而其对技术进步的影响还较小。我们相信，随着近年来我国引资政策的转变和服务业FDI的逐年上升，其对技术进步的促进作用也会越来越大。

表4－11　全要素生产率指数和服务业FDI流量标准化后的协整关系

变量	$\ln TFP$	$\ln FDI$	C
系数	1.00000	－0.019307 （0.00650）	－4.786541
协整方程	\multicolumn{3}{l}{$\ln TFP_t = 0.019307 \times \ln FDI_t + 4.786541$}

注：对数似然比＝77.39701。

表4－12　全要素生产率指数和服务业FDI存量标准化后的协整关系

变量	$\ln TFP$	$\ln FDIC$	C
系数	1.000000	－0.054760 （0.01376）	－4.276460
协整方程	\multicolumn{3}{l}{$\ln TFP_t = 0.054760 \times \ln FDIC_t + 4.276460$}

注：对数似然比＝82.26695。

表4－13　全要素生产率指数和生产性服务业FDI流量标准化后的协整关系

变量	$\ln TFP$	$\ln FDIP$	C
系数	1.000000	－0.174903 （0.04917）	－3.729570
协整方程	\multicolumn{3}{l}{$\ln TFP_t = 0.174903 \times \ln FDIP_t + 3.729570$}

注：对数似然比＝70.87164。

表4-14 全要素生产率指数和生产性服务业FDI存量标准化后的协整关系

变量	lnTFP	ln$FDIPC$	C
系数	1.000000	-0.039280 (0.00789)	-4.402768
协整方程	\multicolumn{3}{c}{lnTFP_t = 0.039280 × ln$FDIPC_t$ + 4.402768}	

注：对数似然比 = 81.35003。

将协整关系写成数学表达式，并令其等于 VECM，得到：

$$VECM_1 = \ln TFP_t - 0.019307 \times \ln FDI_t - 4.786541 \quad (4-28)$$

$$VECM_2 = \ln TFP_t - 0.054760 \times \ln FDIC_t - 4.276460 \quad (4-29)$$

$$VECM_3 = \ln TFP_t - 0.174903 \times \ln FDIP_t - 3.729570 \quad (4-30)$$

$$VECM_4 = \ln TFP_t - 0.039280 \times \ln FDIPC_t - 4.402768 \quad (4-31)$$

我们对序列 $VECM_1$，$VECM_2$，$VECM_3$ 和 $VECM_4$ 分别进行单位根检验，结果发现，它们在99%的置信度下是平稳的，说明以上协整关系都是正确的。

五、格兰杰（Granger）因果关系检验

以上协整检验的结果说明，服务业 FDI 和生产性服务业 FDI，无论是流量还是存量，与全要素生产率指数之间均存在显著的正向关系，即它们之间存在着长期稳定的相互依赖关系，因此我们可以运用格兰杰因果检验法进一步研究它们之间的因果关系。

格兰杰因果检验有两种形式：一种是传统的基于 VAR 模型的检验，另一种是近些年发展起来的基于向量误差修正模型（VECM）的检验。两者的区别在于各自适用的范围不同，前面的方法仅适用于非协整序列间的因果检验，而后者则是用来检验协整序列之间的因果关系。Feldstein 和 Stock（1994）研究认为，如果非平稳变量之间存在协整关系，则应考虑使用基于 VECM 进行因果检验，即我们不能省去模型中的误差修正项，否则得出的结论可能会出现偏差。由于全要素生产率指数、服务业 FDI 和生产性服务业 FDI 序列均是非平稳的，因此我们可以基于 VECM 模型进行格兰杰因果检验，结果如表4-15所示。

表4-15 服务业 FDI 和技术进步的格兰杰因果检验

因变量	自变量	Chi-sq	自由度	P 值
$\triangle \ln TFP$	$\triangle \ln FDI$	10.88487*	5	0.0537
$\triangle \ln FDI$	$\triangle \ln TFP$	9.544507*	5	0.0892
$\triangle \ln TFP$	$\triangle \ln FDIC$	13.46365**	5	0.0194
$\triangle \ln FDIC$	$\triangle \ln TFP$	11.89534**	5	0.0363
$\triangle \ln TFP$	$\triangle \ln FDIP$	1.903538	6	0.9284
$\triangle \ln FDIP$	$\triangle \ln TFP$	13.06311**	6	0.042
$\triangle \ln TFP$	$\triangle \ln FDIPC$	14.24075**	5	0.0142
$\triangle \ln FDIPC$	$\triangle \ln TFP$	13.12492**	5	0.0222

注：Chi-sq 为 Wald 的 x^2 检验值，P 值为零假设（不存在格兰杰因果关系）的伴随概率，***、** 和 * 分别表示在 99%、95% 和 90% 的置信度水平上显著。

由表4-15 可知，服务业 FDI 无论是存量和流量来说，都是中国全要素生产率指数即技术进步的格兰杰原因，技术进步也是服务业 FDI 的格兰杰原因。生产性服务业 FDI 的流量和存量也是中国技术进步的格兰杰原因，但技术进步对生产性服务业 FDI 的流量影响不显著，不是其格兰杰原因。

六、向量误差修正模型——我国服务业 FDI 与全要素生产率的短期变动关系

协整关系反映了各变量之间长期稳定的均衡关系，而在短期中，变量可能偏离其长期均衡状态，但会逐步向长期均衡状态调整。为了反映我国服务业 FDI 与技术进步之间短期偏离的修正机制，我们可以利用向量误差修正模型进行分析。笔者采用如下形式的向量误差修正模型：

$$\Delta Y_t = \alpha_0 + \sum_{i=1}^{k} \alpha_i \Delta Y_{t-i} + \sum_{j=1}^{k} \beta_j \Delta X_{t-j} + \varphi VECM_{t-1} \quad (4-32)$$

其中 t 为滞后期数，由于前文的分析已经确定在服务业 FDI 流量和全要素生产率指数的无约束模型中的最优滞后阶数为 7，因此我们可以确定以上向量误差修正模型的最优滞后阶数是 6。经过计算得到具体的向量误差修正模型如下：

$$\Delta \ln TFP_t = 0.017 + [-0.874 \quad 0.044] \times \Delta X_{t-1} + [1.026 \quad 0.005] \times$$
$$\Delta X_{t-2} + [-1.113 \quad -0.033] \times \Delta X_{t-3} + [0.129 \quad 0.030] \times \Delta X_{t-4}$$
$$+ [-0.315 \quad 0.002] \times \Delta X_{t-5} + [0.622 \quad -0.030] \times \Delta X_{t-6} -$$
$$0.306 \times VECM_{t-1}$$

(4-33)

其中 $X = [\ln TFP \quad \ln FDI]'$ $VECM_t = \ln TFP_t - 0.019 \times \ln FDI_t - 4.787$ $R^2 = 0.800$ $AIC = -4.924$ $SC = -4.428$

从式（4-33）可发现，模型的决定系数为0.800，AIC和SC值分别为-4.924和-4.428，都较小，这说明模型的整体效果比较好。误差修正系数为负，等于-0.306，这符合反向修正机制。以上向量误差修正模型表明短期内，服务业FDI流量可能偏离它与全要素生产率指数之间的长期均衡水平，但它们的关系由短期偏离向长期均衡调整的速度比较快，上一年度的非均衡误差的比率对本年度的全要素生产率增长进行快速调整，从而修正全要素生产率增长的偏离。

$$\Delta \ln TFP_t = 0.026 + [0.412 \quad 0.004] \times \Delta X_{t-1} + [-0.514 \quad 0.024] \times$$
$$\Delta X_{t-2} + [0.463 \quad -0.021] \times \Delta X_{t-3} + [-0.126 \quad -0.015] \times$$
$$\Delta X_{t-4} + [-0.157 \quad -0.043] \times \Delta X_{t-5} - 0.361 \times VECM_{t-1}$$

(4-34)

其中 $X = [\ln TFP \quad \ln FDIC]'$ $VECM_t = \ln TFP_t - 0.055 \times \ln FDIC_t - 4.276$ $R^2 = 0.750$ $AIC = -4.701$ $SC = -4.103$

$$\Delta \ln TFP_t = 0.015 + [0.336 \quad 0.014] \times \Delta X_{t-1} + [-0.663 \quad 0.009] \times$$
$$\Delta X_{t-2} + [0.668 \quad -0.011] \times \Delta X_{t-3} + [-0.038 \quad 0.013] \times$$
$$\Delta X_{t-4} + [0.192 \quad -0.011] \times \Delta X_{t-5} + [-0.349 \quad -0.006] \times$$
$$\Delta X_{t-6} - 0.560 \times VECM_{t-1}$$

(4-35)

其中 $X = [\ln TFP \quad \ln FDIP]'$ $VECM_t = \ln TFP_t - 0.175 \times \ln FDIP_t - 3.730$ $R^2 = 0.579$ $AIC = -4.180$ $SC = -3.484$

类似地，根据式（4-34）、式（4-35）和式（4-36）可以发现，服务业FDI存量、生产性服务业FDI流量和生产性服务业FDI存量在短期内可能偏离其与全要素生产率指数的长期均衡水平，但它们之间的关系由短期偏离向长期均衡调整的速度很快。其中,生产性服务业 FDI 无论是流量还是存量与全要素生产率指数的关系由短期偏离向长期均衡调整的速度非常快,这说明生产性服务业 FDI 的短期波动对我国技术进步的影响尤其显著。

$$\Delta \ln TFP_t = 0.041 + [1.151 \ -0.028] \times \Delta X_{t-1} + [-0.889 \ 0.031] \times \\ \Delta X_{t-2} + [0.569 \ 0.015] \times \Delta X_{t-3} + [-0.320 \ -0.048] \times \\ \Delta X_{t-4} + [0.398 \ -0.032] \times \Delta X_{t-5} - 0.637 \times VECM_{t-1}$$

(4-36)

其中 $X = [\ln TFP \ \ln FDIPC]' \ VECM_t = \ln TFP_t - 0.039 \times \ln FDIPC_t - 4.403$

$R^2 = 0.767 \ AIC = -4.773 \ SC = -4.176$

七、结论

本节通过对我国 1984~2015 年的服务业 FDI、生产性服务业 FDI 与全要素生产率指数的时间序列数据进行平稳性检验和协整分析,并在向量误差修正模型的基础上通过因果关系检验来分析它们的关系,结果发现:

(1) 无论是流量还是存量,我国的服务业 FDI 包括生产性服务业 FDI 和技术进步之间都存在长期的均衡关系,服务业 FDI 对中国总体经济的技术进步存在正向促进作用。因为服务业能够增加东道国服务产品尤其作为中间投入的生产性服务的品种,从而促进下游制造业和服务业的技术进步。

(2) 无论是流量和存量,服务业 FDI 和生产性服务业 FDI 与技术进步的相关系数都比较小,说明目前服务业 FDI 对技术进步的促进作用表现得还不是特别明显,这可能是因为我国大多数年份吸收的仍然是以制造业为主,服务业占的比重相对较小,还未形成规模效应,从而对技术进步的影响还较小。我们相信,随着近年来我国引资政策的转变和服务业 FDI 的逐年上升,其对技术进步的促进作用也会越来越大。

(3) 服务业 FDI,无论是就存量来说,还是就流量来说,都是中国技术进步的格兰杰原因,技术进步也是服务业 FDI 的格兰杰原因。生产性服务业 FDI 的存量与技术进步互为格兰杰原因,生产性服务业 FDI 的流量是技术进步的格兰杰原因，但技术进步不是生产性服务业 FDI 的格兰杰原因。这说明我国"引进、消化、创新"的技术创新机制作用可能还不太明显。因此，我国必须建立一套服务业 FDI 促进技术进步和技术创新的机制，充分发挥服务业 FDI 的技术溢出效应，有效促进我国的技术进步和创新，以形成服务业 FDI 和技术进步之间的双向促进作用。

（4）向量误差修正模型的分析表明，在短期内，服务业 FDI 和生产性服务业 FDI 可能会偏离其与技术进步率的长期均衡水平，但它们之间的关系由短期偏离向长期均衡调整的速度比较快，而生产性服务业 FDI 的短期波动对我国技术进步的影响尤其显著。

第三节　商业存在服务贸易技术溢出效应的影响因素分析

一、引言

世界各国尤其是发展中国家致力于引入 FDI 的一个重要动机是外资进入可能带来技术溢出。在过去的三十多年中，我国经历了引人注目的 FDI 流入和生产率增长。众多研究发现 FDI 可通过技术溢出效应促进我国生产率增长，但这些文献更多地把 FDI 锁定为制造业 FDI。随着国际产业结构的不断调整，全球 FDI 的重心逐渐从制造业转向服务业，我国吸收的服务业 FDI 也越来越多。那么服务业 FDI 是否能为我国带来技术溢出效应呢？

理论研究对服务业 FDI 技术溢出效应的存在性及正面作用给予了一致性的认可，代表性的研究有 Francois（1990），Rivera – Batiz FL 等（1992）和 Hoekman（2006）等，主要原因在于服务业 FDI 有助于东道国最终产品生产商尤其是制造业企业获得更多或更好的中间投入从而提高生产率。经验研究方面，一些学者如 Mattoo，Rathindran 和 Subramanian（2006），Eschenbach 和 Hoekman（2006），Konan 和 Maskus（2006），Jensen 等（2007），贺梅英（2005），马元、刘婧（2008），黄卫平、方石玉（2008）等肯定了服务业 FDI 对东道国宏观经济增长的促进作用，并指出其中的主要机理在于服务业 FDI 对东道国制造业产生技术溢出，但他们并没有对技术溢出效应的存在性和大小进行具体定量分析。

近年来，一些国外学者利用产业层面或企业微观层面数据就服务业FDI对东道国制造业的技术溢出进行实证研究，大多发现其能显著促进制造业生产率提升，如Francois和Woerz（2007），Fernandes（2007），Arnold，Javorcik和Mattoo（2006，2008），Javorcik和Li（2007），Fernandes和Paunov（2012）等。但也有部分经验研究表明，服务业FDI对东道国制造业的技术溢出效应不显著，甚至是负面的（Alfaro，2003；Nadia Doytch，2011）。

总的来说，国内外关于服务业FDI对制造业技术溢出的研究，大多偏好于利用统计数据和计量方法来测算服务业FDI技术溢出的存在性、溢出的正负向作用及作用的大小，很少有对技术溢出如何发生、溢出渠道，尤其是影响因素等方面的深入探讨，而且这些研究多以外国为研究样本，缺少具体针对中国的深入研究。本书利用中国16省市2000~2012年的面板数据，对中国服务业FDI技术溢出效应的影响因素进行实证检验。

二、待检验假说

对于FDI技术溢出效应的影响因素，国内外学者许多研究从溢出方和吸收方的特征、东道国环境等方面进行了探讨，认为技术差距、吸收能力（如研发投入、人力资本存量、金融市场以及知识产权保护程度等）等因素影响FDI对东道国技术溢出的效应大小。这些因素对于制造业和服务业FDI都有一定适用性。不过，由于服务具有不同于物质产品的特性，服务业FDI技术溢出的具体影响因素会与制造业FDI有所不同。本节主要从东道国的法制水平、劳动力市场化程度、服务业发展水平、人力资本等制度和经济技术特征来考察其对服务业FDI技术溢出效应的影响，并提出相关假设。

（一）人力资本

人力资本是吸收能力的核心因素，很多对FDI技术溢出的实证研究都将人力资本作为吸收能力的替代变量。早在20世纪70年代，Teece就发现即使国内外两类企业技术差距很大，但如果人力资本发展良好，技术溢出仍然有助于当地企业的追赶进程，但如果技术差距大而且人力资本匮乏，那么跨国公司将压抑当地企业，产生挤出效应。Balasubraman（1998）也认为只有达到了人力资本，劳动技术水平和基础设施水平的门槛，即发展门槛（Development Threshold），FDI才有可能成为有力的发展工具。Narula（2004）指出FDI溢出效应的发生是有条件的，一个重要条件是东道国拥有经过良好训练的人力资本，离开与人力资本存量相配合的FDI对东道国经济增长和技术进步的作用很小。国内也有不少学者研究了人力资本对制造业FDI溢出效应的影响，如沈坤荣和耿强（2001）、张海洋（2005）、郭英（2007）等，研究结果都发现：各地区的人力资本差异是造成FDI区域分布与溢出效果差异的关键原因。

相对制造业跨国公司而言，服务业跨国公司在技术密集度和技术外溢效应方面具有一定优势，然而东道国本土企业能够在多大程度上吸收服务业外资企业产生的技术溢出效应，东道国的技术吸收能力起着重要作用。可以说，从技术引进到技术最终运用的全过程，人力资本因素都会产生重要作用，影响着吸收方的技术吸收能力，进而影响服务业FDI的技术外溢效应。

具体来说，人力资本在以下三个层次影响着技术吸收能力，进而影响服务业FDI技术溢出效应的大小：（1）获得技术学习与模仿的机会。人力资本投资从服务业外资企业的角度看，影响着进行技术培训的可行性和成本，同时也构成投资环境的重要组成部分。东道国本地现有的知识发展水平和人力资本存量是吸引服务业跨国公司直接投资的重要因素，而且技术水平越高的服务业FDI对人力资本的要求更高，而外资企业的进入给了本地企业获取技术学习与模仿的机会。（2）学习、模仿新技术的能力。服务业外资企业往往会对当地员工进行培训，提高了员工技术水平。当训练有素的技术或管理人员受雇于其他企业或自创企业便可实现技术知识的扩散，人员的流动增强了当地的技术吸收能力。从技术扩散的角度看，员工的人力资本水平以及流动程度共同影响着技术的学习。（3）在实际生产中运用和创新技术的能力。本地企业在获得新技术以后，如何在生产的实践中有效运用和加以创新，就取决于员工尤其是研发人员的人力资本水平。

假说1：人力资本水平与服务业FDI的技术溢出效应正相关

（二）法制水平

North（1981）和Acemoglu等（2004）认为，制度是一国或地区长期经济增长的基本原因。当一个国家具备良好的契约维护制度时，高效的第三方独立司法体系可以有效地解决各部门之间在签订和执行契约时产生的矛盾和纠纷，有助于降低交易费用，从而促进社会分工和经济增长。

相对于其他产业尤其是制造业来说，服务业自身的一些独特产业特性使得其发展非常依赖外部契约的执行环境。首先，与其他产业尤其是制造业相比较，大部分服务业的产出具有无形性、生产与消费的同时性等特征（Hill，1977；1999）。在服务交易的过程中，一方面，服务需求方难以在交易之前对服务产品的质量进行检验并在交易后对服务质量进行有效的评估。另一方面，从服务供给方的角度来看，由于服务具有无形性，难以对其产出进行有效保护。如研发活动的产出往往只是无形的技术知识或者商业秘密，研发成本很高而其产出复制的成本却很低，从而在交易中很难对其进行保护。此时，如果没有第三方的外部力量来保护契约的执行，那么相对于其他产业的交易，服务交易的双方更难以对交易的利益和风险形成稳定的预期。而如果有第三方司法体系能够有效地发挥独立的契约执行功能，将会对服务交易的这一困境起到很大的缓解作用（汪德华、张再金、白重恩，2007）。其次，服务业的产出具有异质性和多样性。这一特征使得服务业往往采用个性化的交易方式，但这种个性化交易很容易使服务交易双方产生相互锁定。如果外部契约执行环境不能保证契约得到有效实施，那么服务交易双方的锁定威胁和由此产生的机会主义行为，就可能会使交易很难顺利进行，从而阻碍服务业的发展。

总而言之，由于服务产出的一些特性，使得与其他产业相比较，服务业的生产和交易将涉及更为密集和复杂的契约安排，即"契约密集型产业"（Clague et al.，1999）。另外，近些年来全球服务业尤其是作为各生产部门中间投入的生产性服务业的增长非常迅速，生产性服务业牵涉到各种广泛的契约安排更多，其作为"契约密集型产业"的特征更为突出。而作为一种契约密集型产业，服务业的发展尤其需要良好的外部契约制度环境来提供保护（汪德华、张再金、白重恩，2007）。因此，在其他条件相同时，一国或地区的法制水平高，契约维护制度的质量越好，交易双方潜在的机会主义行为发生的可能性就越小，契约密集型服务产业的分工和交易就越有可能发生，从而有助于服务业发展和服务业外资的进入，进而有利于服务业FDI发挥技术溢出效应。

假说 2：法制水平的高低与服务业 FDI 的技术溢出效应正相关

（三）劳动力市场化程度

外资企业对企业内部管理和技术人员在先进生产技术和管理制度、经营理念等方面的培训能提升当地人力资本的存量，以及技术管理人员流动带来的技术扩散，产生人员培训效应和人员流动效应，这是 FDI 技术溢出的重要渠道之一。

王恬（2008）利用世界银行有关中国企业的调查数据研究了企业人力资本流动对内资企业生产率的影响。结果发现，当高技术员工从外资企业流动到内资企业时，显著地提高了内资企业的生产率水平，而且发现具有外企工作经历的高技术员工对企业的贡献程度接近本土高技术员工的 4 倍。另外，跨国公司的进入，可以通过产业的后向和前向关联效应促进技术扩散，有助于改善东道国本地的产业结构和提高相关企业的技术水平。在这个过程中，人员的流动和东道国本地人员技术的不断成熟，是促进新技术扩散和传播的重要渠道。服务业跨国公司要对当地员工进行培训，训练有素的技术人员或管理人员如果受雇于其他企业或自主创业便可以实现技术的扩散，当地的技术吸收能力由于人员的流动得到增强，而且人员的流动也会迫使原来的企业为补充流失的人员不得不进行更多的培训，因此人员流动对技术的扩散具有乘数效应。

因此，劳动力市场发展得越完善，市场化程度越高，劳动力的流动越顺畅，跨国公司人员的流动也就越活跃，服务业外资企业对本地企业的技术转移和技术扩散就越快，技术溢出效应越大。

假说 3：劳动力市场化程度与服务业 FDI 的技术溢出效应正相关

（四）服务业的发展水平

一般来说，服务业的发展水平较高的地方，服务经济比较活跃，容易产生聚集经济，较容易产生新的服务机会，从而引致更大的市场发展需求。因此，服务业的发展水平是服务业跨国公司进行对外直接投资时考虑的因素之一。

殷凤（2006）研究认为，服务业发展水平高的地区产业基础越好，服务经济越活跃，也就越容易吸引外资进入，外资企业对本地经济的技术溢出效应也更容易发挥。此外，服务业发展水平高的地区往往服务企业比较集中，而服务企业集中的地方倾向于存在更多的服务消费，更高的服务质量和服务管理能力，服务经济也就越活跃，服务业外资的技术溢出效应更明显。例如，跨国银行在同业聚集的金融中心创立银行间市场。Buch 和 Lapp（1998）的研究也表明金融中心对德国银行业的对外直接投资有积极影响，而且技术溢出很容易发生。因此可以说，服务聚集经济也是吸引服务业 FDI 和促进技术溢出效应的一种区位优势（Dunning，1989）。

假说 4：服务业发展水平与服务业 FDI 的技术溢出效应正相关

三、计量模型及方法

为检验上述的四个假说，我们构建服务业 FDI 对地区技术进步（以全要素生产率表示）增长影响的计量方程：

$$G_{it} = \alpha_0 + \alpha_1 FDIs_{it} + \alpha_2 EX_{it} + \alpha_3 IM_{it} + \alpha_4 K_{it} + \alpha_5 Z_{it} + \alpha_6 S \times EDU_{it} + \alpha_7 S \times LAW_{it} + \alpha_8 S \times SCH + \alpha_9 S \times SER_{it} + \lambda_i + \eta_t + \varepsilon_{it}$$

(4-37)

其中，下标 i 表示地区，下标 t 代表年份。$\alpha_0 \sim \alpha_9$ 为回归系数，η_t 为不可观测的时间效应，λ_i 是不可观测的地区效应，ε_{it} 是随机扰动项。

G 为技术进步率，它是回归方程中的因变量，我们用全要素生产率（TFP）[1] 的增长率来表示。

$FDIs$ 指服务业 FDI，我们以各省区市实际利用服务业 FDI 占地区国内生产总值的比重来表示。如果服务业 FDI 促进了技术进步，则它和因变量技术进步率呈正相关，否则为负相关。

EX、IM 分别是指各省区市的出口和进口变量，我们分别用出口、进口占当年各地区国内生产总值的比值来表示。在计算各省区市的进出口值时，我们用各年人民币对美元的平均汇率把美元转换成人民币值。理论上

---

[1] 可以说，对技术进步的衡量一直是经济学界比较棘手的难题之一。我们在这里用文献中普遍使用的全要素生产率（TFP）来代表技术进步。尽管采用这种方法存在一定的偏差，甚至可以说它是人们鉴于对经济增长的过程所知甚少，而不得不采取的一种衡量方法（林毅夫、董先安和殷韦，2002）。

讲，出口和进口应该与技术进步率正相关❶。

K 为各省区市的资本密集度，用物资资本存量和就业人数的比重来表示。一般认为，资本密集度越高的地区，其技术装备水平也越高，技术进步也越快。朱钟棣和李小平（2005）、李小平（2006）发现资本形成正是1998年后中国工业全要素生产率增长的重要原因。但是资本深化也有可能延缓技术进步，如张军（2002）就认为资本深化是中国生产率增长变缓的重要原因。因此，我们在这里也考虑到资本密集度对地区生产率增长的影响。

Z 为制度变量，以各省区市的国有工业总产值占工业总产值的比重来表示，一般而言，制度变量与技术进步率之间应该成负相关的关系。如李小平和朱钟棣（2004）研究指出，中国的市场化进程有效地促进了资源的优化配置和各地区技术水平的提升，因此市场化改革是促进技术进步的最主要的原因之一。

EDU 是地区人力资本水平，由各省区市的就业人员平均受教育年限的加权平均值来刻画❷。具体计算时，我们把小学、初中、高中、大专、大学本科和研究生的受教育年限分别记为6年、9年、12年、15年、16年和19年，则各地人力资本水平的计算公式为：小学比重×6 + 初中比重×9 + 高中比重×12 + 大专比重×15 + 大学本科比重×16 + 研究生比重×19。使用数据来自《中国劳动统计年鉴》各期。

---

❶ 自20世纪90年代以来，经济学者们对进出口贸易和技术进步之间的关系进行了许多检验，并得到了不一致的结果。Arnade 和 Vasavada（1995）的实证研究表明，在亚洲和美洲国家生产率和出口之间不存在显著的因果关系；Wyn Morgan 和 Bruce Morley（2004）在对欧盟内8个国家的国际贸易和技术进步的检验中发现，只有德国和英国显示了技术进步促进出口的长期因果关系，法国和爱尔兰显示了出口促进技术进步的长期因果关系。Marin 和 Yamada（1992）对美国、英国、日本和德国等工业化国家的实证分析发现，出口促进了技术进步。李小平、朱钟棣（2004，2008）详细研究了进出口贸易的技术溢出效应，发现进口显著地促进了工业行业的全要素生产率增长和技术进步的增长。赵伟和李淑贞（2008）利用1998～2004年中国高技术产业的相关数据，验证了高技术产品出口对高技术产业全要素生产率的影响，实证研究结果表明，高技术产品出口对高技术产业全要素生产率的增长具有一定的促进作用。

❷ 国内基于人力资本的吸收能力研究大多集中于分析采用高校在校人数衡量的人力资本对制造业FDI技术溢出效应的影响。例如，沈坤荣和耿强（2001）、王成岐等（2002）、张海洋（2005）、王剑武和李宗植（2007）、郭英（2007）等人都以我国各地区每年的高校在校学生数与当年该地区的年底总人口的比例为人力资本指标，研究结果发现：各地区的人力资本差异是造成FDI区域分布与溢出效果差异的关键原因。

LAW 为地区法制水平。在利用中国各省区市的面板数据分析法治水平和政府规模对服务业发展的影响时，一个完善的法治水平指标体系应该能够反映司法体系的效率、法庭的公平程度、法庭判决以及契约的执行程度、产权的被保护程度等各个方面（Kaufmann, Kraay and Mastruzzi, 2005）。但是，中国的法律数据并不完善，难以找到直接度量法治水平的数据。因此，考虑到数据的可得性问题，我们用各省区市的专利执法的结案率来表示法制水平❶，但这个指标只是反映了法院对专利案件的执行效率，并没有反映法院判决的公平程度，法院有可能为了提高结案率而有意或无意忽视判决的公平性。各地区专利执法的立案和结案数据来自《国家知识产权局统计年报》（2002~2013 年）。

SER 为服务业发展水平，我们用第三产业的就业比重来表示。各地区总就业人数和第三产业就业人数数据均来自 2003~2013 年《中国统计年鉴》。

SCH 为劳动力市场化程度，我们用非国有单位从业人员占总就业人员比重来表示，数据来自《中国劳动统计年鉴》各期。

本书引入法制水平、劳动力市场化程度、服务业发展水平、人力资本水平与服务业 FDI 的交叉项，而不是它们各自的单独项，原因是我们要检验的是法制水平、劳动力市场化程度、服务业发展水平、人力资本水平对服务业 FDI 技术溢出效应强度的影响，而非它们各自对地区技术进步的影响。

由于有一部分省区市没有统计按照三次产业分类的外商直接投资，因此我们无法获取中国大陆所有省区市服务业 FDI 的数据。在剔除数据不全

---

❶ 如何衡量一国或地区的法制水平是一个复杂的问题，考虑到数据的可得性，我们以各地区的专利执法结案率来表示。在利用中国各地区面板数据分析法治水平和政府规模对服务业发展的影响时，一个完善的法治水平指标体系应该能够反映司法体系的效率、法庭的公平程度、法庭判决以及契约的执行程度、产权的被保护程度等各个方面（Kaufmann, Kraay and Mastruzzi, 2005）。但是，中国的法律数据并不完善，难以找到直接度量法治水平的数据。卢峰、姚洋（2004）和姜磊、郭玉清（2008）采用法院每年经济案件的结案率（即结案数和收案数之比）来反映法治水平（由于这个数据也没有对外公开，本书也无法获得）。但是，这个指标只是反映了法院的执行效率，并没有反映法院判决的公平程度，法院有可能为了提高结案率而有意或无意忽视判决的公平性。卢峰, 姚洋. 金融压抑下的法治——金融发展和经济增长 [J]. 中国社会科学, 2004, (1); 姜磊, 郭玉清. 法治水平、政府规模与服务业发展——基于中国地区面板数据的分析 [J]. 山西财经大学学报, 2008 (4).

的省份后，我们得到了2002～2012年中国大陆16个省区市❶的数据。

四、全要素生产率的计算

（一）计算方法

在本书中，我们以全要素生产率（Total Factor Productivity，TFP）表示技术进步。目前测算全要素生产率（TFP）的方法主要有三种：传统的索洛残差法和近些年发展起来的数据包络分析法（Data Envelopment Approach，DEA）以及随机前沿分析法（Stochastic Frontier Analysis，SFA）。在此，我们采用索洛残差法来估算中国各省区市的TFP。首先，我们需要估计中国16省区市的生产函数，在研究各国经济增长的文献中，总量生产函数经常被设定为科布－道格拉斯生产函数，在此本书假设中国各省区市的生产函数也是科布－道格拉斯生产函数，即：

$$Y_{it} = A_{it} K_{it}^{\alpha_i} L_{it}^{\beta_i} \quad i = 1,2,3,\cdots,n \quad (4-38)$$

式中，t为时间，Y_{it}，A_{it}，K_{it}和L_{it}分别表示各省区市的国内生产总值、全要素生产率、资本存量以及劳动投入；α_i与β_i分别为资本和劳动的产出弹性，且$\alpha_i + \beta_i = 1$❷。如前文所述，目前文献中对α_i和β_i的估计主要有两种方法：一是收入份额法；二是回归法，即对式（4-38）进行回归估计出资本和劳动的产出弹性。一般而言，对于较长期的数据，采用回归法会较为准确，而且收入份额法只在完全竞争的市场上才适用，而目前我国正处于向市场经济过渡的时期，与完全竞争的市场的假设明显不符，所以我们采用回归法。对式（4-38）两边取对数，有：

$$\ln(Y_{it}) = \ln(A_{it}) + \alpha_i \ln(K_{it}) + \beta_i \ln(L_{it}) \quad (4-39)$$

---

❶ 这16个省市包括东部地区的北京、天津、河北、辽宁、江苏、上海、山东和广东，中部地区的安徽、河南、黑龙江、江西，以及西部地区的广西、内蒙古、陕西、新疆。三次产业和三大区域的具体划分均是以《中国统计年鉴》的划分标准为依据。之所以选2002年为初始年份，是因为本书使用的人力资本存量和法制水平变量都是从2002年才有。

❷ 这不仅仅是出于分析的方便，更主要的是，从理论上讲，如果生产函数不具备规模报酬不变的性质：如果是规模报酬递增，那么长期来看，经济将不会收敛而是处于长期扩张；反之，如果规模报酬递减，长期经济就会萎缩，这两种情况在要素投入一定的条件下都不会是一个均衡的状态，因而生产函数规模报酬不变假设有着很强的理论依据。而在规模报酬不变的假设下，$\alpha_i + \beta_i = 1$。

经过变换就可以得到简化的生产函数理论形式如下:

$$\ln(Y_{it}/L_{it}) = \ln(A) + \alpha_i \ln(K_{it}/L_{it}) \qquad (4-40)$$

我们用式(4-40)对各省区市的数据进行回归,求得各省区市的资本产出弹性 α_i,再求得劳动产出弹性 $\beta_i = 1 - \alpha_i$,因此,各省区市的全要素生产率为:

$$A_{it} = Y_{it}/(K_{it}^{\alpha_i} L_{it}^{\beta_i}) \qquad (4-41)$$

各省市全要素生产率的增长率为:

$$g_i = (A_{it} - A_{it-1})/A_{it-1} \qquad (4-42)$$

(二) 数据来源

我们按照索洛残值法计算了中国 16 个省区市 1978~2008 年的全要素生产率。计算全要素生产率需要关于国内生产总值、资本投入和劳动投入的原始数据。具体的数据来源是:

1. 国内生产总值

各省区市的生产总值来源于各省区市的统计年鉴和《中国统计年鉴》。各省区市各年的国内生产总值数据都按照各自的 GDP 平减指数折算为以 1978 年价格表示的不变值。

2. 资本投入

目前经济学界对于资本存量的度量并没有形成统一的方法,对中国的资本存量,不同的学者采用不同的方法进行了估算(贺菊煌,1994;Chow,1993;Young,2000;龚六堂、谢丹阳,2004;李小平、朱钟棣,2004;张军、吴桂英和张吉鹏,2004)。本书计算资本存量的方法借鉴张军、吴桂英和张吉鹏(2004)以及 Young(2000)的做法,以固定资本形成总额代表资本存量。我们通过 Goldsmith(1951)开创的永续盘存法来计算资本存量,具体计算公式如下:

$$K_t = K_{t-1}(1 - \delta_t) + I_t \qquad (4-43)$$

其中,K 为资本存量,I 为投资,δ 为折旧率,t 代表年份。这里,我们参考张军、吴桂英和张吉鹏(2004)的处理方法,取折旧率为 9.6%,采用地区生产总值中的固定资本形成作为投资数据,并且按照固定资产投资价格指数❶折算成1978年不变价。我们的基年资本存量是选择1952年，采用的估计方法与杨格（Young，2000）❷和张军、吴桂英和张吉鹏（2004）相同，即用各省区市1952年的固定资本形成除以10%作为该省区市的初始资本存量。

3. 劳动投入

严格来说，劳动投入不仅要考虑劳动的时间，还要考虑劳动的质量或效率。但鉴于数据的可获得性和准确性，本书采用文献中经常使用的从业人员数来表示劳动投入❸。

（三）计算结果

我们用式（4-27）对各省区市的投入产出数据进行回归，求得各省区市的资本收入弹性α_i，再求得劳动的收入弹性$\beta_i = 1 - \alpha_i$，利用式（4-41）和式（4-42）分别求得各省区市各年的全要素生产率以及全要素生产率的增长率。表4-16为各省区市的资本收入弹性、全要素生产率均值和全要素生产率增长率均值。

表4-16　各省区市资本的收入弹性、全要素生产率均值和全要素生产率增长率均值

省区市	α	A	g
北京	0.9371	0.5630	0.0840
天津	0.9239	1.2178	0.2799
河北	0.8347	3.9231	0.0731
内蒙古	0.8031	2.9060	0.1051
辽宁	0.9270	1.3417	-0.0552

---

❶ 《中国统计年鉴》在1993年才开始每年公布固定资产投资价格指数，而且只有1991年之后的时间序列数据。对于1991年以前各省区市的固定资产投资价格指数，我们参照张军（2004）的处理方法，利用《中国国内生产总值核算历史资料（1952~1995）》提供的以不变价衡量的固定资本形成总额指数进行计算。

❷ 杨格（Young，2000）甚至认为，如果我们重点关注的是1978年以后的各省资本存量，而基年是1952年，那么26年的时间跨度使得初始年份的资本存量的数据都显得不太重要了，任何一种假设方法都是可取的。

❸ 沈坤荣和李剑（2003）、李小平（2008）采用了从业人员数；张军和施少华（2003）采用了社会劳动者人数；龚六堂和谢丹阳（2004）则认为各省工业的从业人数和职工人数统计差异巨大，分别按照职工人数和从业人数进行了计算。

续表

省区市	α	A	g
黑龙江	0.8780	2.2011	-0.5044
上海	0.7721	7.9435	0.0965
江苏	0.7493	5.4820	0.0249
安徽	0.9025	1.9785	0.2310
江西	0.6918	5.9562	0.4906
山东	0.8328	2.4644	-0.0053
河南	0.8648	1.8857	-0.0116
广东	0.9071	1.7371	0.1681
广西	0.8032	2.8112	0.6080
陕西	0.9033	0.4467	-0.3126
新疆	0.8214	2.2454	0.1302

注：α 是资本的收入弹性，A 为全要素生产率的均值，g 为全要素生产率增长率的均值。

我们发现，本书计算的各省区市的资本收入弹性与李小平和朱钟棣（2004）计算的结果相比存在一些差异：这可能是由于各自对数据来源的选用和处理办法存在差异，如我们所取的样本年度为 1978~2012 年，他们选择的为 1978~2000 年；我们选取的折旧率是 9.6%，而他们的为 5%。

五、计量回归结果

在模型设定和回归方法方面，我们仍利用 Hausman 检验来判断是采用固定效应模式还是随机效应模型[1]，同时采用可行的广义最小二乘估计法（EGLS）进行估计。

表 4-17 是我们分别根据全国 16 省区市、东部 8 省市和中西部 8 省区的数据，对服务业 FDI 技术溢出效应的影响因素进行回归分析的结果。由

---

[1] 在关于是固定效应（FM）还是随机效应（RM）的 Hausman 检验中，原假说是不随时间变化的非观测效应，与解释变量不相关，备择假说是两者相关。如果这个效应与可观测的解释变量不相关，则这个效应成为随机效应。如果这个效应与可观测的解释变量相关，则这个效应成为固定效应（Hansman，1978）。简而言之，当 Hausman 检验值在 10% 水平上显著时，我们取固定效应（FE），否则取随机效应（RE）。

回归结果我们可以发现，模型1中的法制水平与服务业 FDI 交叉项（$S \times LAW$）的系数较大，为 0.8810，且在 10% 的水平上显著。这说明法制水平确实正向影响着服务业 FDI 对地区经济的技术外溢效应。因为作为一种契约密集型产业，服务业的发展需要良好的外部制度环境提供保护。地区的法制水平越高，契约维护制度质量越好，交易双方潜在的机会主义行为发生的可能性就越小，涉及契约密集型服务产业的分工和交易越可能发生，从而有利于服务业发展和服务业外资的进入，进而有利于服务业 FDI 技术溢出效应的发挥。

劳动力市场化程与服务业 FDI 的交叉项（$S \times SCH$）的系数为 0.6256，而且在 10% 的水平上显著，这就说明劳动力市场化程度对服务业 FDI 的技术外溢效应具有正向影响。因为，一地区的劳动力市场发展得越完善，市场化程度越高，劳动力的流动就越顺畅，跨国公司人员的流动也就越活跃，服务业外资企业对本地企业的技术转移和技术扩散就越快，技术溢出效应越大。

服务业的发展水平与服务业 FDI 的交叉项（$S \times SER$）的系数为正，并且在统计上显著，这说明服务业的发展水平对服务业 FDI 的技术溢出效应具有显著的正向影响。也就是说，服务业发展水平高的地区产业基础越好，服务经济越活跃，也就越容易吸引外资进入，外资企业对本地经济的技术溢出效应也更容易发挥。人力资本水平与服务业 FDI 的交叉项（$S \times EDU$）的系数虽然为正，但没有通过显著性检验。

表 4-17 服务业 FDI 技术溢出效应影响因素的回归分析结果

解释变量	模型1（全国 16 省区市样本）	模型2（东部 8 省市样本）	模型3（中西部 8 省区样本）
C	1.7872**** (14.1103)	1.6363**** (5.2247)	2.0492*** (14.2759)
S	1.4644**** (4.3168)	1.9541**** (3.0375)	1.6344** (2.5015)
EX	0.9365*** (3.5636)	0.97598*** (3.1922)	0.3559 (0.8263)
IM	0.0332 (0.7991)	0.1033 (0.6192)	0.0289 (0.4744)

续表

解释变量	模型1（全国16省区市样本）	模型2（东部8省市样本）	模型3（中西部8省区样本）
K	-0.0050* (-1.7822)	0.0079 (1.2986)	-0.0093* (-2.0342)
Z	-0.9393*** (-11.4876)	-0.5033** (-2.1487)	-0.8989*** (-7.3807)
$S \times EDU$	0.0078 (0.7241)	0.0184* (1.7466)	0.0035 (0.1332)
$S \times LAW$	0.8810*** (4.2434)	1.2287** (2.6999)	0.8512*** (4.0552)
$S \times SER$	0.0013* (1.8863)	0.0014** (1.8476)	0.0024* (1.7984)
$S \times SCH$	0.6256*** (3.3068)	0.6777** (2.2330)	0.9133* (1.7290)
调整的R^2	0.9983	0.9969	0.9990
F	2260.65	938.13	3057.77
Prob > F	0.0000	0.0000	0.0000
Hausman值	139.36***		
模型	固定效应	固定效应	固定效应

注：括号内数字为T统计值；***、**和*分别表示在1%、5%和10%的水平上显著；计量软件为Eviews 6.0。由于模型2和模型3的截面数量少于变量的个数，因此只能用固定效应模型估计，无须做Hausman检验。

为进一步验证假设检验的稳健性，我们将所有样本数据分成东部地区和中西部地区两组，根据前面所述方法构建回归模型（称为模型2和模型3）。从回归结果中可以看出，大部分结论都没有改变，但也出现了一些差别。具体而言，服务业FDI与法制水平、劳动力市场化程度、第三产业发展水平交叉项的系数在两个模型中均显著为正，这与理论预期一致，说明法制水平、劳动力市场化程度和第三产业发展水平确实正向影响着服务业FDI对地区经济的技术外溢效应。

此外，值得注意的是，人力资本存量和服务业FDI交叉项的系数为正数，与理论预期相符，但在全国和中西部省区的样本模型中，其未能通过10%的显著性水平检验，这可能与中西部地区的就业人员的人力资本水平较低有关。这或许也在提示，服务业 FDI 要想更好地发挥对地区经济的技术外溢作用，需要迈过特定的人力资本"门槛"水平。这可能是由于我国的中西部地区的人力资源比较缺乏，而且受到经济发展水平的限制，人力资本在技术进步中的作用还没有得到充分的发挥。而东部地区由于经济发展水平较高，其对人力资本的吸收能力较强，其对技术进步的促进作用也较大。

除了服务业 FDI 以及它与相关因素的交叉项以外，估计结果还显示，资本密集度对全要素生产率增长具有显著的负向影响，说明资本深化延缓了各地区的技术进步。

进口对技术进步的影响为正，但在统计上不显著。而出口对不同地区技术进步的影响具有明显差异。具体来说，在东部地区，出口对技术进步产生了显著的正向影响，而在中西部地区，出口对技术进步的影响虽然为正，但在统计上不显著，说明在经济不发达的地区，出口没有显著促进技术的进步，这可能是因为我国中西部地区出口的主要是资源和劳动密集型产品，其技术含量和附加值较低，不能有效地促进当地产业的技术进步和产业结构的升级换代。因此，出口对技术进步的影响存在一个"正门槛效应"❶，即只有当地区经济发展到一定水平时，出口对技术进步的影响才会显著为正（Moschos，1989）。

各省区市的制度因素对技术进步具有显著的促进作用，而且和其他因素对技术进步的影响相比，制度因素对地区技术进步的促进作用较大。这说明在本书 2002~2008 年这段考察期间，中国的市场化改革的确有效地促进了资源的优化配置和各地区技术水平的提升。此外，模型的回归结果还显示，相对于东部地区而言，中西部地区的制度因素对技术进步的促进作用较大，这可能是由于我国的市场化改革是渐进式的，东部地区的市场化改革已经处于比较成熟的阶段，而中西部地区的市场化改革比较滞后，因此在东部地区制度因素对技术进步的促进作用已经过了最佳时期，而在中西部地区制度改革正发挥最大作用。

---

❶ 李小平和朱钟棣（2004）在利用中国各省区市面板数据分析国际贸易的技术溢出效应时，也得出了类似的结论。

六、结论

本节我们利用中国 16 省区市的投入产出数据,利用生产函数法计算了各省区市的技术进步率,并构建计量模型,实证分析了服务业 FDI 技术溢出效应的影响因素。研究结果发现:

(1) 人力资本水平与服务业 FDI 的技术溢出效应正相关,但只有东部地区才显著。这说明服务业 FDI 对地区经济的技术溢出效应存在人力资本的"门槛效应",即人力资本水平对服务业 FDI 的技术溢出效应的促进作用只有在地区经济发展到一定水平时,才会产生显著的正向作用。目前,我国东部地区已经跨越了这道门槛,其经济发展水平和人力资本水平相对较高,因此显著地促进了服务业 FDI 的技术溢出。而中西部地区还没有越过这道门槛,因此其人力资本水平还没有显著地促进服务业 FDI 的技术溢出。假说 1 得到部分验证。因此,我们应注重培育人力资本,增强对服务业 FDI 技术溢出的吸收能力。要加大教育经费投入,加强对专有技术与人才的培养,提高就业人员的人力资本水平。

(2) 法治水平对服务业 FDI 的技术溢出效应影响为正且显著。地区的法治水平越高,契约维护制度质量就越好,交易双方潜在的机会主义行为发生的可能性就越小,这就有利于服务业发展和服务业外资的进入,进而有利于服务业 FDI 技术溢出效应的充分发挥。假说 2 得到验证。

(3) 劳动力市场化程度的高低与服务业 FDI 的技术溢出效应显著正相关。地区的劳动力市场发展得越完善,市场化程度越高,劳动力的流动就越顺畅,服务业跨国公司人员的流动也就越活跃,服务业外资企业对本地企业的技术转移和技术扩散就越快,技术溢出效应就越大。假说 3 得到验证。

(4) 服务业的发展水平对服务业 FDI 的技术溢出效应产生显著的正向影响。一般来说,服务业发展水平高的地区产业基础越好,服务经济越活跃,也就越容易吸引外资进入,外资企业对本地经济的技术溢出效应也更容易发挥。假说 4 得到验证。即一地区的服务业发展水平越高,服务业 FDI 的技术溢出效应越大。因此,我们有必要加快劳动力市场的发展,建立健全人才流动机制,充分利用和发挥服务业 FDI 的技术溢出效应。近年来的改革开放,服务业跨国公司的岗位培训、干中学等途径使得我国服务业领域的人力资本已经得到一定程度的积累，只要有良好的创业环境和用人机制，就有助于人才在外企和国内企业之间的流动，或有助于新型服务企业的创建，并能通过人才的流动实现社会技术进步和生产率的提高。

此外，我们还发现，各省区市的制度因素对技术进步的促进作用都较大且显著，而且与其他因素对技术进步的影响相比，制度因素对技术进步的促进作用较大。还有，出口对地区技术进步也存在"门槛效应"，即只有在经济发展到一定水平时，出口才会对技术进步产生显著的正向影响。我国东部地区目前已经跨越了这道经济门槛，其出口已经显著地促进了技术进步，但中西部地区尚未到达这道经济门槛，其出口还没有显著地促进技术进步。

第五章 跨境服务贸易与制造业发展

这一章主要研究跨境服务贸易进口对制造业发展的影响。第一节，研究跨境服务贸易进口对制造业出口复杂度的影响，并基于跨国面板数据进行实证分析。第二节，以运输服务贸易为例，实证研究跨境服务贸易进口对制造业出口竞争力（以出口规模来衡量）的影响。

第一节 跨境服务贸易与高技术制成品出口复杂度

一、引言

改革开放以来，中国大力发展外向型经济，在对外贸易规模迅猛扩张的同时，经济增长也取得巨大成就，但中国制造业因服务业尤其是生产性服务业发展水平滞后造成的约束而被锁定在以加工、贴牌等方式为典型特征的低技术、低附加值的生产环节。目前，中国制造业较低的出口复杂度与相对滞后的生产性服务业和服务贸易发展水平已成为制约中国经济进一步增长的因素。本节主要研究服务贸易进口尤其是生产性服务贸易进口对提升制成品尤其是高技术制成品出口复杂度的作用。

目前有关出口复杂度和生产性服务贸易的研究大多平行进行，且在两方面都积累了不少文献。近年来，随着开放经济条件下一国生产性服务贸易与货物贸易的关系及其对经济增长的影响日益明显，生产性服务贸易对货物贸易的影响成为当前国际经济领域研究中的重要问题。部分学者研究指出生产性服务贸易有助于降低商品贸易成本，从而促进商品贸易的出口竞争力，如 Jones 和 Kierzkowski（1990）研究认为服务贸易尤其是生产性服务贸易已随着现代服务技术进步，有效降低了国际交易成本，促进了生产区段在空间上的分散化,从而大大促进商品贸易;Deardorf(2001)指出生产性服务贸易自由化可通过减少服务贸易壁垒,减少贸易成本和刺激商品贸易发展。更多学者将进口的生产性服务作为中间投入来考察其对商品数量和商品出口竞争力的影响,如 Markusen 等(2005)研究认为生产性服务贸易进口增加了开放国服务的数量和种类,使企业能获得低成本、高效率的国外生产性服务投入,从而使原来需要进口的商品变成可以大量出口的商品;Joy Mazumder(2003)用1992~2000年的数据实证分析了生产性服务贸易对制造品贸易的影响,发现从美国进口的总生产性服务对低收入国家的商品出口有重要影响,其中商务和电信服务对商品出口影响最大;Francois(2007)利用OECD国家1994~2004年的数据,研究发现商业性服务进口通过提高制造业生产率促进了制造业出口竞争力的提升。国内也有学者,如胡景岩(2008)、庄丽娟和陈翠兰(2009)、熊凤琴(2010)等对生产性服务贸易与中国制造业出口商品结构或竞争力的关系进行分析,发现我国生产性服务贸易自由化对工业制成品出口有显著的促进作用。这些研究为服务贸易与商品贸易的理论融合做出了积极的探索。

但目前已有相关研究主要是考察生产性服务贸易与商品贸易在数量和规模上的联系,很少考虑生产性服务贸易进口对贸易产品质量的影响。作为出口产品质量研究的一个重要方面,出口复杂度(the Sophistication of the Export)是近期国际贸易领域研究的热点问题。目前该方面的研究主要包括出口复杂度的测度、影响因素及经济增长效应等,如 Rodric(2006)和 Hausman 等(2007)较早提出了出口复杂度的测度方法;Hausman 等(2007)、杨汝岱和姚洋(2008)等研究发现出口复杂度对经济增长具有重要意义。关于出口复杂度的影响因素,已有研究主要采用经济发展水平、基本要素禀赋、FDI 以及制度变量等进行解释,如 Wang 和 Wei(2008)研究了人力资本、加工贸易和 FDI 对中国出口复杂度的影响;祝树金等(2010)分析了要素禀赋、制度特征、国际贸易、外商直接投资对出口复杂度的决定作用;王永进等(2010)研究了基础设施对出口技术复杂度的影响机制;齐俊妍等(2011)研究了金融发展对出口复杂度的影响;安礼伟(2014)分析了经济全球化对出口复杂度的提升作用。

综上分析,上述相关研究均未涉及生产性服务贸易对出口复杂度的分析,目前有关生产性服务贸易与商品贸易的研究,主要集中在生产性服务贸易对商品贸易总量和贸易结构的分析，并未考虑到生产性服务贸易对商品出口复杂度的影响；而现有关于出口复杂度决定因素的文献，考虑了很多可能影响的因素，但甚少考虑生产性服务贸易进口的作用❶（张如庆，2012）。与上述已有文献相比，本节将提出生产性服务贸易进口对出口复杂度尤其是高技术制成品出口复杂度具有促进作用的命题，并进行理论和实证研究，丰富了服务贸易与商品贸易、出口复杂度影响因素的相关文献。

本节具有以下两个方面的研究特色：第一，本节提出并理论研究生产性服务贸易进口对商品出口复杂度尤其是高技术制成品出口复杂度的促进作用。第二，与已有研究仅分析生产性服务贸易总进口与制成品出口复杂度的长期协整关系不同，本节运用 52 个国家 2000～2011 年的面板数据，深入细致分析不同部门生产性服务贸易进口对不同类型国家出口复杂度影响的差异性，同时区分生产性服务贸易进口对高技术制成品出口复杂度和所有商品总体出口复杂度的影响。

本节的结构安排如下：第二部分是理论分析；第三部分是计量模型与数据说明；第四部分是计量分析结果；第五部分是研究结论和政策含义。

二、理论分析

生产性服务贸易进口有助于一国中间服务投入的种类增加和质量提升，从而能够降低企业生产成本和提高企业技术水平，有助于促进所有商品出口复杂度的提升；而相比一般商品，高技术制成品的复杂度更高，其生产过程更为迂回，需要的中间服务投入种类就更多，质量要求也更高，因此生产性服务贸易进口更有助于促进高技术制成品出口复杂度的提升。

（一）生产性服务贸易进口可增加中间服务投入的种类，促进制造业技术进步和商品出口复杂度提升

服务业尤其是生产性服务业的发展可以延长制造业产品的生产链条、

---

❶ 张如庆（2012）利用跨国面板数据进行了协整分析，发现生产性服务进口与制成品出口技术结构间存在长期均衡关系，但没有深入细致分析生产性服务进口对制成品出口技术结构的影响程度，也没有考察不同部门生产性服务进口对不同类型国家出口技术结构影响的差异。

提高社会分工和专业化水平、降低市场交易成本，有利于技术进步和经济增长。Ethier（1982）将 Dixit – Stigliz 效用函数重新解释为一种生产函数，通过模型推导证明新的中间产品的引入可以提高企业生产率，这就意味着一国可通过增加中间投入品的种类，内生出一种新的比较优势，进而改变其在分工中的地位，促进下游制造业的技术进步和生产率提升。Romer（1990），Grossman 和 Helpman（1991）在 Dixit – Stigliz 生产函数的基础上构建了品种增长模型（又称为水平差异模型），认为新产品的创造扩展了知识存量，从而降低了企业创新的成本，因此新产品品种的增加意味着企业技术进步和生产率的提高。具体地，设生产函数为：

$$Y_t = A \times L_t^{1-\alpha} d_t^{\alpha} \quad (5-1)$$

式（5-1）中的 Y_t 为产出，A 为正的常数，L_t 是劳动投入量，$0 < \alpha < 1$，d_t 表示中间投入品的数量。

$$d_t = \left[\int_0^{v_t} x(i)^{\alpha} di \right]^{1/\alpha} \quad (5-2)$$

其中，v_t 表示中间投入的品种，$x(i)$ 为每种中间投入品的数量。设均衡时每种中间产品的投入数量为 $\bar{x}$，且一单位投入可转化为任一单位中间产品，因此资本量 K_t 为：

$$K_t = v_t \bar{x} \quad (5-3)$$

从式（5-3）可以解得 $\bar{x} = K_t / v_t$，将 $\bar{x} = K_t / v_t$ 带入式（5-2）解出 d_t 的值，然后代入式（5-1）的生产函数，可得：

$$Y_t = A v_t^{\alpha} L_t^{1-\alpha} K_t^{\alpha} \quad (5-4)$$

若以全要素生产率（TFP）来表示技术进步，则：

$$TFP_t = Y_t / L_t^{1-\alpha} K_t^{\alpha} = A v_t^{\alpha} \quad (5-5)$$

由于生产性服务贸易进口可以增加一国中间服务投入品的品种和数量，从而能够促进下游制造业企业的技术进步，提高产品的出口复杂度。

（二）生产性服务贸易进口可提升中间服务投入的质量，促进制造业技术进步和商品出口复杂度提升

熊彼特认为，创新是一个创造性破坏的过程，新产品的创造意味着旧产品的淘汰。Aghion 和 Howitt（1990）根据熊彼特的"创造性破坏"思想，构建了质量阶梯内生增长模型（又称为垂直差异模型），认为社会技

术进步和生产率的提高，不仅表现为产品品种的增加，更表现为产品质量的提高。为表达质量阶梯模型的思想，我们可设生产函数为：

$$Y_t = A \times L_t^{1-\alpha} \times \sum_{j=1}^{n} (q^{k_j} x_{jk_j})^{\alpha} \qquad (5-6)$$

式（5-6）中，Y_t 为产出，A 为正的常数，L_t 是劳动投入量，$0 < \alpha < 1$，n 为中间投入品的数目；q 为质量等级的比例间距，且 $q > 1$；q^{k_j} 表示部门 j 中发生过 k_j 次质量改进；x_{jk_j} 表示质量等级为 k 的第 j 种中间投入品的数量。假定一个给定部门中，高质量等级的中间投入品将逐出较低等级质量的中间投入品，且一定时期内创新的中间投入品具有垄断价格为 $1/\alpha$，那么可在其边际产品等于垄断价格时确定 x_{jk_j} 的数量，则式（5-6）的生产函数可以写为：

$$Y_t = A \times L_t^{1-\alpha} \times X^{\alpha} \times Q^{1-\alpha} \qquad (5-7)$$

式（5-7）中，$X = \sum_{j=1}^{n} x_{jk_j}$，表示总的中间投入品的数量；而 $Q = \sum_{j=1}^{n} q^{k_j \alpha/(1-\alpha)}$，表示总的质量指数。若以全要素生产率（TFP）来表示技术进步，则：

$$TFP_t = Y_t / L_t^{1-\alpha} K_t^{\alpha} = A \times Q^{1-\alpha} \qquad (5-8)$$

由于生产性服务贸易进口可直接从国外引入高质量的中间服务投入，因此生产性服务贸易进口有助于促进企业的技术进步和效率提高。而且，生产性服务贸易进口还可以通过竞争效应、示范模仿效应和人员培训效应等渠道，降低进口国本地市场的服务价格，提高本地服务提供的质量，从而可促进下游制造业的技术进步和效率提升，有助于促进一国所有商品出口复杂度的提升。

（三）生产性服务贸易进口更能促进高技术制成品技术进步和出口复杂度提升

如前所述，生产性服务贸易进口可通过增加一国中间服务投入种类和提高中间服务投入的质量，降低企业生产成本和提高技术水平，从而提高一国所有商品的出口复杂度。然而，与一般商品相比，高技术制成品的复杂度相对较高，属于典型的服务密集型工业制成品（Nordas，2009）❶，其生产过程往往需要更多种高质量的中间服务投入。因此，相比一般产品，生产性服务贸易进口更有助于促进一国高复杂度高技术制成品的技术进步，也有助于促进一国从生产和出口低技术复杂度产品转向高技术复杂度产品，从而更能促进高技术制成品出口复杂度的提升。蒙英华和尹翔硕（2010）运用中国制造业细分行业 1997~2008 年的面板数据，研究发现生产性服务贸易进口更能促进中国资本密集型和技术密集型制造业效率的提升；张宝友等（2012）研究发现，服务贸易进口对技术密集型制造业出口竞争力影响比较大，资本密集型影响次之，而对劳动密集型影响最小；而唐宜红和王明荣（2010）研究表明，产品技术水平越高，其出口增加对生产性服务的依赖程度越大；生产性服务对高技术产品出口增长的提升作用最大，而对资源和低技术产品出口增长有降低作用。

三、计量模型与数据说明

（一）计量模型

为考察生产性服务贸易进口对一国高技术制成品出口复杂度的影响，设置基本计量模型如下：

$$\ln HEXPY_{it} = \alpha_0 + \alpha_1 \ln PS_{it} + \alpha_2 X_{it} + \varepsilon_{it} \quad (5-9)$$

$$\ln EXPY_{it} = \alpha_0 + \alpha_1 \ln PS_{it} + \alpha_2 X_{it} + \varepsilon_{it} \quad (5-10)$$

其中，下标 i 表示国家，t 表示年份，$\alpha_0 \sim \alpha_2$ 为回归系数，ε_{it} 是随机误差项。$HEXPY_{it}$ 和 $EXPY_{it}$ 分别表示国家 i 在 t 年的高技术制成品出口复杂度和所有商品的整体出口复杂度，为模型（5-9）和模型（5-10）的被解释变量。PS 是生产性服务贸易进口额，是本节关心的主要解释变量。X_{it} 为模型的控制变量。本节根据现有文献研究选择了几个对一国的商品出口复杂度可能有显著影响的因素，作为模型的控制变量，具体包括：

（1）人力资本禀赋（HU）。高技术高复杂度制成品是典型的物质资本

---

❶ Nordas（2009）利用 CGE 模型分析，说明一国生产性服务的生产率提高使其在服务密集型工业制成品上具有比较优势，因此生产性服务自由化会对制造业生产结构以及贸易结构有重要影响，有助于服务密集型工业制成品的生产和出口。

和人力资本密集型产品,因此根据要素禀赋理论,人力资本充裕型的国家在高技术高复杂度制成品方面具有明显的出口比较优势,从而具有较高的出口复杂度水平,因此本节选取了一个代表人力资本禀赋的变量,具体以一国高等教育入学率来衡量。显然,lnHU 的预期符号为正。

(2) 外商直接投资(FDI)。已有大量研究表明,外商直接投资可以通过技术转移和外溢效应❶,从而促进东道国技术进步,提升产品尤其是高技术制成品的出口复杂度,因此我们以一国外商直接投资存量来衡量外商直接投资(lnFDI),预期符号为正。

(3) 对外贸易开放程度(OPEN)。与 FDI 类似,国际贸易也是促进技术进步和技术创新的重要途径,如 Coe 与 Helpman(1995)等研究发现进口贸易可通过进口技术密集型和资本密集型设备与产品,实现技术外溢,从而提升进口国制成品的生产率和出口复杂度;而 Melitz(2002)研究发现出口贸易有助于企业通过竞争效应和"出口中学"效应,获得技术进步和生产率提升,从而也有助于出口复杂度的提升。因此,本节加入对外贸易开放程度,即进出口贸易占 GDP 比重来衡量国际贸易的可能影响(ln$OPEN$),预期符号为正。

(4) 制度质量(RL)。Levchenko(2007)研究表明,制度质量是影响一国比较优势的重要因素。制度质量较好的国家,其法制建设和产权保护水平较高,因此有利于鼓励投资、激励发明创新和技术引进,从而提升出口产品技术复杂度。对于高技术制成品而言,产品技术复杂度越高,研发和生产过程中的不确定性越大,面临的契约安排越密集和复杂,交易成本问题就越突出;而制度质量的改善可以通过降低交易成本来促进一国专业化生产高技术高复杂度产品,从而提升一国的整体出口复杂度。按照相关文献的做法,本节选取一国法律规则质量作为衡量制度条件的指标(lnRL),预期符号为正。

(5) 基础设施(FB)。便捷的基础设施有助于降低企业的调整成本。国际贸易比国内贸易要涉及更多的不确定性,尤其需要企业根据经济情况

---

❶ Mohnen(2001)总结了国际技术溢出主要的 6 个途径:(1)产品(最终产品、中间产品、资本品)的国际贸易;(2)外国直接投资(FDI);(3)科学家、工程师等受过高级教育的人的移民;(4)各种技术杂志的出版、专利和专利转让等;(5)国际跨国合作或者跨国并购等;(6)外国技术的直接购买等。

的变动适时地调整生产，对于那些高复杂度产品而言更是如此。因此，一国基础设施的完善可以保证高复杂度行业的企业有效地调整生产，从而促进制成品出口复杂度的提升（王永进等，2010）。本章以一国宽带用户数（$LnFB$）来衡量基础设施的指标，预期符号为正。

（二）高技术制成品出口复杂度的测度

Lall（2000）把出口贸易产品按照技术构成分成 5 类：初级产品、资源性产品、低技术制成品、中技术制成品和高技术制成品。其中，高技术制成品包括办公自动设备、视频接收发送器、发电机等电子电力产品，以及制药业、航空设备、精密光学仪器等其他高技术产品。本节利用 Hausman 等（2007）所提出的出口复杂度指数来测度高技术制成品的出口复杂度。具体来说可分为两步，第一步是测度具体某种商品的出口复杂度指数（$PRODY_k$），计算公式如下：

$$PRODY_{jk} = \sum_j \frac{x_{jk}/X_j}{\sum_j (x_{jk}/X_j)} Y_j \qquad (5-11)$$

在式（5-11）中，$PRODY_{jk}$ 为 j 国 k 类商品的出口复杂度指数。x_{jk} 是国家 j 的 k 类商品的出口额；X_j 是国家 j 的商品贸易出口总额；Y_j 为国家 j 的人均 GDP。接着，第二步再分别通过式（5-12）和式（5-13）来计算一国高技术制成品的出口技术复杂度（$HEXPY_j$）和所有商品的出口复杂度（$EXPY_j$）：

$$HEXPY_j = \sum_k \frac{x_{jk}}{X_{jh}} PRODY_{jk} \qquad (5-12)$$

$$EXPY_j = \sum_i \frac{x_{ji}}{X_j} PRODY_{ji} \qquad (5-13)$$

其中，$HEXPY_j$ 和 $EXPY_j$ 分别为 j 国高技术制成品出口复杂度指数和商品总体出口复杂度指数，x_{jk} 和 X_{jh} 分别为 j 国 k 类高技术制成品出口额和所有高技术制成品出口总额，x_{ji} 和 X_j 分别为 j 国 i 类商品出口额和所有商品出口总额，$PRODY_{jk}$ 和 $PRODY_{ji}$ 表示 k 类高技术制成品的出口复杂度指数和 i 类商品出口复杂度指数。从出口复杂度的计算公式可知，一国商品的出口复杂度提升可能源于两个方面：一是商品出口结构从低 $PRODY$ 值的商品向高 $PRODY$ 值的商品转变；二是每一种商品自身 $PRODY$ 值的增加。

(三) 数据说明

对于高技术制成品出口复杂度的计算，本节利用联合国商品贸易数据库的 2000~2011 年 SITC Rev. 2 中三位码出口数据，选取了 52 个国家和地区❶为样本，其中包括 32 个发达国家和地区与 20 个发展中国家和地区。各国人均 GDP 的数据来源于世界银行的世界发展指标数据库。

各国家生产性服务贸易进口（PS）和外商直接投资存量（FDI）的数据来自于联合国贸发会议数据库。人力资本禀赋（以一国高等教育入学率来衡量）、对外贸易依存度和基础设施（以每百人宽带用户数来衡量）的数据来源于世界银行的世界经济发展指标统计数据库。制度质量（RL）数据来自于全球治理指标数据库（http：//info. worldbank. org/governance/wgi/index. asp）。

四、计量分析结果

在前文理论分析和数据描述的基础上，本节对各国高技术制成品出口复杂度的决定因素进行计量检验，并重点分析生产性服务贸易进口这一因素的重要性。

（一）生产性服务贸易总进口对高技术制成品出口复杂度的影响

运用面板数据进行计量分析需选择固定效应或随机效应模型，我们对模型（5-9）和模型（5-10）进行 Hausman 检验，检验的结果支持固定效应模型。从表 5-1 的回归结果可以发现，生产性服务贸易进口（lnPS）对所有商品和高技术制成品的出口复杂度均具有显著正向影响，其对二者的提升弹性分别为 0.0131% 和 0.0408%，这说明相比所有商品的整体出口复杂度而言，生产性服务贸易进口对高技术制成品出口复杂度的促进效应

---

❶ 本书选取的 52 个国家和地区包括：阿根廷、澳大利亚、奥地利、比利时、巴西、加拿大、中国、中国香港、克罗地亚、塞浦路斯、捷克、丹麦、芬兰、法国、德国、希腊、匈牙利、冰岛、印度、伊朗、爱尔兰、以色列、意大利、日本、韩国、拉脱维亚、黎巴嫩、卢森堡、马来西亚、墨西哥、摩洛哥、荷兰、新西兰、挪威、巴基斯坦、菲律宾、波兰、葡萄牙、罗马尼亚、俄罗斯、新加坡、斯洛伐克、斯洛文尼亚、南非、瑞典、瑞士、泰国、土耳其、乌克兰、西班牙、英国和美国。

要更大，这与本书的理论预期一致。这是因为，相比一般商品而言，高技术制成品的产品技术复杂度更高，服务密集程度相对更高，其研发和生产过程中需要更多种高质量的生产性服务投入，因此生产性服务贸易进口的增加更有助于一国高技术制成品的规模扩张和技术进步，从而提升其出口复杂度。

此外，在模型的各控制变量中，$\ln HU$、$\ln FDI$、$\ln OPEN$、$\ln RL$ 和 $\ln FB$ 的系数符号均为正且显著，这表明人力资本禀赋、外商直接投资、对外贸易开放程度、法律制度质量和基础设施等因素对一国的所有商品和高技术制成品出口复杂度都具有显著的正向影响，与本书的预期一致。其中，相比所有商品的出口复杂度而言，外商直接投资（$\ln FDI$）、基础设施（$\ln FB$）和对外贸易开放程度（$\ln OPEN$）对高技术制成品出口复杂度的影响相对较小一些，而人力资本禀赋（$\ln HU$）、法律制度质量（$\ln RL$）对高技术制成品出口复杂度的促进效应明显更大，这可能是因为高技术制成品作为典型的知识技术和契约密集型产业，其技术进步和效率改善对员工人力资本以及制度质量的要求更高，而对外贸易开放程度的提高可通过竞争效应和"出口中学"效应以及进口资本和技术密集的设备和投入品促进高技术制成品出口复杂度提升。

表 5-1 生产性服务贸易进口对高技术制成品出口复杂度的影响

解释变量	I 所有商品	II 高技术制成品
C	8.8465*** (86.4445)	9.3118*** (62.3916)
$\ln PS$	0.0131*** (3.2542)	0.0408*** (6.2318)
$\ln FDI$	0.0431*** (9.8153)	0.0302*** (3.8811)
$\ln OPEN$	0.1014*** (7.9797)	0.1459*** (7.5742)
$\ln HU$	0.0192* (1.6568)	0.0486*** (2.7981)

续表

解释变量	I 所有商品	II 高技术制成品
lnRL	0.0340* (1.8650)	0.0947*** (3.3339)
lnFB	0.0131*** (9.8137)	0.0064*** (2.7856)
R^2	0.9632	0.8541
Hausman 值	27.2091***	33.7339***
模型	固定效应	固定效应

注：表中括号内数字为回归系数的 T 统计值；***，**和 * 分别表示在 1%、5% 和 10% 的水平上显著。

（二）分部门生产性服务贸易进口对高技术制成品出口复杂度的影响

尽管上述结论可在一定程度上证实生产性服务贸易进口对高技术制成品出口复杂度提升的影响，但由于不同部门生产性服务的进口对高技术制成品出口复杂度所产生的效应可能存在较大差异，因此接下来就分部门生产性服务贸易进口对高技术制成品出口复杂度的效应进行实证研究，具体计量模型如下：

$$\ln HEXPY_{it} = \alpha_0 + \alpha_1 \ln TEL_{it} + \alpha_2 \ln ARC_{it} + \alpha_3 \ln INS_{it} + \alpha_4 \ln FIN_{it} + \alpha_5 \ln INF_{it} + \alpha_6 \ln ROY_{it} + \alpha_7 \ln OTH_{it} + \alpha_8 X_{it} + \varepsilon_{it}$$
(5-14)

$$\ln EXPY_{it} = \alpha_0 + \alpha_1 \ln TEL_{it} + \alpha_2 \ln ARC_{it} + \alpha_3 \ln INS_{it} + \alpha_4 \ln FIN_{it} + \alpha_5 \ln INF_{it} + \alpha_6 \ln ROY_{it} + \alpha_7 \ln OTH_{it} + \alpha_8 X_{it} + \varepsilon_{it}$$
(5-15)

在式（5-14）和式（5-15）中，TEL、ARC、INS、FIN、INF、ROY 和 OTH 分别表示通信服务、保险服务、金融服务、计算机与信息服务、专有权使用费与特许费和其他商业服务。X_{it} 为控制变量，与模型（5-9）和模型（5-10）相同。

由表 5-2 的回归结果可知，不同部门生产性服务贸易进口对高技术制成品出口复杂度的影响差异很大。其中，对高技术制成品出口复杂度促进效应最大的是计算机与信息服务，其次是金融服务、其他商业服务、专有权使用费与特许费和保险服务，它们对高技术制成品出口复杂度提升的弹性分别为 0.0042%、0.0015%、0.0011%、0.0010% 和 0.0006%。建筑服务与通信服务进口对高技术制成品出口复杂度的影响并不明显，这可能是由于不少国家在相关领域对外商设有较严格的市场准入限制，从而抑制了其对高技术制成品出口复杂度的提升作用。从回归结果还可发现，相对于所有商品出口复杂度而言，计算机与信息服务、专有权使用费与特许费、其他商业服务等进口更能促进高技术制成品出口复杂度的提升，这可能是因为高技术制成品的生产依赖更多信息服务以及专有技术，需要更多管理、咨询、法律、审计等中间商务服务投入。

表 5-2　分部门生产性服务贸易进口对高技术制成品出口复杂度的影响

解释变量	I 所有商品	II 高技术制成品
C	9.0030*** (79.1950)	9.5396*** (54.0909)
$\ln TEL$	-0.0007 (-0.6768)	-0.0004 (-0.2032)
$\ln ARC$	0.0013 (1.5370)	0.0023 (1.2783)
$\ln INS$	0.0027*** (2.8413)	0.0003* (1.8860)
$\ln FIN$	0.0030*** (3.0902)	0.0015*** (2.8884)
$\ln INF$	0.0002* (1.8642)	0.0042*** (2.5109)
$\ln ROY$	0.0002** (2.2019)	0.0011*** (2.6677)
$\ln OTH$	0.0009* (1.8417)	0.0010**** (2.4662)
$\ln FDI$	0.0389*** (8.4669)	0.0421*** (5.3783)

续表

解释变量	I 所有商品	II 高技术制成品
ln*OPEN*	0.1267*** (9.2549)	0.1806*** (9.0621)
ln*HU*	0.0180* (1.8248)	0.0511*** (2.7793)
ln*RL*	0.0069** (2.1300)	0.1417*** (3.7679)
ln*FB*	0.0179*** (12.3733)	0.0110*** (4.2458)
R^2	0.9708	0.8546
Hausman 值	32.0149	44.6819
模型	固定效应	固定效应

注：表中括号内数字为回归系数的 T 统计值；***，** 和 * 分别表示在 1%、5% 和 10% 的水平上显著。

（三）生产性服务贸易进口对不同类型国家高技术制成品出口复杂度的影响

为进一步分析生产性服务贸易进口对不同类型国家高技术制成品出口复杂度的影响程度，本节把 52 个样本国家分为发达国家和发展中国家两类进行回归分析，具体结果见表 5-3。由表 5-3 的回归结果可知，对于发达国家和发展中国家，生产性服务贸易进口总体对高技术制成品和所有商品的出口复杂度都具有显著的正向影响，但其对高技术制成品出口复杂度的影响要更大。而且，生产性服务贸易进口对发达国家高技术制成品出口复杂度的促进效应较大，而对发展中国家的影响较小。具体地，生产性服务贸易进口每增加 1%，发达国家和发展中国家的高技术制成品出口复杂度分别提高 0.0508% 和 0.0253%。这可能是因为发展中国家往往为保护国内幼稚生产性服务业，在相关领域设置的贸易壁垒较多，尤其是在金融、电信等敏感行业对外国服务和服务提供者的市场准入限制较多，从而在一定程度上限制了国外生产性服务贸易进口对高技术制成品出口复杂度的提升作用。

表5-3 生产性服务贸易进口对不同类型国家高技术制成品出口复杂度的影响

解释变量	发达国家				发展中国家			
	所有商品		高技术制成品		所有商品		高技术制成品	
	I	II	III	IV	V	VI	VII	VIII
C	9.2929*** (54.3685)	9.3365*** (50.1762)	9.9934*** (44.6141)	10.3254*** (36.0989)	8.5519*** (63.3208)	8.6248*** (53.1225)	9.4413*** (49.9770)	9.3151*** (38.9231)
$\ln PS$	0.0277*** (4.0019)		0.0508*** (6.9113)		0.0061** (2.1540)		0.0253*** (2.9400)	
$\ln TEL$		-0.0008 (-0.6126)		-0.0006 (-0.3349)		-0.0028 (-0.9871)		-0.0049 (-1.1381)
$\ln ARC$		0.0017 (1.1619)		0.0037 (1.5584)		-0.0005 (-0.2982)		0.0013 (0.3690)
$\ln INS$		0.0019* (1.8448)		0.0005** (2.2532)		0.0049*** (2.6562)		0.0026* (1.8279)
$\ln FIN$		0.0031*** (2.6112)		0.0019** (2.0670)		-0.0004 (-0.1809)		0.0015 (0.3887)
$\ln INF$		0.0008* (1.8635)		0.0028*** (3.6231)		0.0003** (2.1063)		0.0068** (2.5399)
$\ln ROY$		0.0007* (1.8699)		0.0009** (2.3987)		0.0019* (1.8206)		0.0010** (2.2798)
$\ln OTH$		0.0009* (1.8281)		0.0010** (2.1574)		0.0010 (0.6468)		0.0031* (1.8254)
$\ln FDI$	0.0384*** (6.5626)	0.0465*** (8.4728)	0.0213** (2.4475)	0.0420*** (4.2869)	0.0450*** (5.4751)	0.0400*** (4.2120)	0.0176* (1.8766)	0.0251 (1.6704)
$\ln OPEN$	0.0731*** (4.1625)	0.0801*** (4.3733)	0.1029*** (8.7994)	0.1971*** (7.2016)	0.1279*** (6.5429)	0.1735*** (7.3673)	0.1046*** (3.5851)	0.2420*** (4.0559)
$\ln HU$	0.0531*** (3.3337)	0.0588*** (3.4107)	0.0057* (1.8399)	0.0064** (2.0388)	0.0179* (1.9652)	0.0144* (1.8107)	0.0264* (1.9956)	0.0475*** (2.5861)
$\ln RL$	0.0190*** (2.5641)	0.0020** (2.0547)	0.3444*** (8.3438)***	0.3663*** (6.6090)	0.0420* (1.9355)	0.0105* (1.7963)	0.0459*** (2.7881)	0.0152* (1.8323)
$\ln FB$	0.0149*** (8.5655)	0.0181*** (10.8756)	0.0059** (2.0582)	0.0105*** (3.1070)	0.0090*** (4.3042)	0.0147*** (4.4226)	0.0049* (1.8753)	0.0068* (1.7452)
R^2	0.9571	0.9576	0.8840	0.8440	0.9479	0.9801	0.8663	0.8887
Hausman 值	30.7028***	64.0295***	58.8784***	70.5964***	16.11651***	42.8674***	12.5617*	24.1521***
模型	固定效应	固定效应	固定效应	固定效应	固定效应	固定效应	固定效应	固定效应

注：表中括号内数字为回归系数的T统计值；***、**和*分别表示在1%、5%和10%的水平上显著。

从分部门生产性服务贸易进口来看,保险服务、金融服务、计算机与信息服务、专有权使用费与特许费、其他商业服务等进口对发达国家高技术制成品和所有商品的出口复杂度都具有显著促进效应,其中计算机与信息服务、专有权使用费与特许费、其他商业服务的进口对发达国家高技术制成品的促进效应更为明显,而通信服务和保险服务进口对其影响并不明显。对于发展中国家而言,计算机与信息服务进口对高技术制成品出口复杂度的促进效应最为突出,进口每增加1%,高技术制成品出口复杂度将提高0.0068%;其他商业服务、保险服务、专有权使用费与特许费等对高技术制成品出口复杂度也具有显著促进效应,其进口每提高1%,高技术制成品出口复杂度分别提高0.0031%、0.0026%和0.0010%;而通信服务、建筑服务进口对发展中国家高技术制成品出口复杂度没有显著影响。

此外,从表5-3的回归结果还可发现,各控制变量对不同类型国家高技术制成品出口复杂度的影响也存在较大差异。其中,人力资本禀赋($\ln HU$)和贸易开放度($\ln OPEN$)对发展中国家高技术制成品出口复杂度的促进效应较大,而外商直接投资($\ln FDI$)、法律制度质量($\ln RL$)和基础设施($\ln FB$)对发达国家高技术制成品出口复杂度的影响更为突出。这可能是因为近些年来很多发展中国家对外贸易开放的程度越来越大,对教育等人力资本投资越来越重视,从而很有效地刺激了国内自主研发创新和对国外先进技术的引进,促进高技术制成品出口复杂度提升;对于外商直接投资而言,据联合国世界投资报告,制造业FDI为追逐低成本大多流入发展中国家,而发达国家吸引的服务业FDI较多,引入的制造业FDI技术层次也相对较高,因此FDI对发达国家高技术制成品出口复杂度的促进效应会更大一些;就基础设施而言,由于发达国家宽带用户较多而且宽带的速度与稳定性也相对较好,因此对发达国家高技术制成品出口复杂度的促进效应更大;而制度质量不同的国家制度改革对贸易的效果存在较大差异,是因为制度质量较低的发展中国家的制度改革主要降低了国际交易成本,制度对复杂产品的规模效应要小于简单产品,而发达国家的制度改革有效是因为它影响了比较优势,即发达国家在专业化生产和出口高技术复杂产品方面更有比较优势(Moenius and Berkowitz,2004)。

五、研究结论与政策含义

本节运用52个国家2000～2011年的跨国面板数据,实证分析了生产性服务贸易进口对高技术制成品出口复杂度的影响,结果表明生产性服务贸易进口通过引入高级服务要素投入,促进了一国高技术制成品生产的专业化分工水平与技术进步,从而有助于高技术制成品出口复杂度的提升。具体来说:

(1) 生产性服务贸易进口更能促进高技术制成品出口复杂度的提升。总体来看,生产性服务贸易进口对所有商品整体和高技术制成品的出口复杂度均具有显著正向影响,对高技术制成品出口复杂度的促进效应更大。这是因为,与一般商品相比,高技术制成品的产品技术复杂度更高,研发和生产过程中所需要的生产性服务投入就更多,因此生产性服务贸易进口的增加更有助于一国高技术制成品的规模扩张和技术进步,从而提升其出口复杂度。

(2) 生产性服务贸易进口对发达国家高技术制成品出口复杂度的促进效应更为突出。对于发达国家和发展中国家,生产性服务贸易进口总体对高技术制成品和所有商品的出口复杂度都具有显著的正向影响,但其对高技术制成品出口复杂度的影响要更大。而且,生产性服务贸易进口对发达国家高技术制成品出口复杂度的促进效应较大,而对发展中国家的影响较小。这是因为发展中国家对服务贸易的贸易壁垒或限制相对较多,限制了生产性服务贸易进口对高技术制成品出口复杂度促进效应的充分发挥。

(3) 不同部门生产性服务的进口对高技术制成品出口复杂度的促进效应存在较大差异。其中,对高技术制成品出口复杂度促进效应最大的是计算机与信息服务,其次是金融服务、其他商业服务、专有权使用费与特许费和保险服务。建筑服务和通信服务的进口对高技术制成品出口复杂度的影响不太明显,原因可能是各国尤其是发展中国家对外商在相关领域设有较严格的市场准入限制,抑制了其对高技术制成品出口复杂度的提升效应。

(4) 进口的不同生产性服务对不同类型国家高技术制成品出口复杂度的影响差异较大。对于发达国家来说,保险服务、金融服务、计算机与信息服务、专有权使用费与特许费、其他商业服务等进口对高技术制成品出口复杂度具有显著促进效应，通信服务进口的影响并不明显；对发展中国家而言，计算机与信息服务进口高技术制成品出口复杂度的促进效应最为突出，其他商业服务、保险服务、金融服务、专有权使用费与特许费的影响次之；通信服务和建筑服务进口对发展中国家高技术制成品出口复杂度没有显著影响。

本书的研究结果具有一定的政策含义。制造业与生产性服务业之间存在密切互动关系，制造业尤其是高技术制造业的发展和转型升级，在很大程度上是生产性服务业发展并实现与制造业良性互动的过程。目前中国制造业发展和升级面临的主要问题，实质上是由于相关配套的生产性服务业发展滞后、水平较低、规模较小，对制造业的支撑不够。生产性服务业发展的严重滞后已成为制约中国高技术制成品出口增长和制造业出口商品技术结构优化的重要瓶颈。而目前我国还不具备大规模提供高质量生产性服务的能力，因此单靠自身发展还远远不够，迫切需要从国外进口大量生产性服务或引入服务业外资来推进生产性服务业的快速发展。因此，我们必须在大力培育与发展本国先进生产性服务业的同时，加大对国外先进生产性服务的进口和生产性服务业 FDI 的引入，努力提高生产性服务业对制造业的支撑力，提升制成品尤其是高技术制成品的出口复杂度。此外，中国等发展中国家对大多数生产性服务领域对外国服务和服务提供者设置了较为严格的市场准入和国民待遇限制等贸易壁垒，使得生产性服务对高技术制成品出口复杂度的提升效应大打折扣。因此，我们有必要降低生产性服务贸易进口的贸易壁垒和限制，扩大服务市场的对外开放程度，引导外资进入生产性服务行业，进而改善国内服务业尤其是生产性服务业的结构和水平，充分发挥服务市场开放对商品出口复杂度尤其是高技术制成品出口复杂度的提升效应，促进中国外贸发展方式转型和经济持续稳定增长。

第二节 跨境运输服务贸易与制造业出口竞争力

一、引言

随着经济全球化的深入和世界产业结构的调整，尤其是信息通信技术的发展和广泛应用,世界服务贸易迅速发展,其中运输服务贸易所占比重最大。根据联合国贸发会议数据库的统计,1980~2012年,运输服务贸易在服务贸易总额中所占比重均在30%左右。由表5-4可知,1982~2012年这31年中,中国的运输服务贸易迅速发展,在服务贸易总额中占据很大比重。其中,1982~1991年运输服务贸易在服务贸易总额中占40%以上,1992年之后运输服务占服务贸易总额的比重逐步下降,1999年最低降至17.84%,但从2000年开始运输服务贸易比重逐步回升到20%以上,近几年来稳定在26%以上。可以看出,1982~2012年,运输服务占服务贸易总量的比重总体上呈下降趋势,这是因为随着中国加入世贸组织,通信、金融、保险、商务服务等其他新型服务领域逐渐开放,发展快速,从而对服务贸易的贡献日益增大所致。尽管如此,我国运输服务贸易额每年仍以10%以上的速度增长,运输服务部门仍是对服务贸易发展贡献最大的部门。

表5-4 1982~2012年中国运输服务贸易额及占服务贸易比重

单位:亿美元,%

年份	运输服务贸易			服务贸易			运输服务贸易比重
	出口	进口	总额	出口	进口	总额	
1982	13.13	12.47	25.60	25.12	20.24	45.36	56.44
1983	13.41	13.53	26.94	24.79	19.94	44.73	60.23
1984	12.53	13.21	25.74	28.11	28.57	56.68	45.41
1985	13.02	15.24	28.26	30.55	25.24	55.79	50.65
1986	13.15	15.20	28.35	38.27	22.76	61.03	46.45
1987	13.45	16.42	29.87	44.37	24.85	69.22	43.15
1988	20.62	22.76	43.38	48.58	36.03	84.61	51.27
1989	17.34	27.52	44.86	46.03	39.10	85.13	52.70
1990	27.06	32.45	59.51	58.55	43.52	102.07	58.30
1991	20.11	25.08	45.19	69.79	41.21	111.00	40.71
1992	20.79	43.25	64.04	92.49	94.34	186.83	34.28
1993	19.30	54.79	74.09	111.93	120.36	232.29	31.90
1994	30.79	76.21	107.00	166.20	162.99	329.19	32.50
1995	33.52	95.26	128.78	191.30	252.23	443.53	29.04

续表

年份	运输服务贸易			服务贸易			运输服务贸易比重
	出口	进口	总额	出口	进口	总额	
1996	30.70	103.12	133.82	206.01	225.85	431.86	30.99
1997	29.55	99.45	129.00	245.69	279.67	525.36	24.55
1998	23.00	67.63	90.63	238.95	266.72	505.67	17.92
1999	24.20	78.99	103.19	262.48	315.89	578.37	17.84
2000	36.71	103.96	140.67	304.31	360.31	664.61	21.17
2001	46.35	113.25	159.60	333.34	392.67	726.01	21.98
2002	57.20	136.12	193.32	397.45	465.28	862.73	22.41
2003	79.06	182.33	261.39	467.60	553.06	1020.66	25.61
2004	120.68	245.44	366.11	649.13	727.21	1376.34	26.60
2005	154.27	284.48	438.74	744.04	839.66	1583.71	27.70
2006	210.15	343.69	553.84	920.06	1008.33	1928.39	28.72
2007	313.24	432.71	745.95	1222.06	1301.16	2523.22	29.56
2008	384.18	503.29	887.46	1471.10	1589.24	3060.34	29.00
2009	235.69	465.74	701.43	1294.76	1588.56	2883.32	24.33
2010	342.11	632.57	974.67	1621.65	1933.21	3554.86	27.42
2011	355.70	804.45	1160.15	1764.22	2380.68	4144.90	27.99
2012	389.12	858.62	1247.74	1914.30	2812.04	4726.34	26.40

数据来源：联合国贸发会议网站统计数据库，http：//unctadstat.unctad.org/TableViewer/tableView.aspx.

运输服务贸易在中国和世界服务贸易中具有十分重要的地位，引起了学者们对运输服务贸易的关注。目前，国内关于运输服务贸易的研究，主要集中于中国运输服务贸易的竞争力分析，大多认为中国服务贸易长期存在逆差，竞争力较弱，主要原因在于适合市场需求的运输服务供给能力不足（王晓东、胡瑞娟，2006；何伟、何忠伟，2008；程盈莹、逯建，2011；吴丹、王中涛，2011；等等）。此外，国内有学者关注生产性服务贸易对商品出口的影响，一般都认为生产性服务贸易有助于促进商品出口，提升商品的出口竞争力（尚涛、陶蕴芳，2009；熊凤琴，2010；喻美辞，2011；等等），但这些文献并没有把运输服务贸易纳入生产性服务贸易的范围之内。

总之,国内相关研究主要集中于运输服务贸易的竞争力分析,缺少对运输服务贸易与商品贸易的关系研究,而事实上,作为货物贸易的派生需求,运输服务贸易自由化对货物贸易具有重要影响,对于提升一国出口竞争力具有重要意义。鉴于此,本书根据2000~2012年❶中国制造业行业的面板数据,就运输服务贸易自由化对中国制成品出口规模的影响进行实证分析。

二、文献回顾

目前关于服务贸易自由化影响的研究较多,部分文献研究了服务贸易自由化对经济增长的正效应。如Mattoo等(2002)研究发现金融服务和基础电信等服务部门的自由化有利于一国长期经济增长,全面开放电信和金融服务业的国家比其他国家经济增长平均要快1.5个百分点。Konan 和 Maskus(2006)基于可计算的一般均衡模型对突尼斯和俄罗斯的研究发现,相对于货物贸易的自由化,服务自由化更能促进一国的经济增长。Dee 和 Hanslow(2003)研究发现,全球贸易自由化的收益中超过一半都来自于服务贸易自由化,而且很多发展中国家也从服务贸易总协定(GATS)带来的服务贸易自由化中获取了收益,如印度尼西亚获得的相应收益为GDP的5.1%,而中国获得了GDP的14.6%。除了影响经济增长之外,学者们还研究发现,服务贸易自由化对货物贸易具有重要影响。如 Markusen(1989)研究指出服务贸易自由化能够改变一国货物贸易的格局,使原来需要进口的商品,现在由于获得高效率的国外生产性服务投入而开始对外出口。Francois(2007)根据OECD国家1994~2004年的面板数据实证研究了服务贸易自由化对制造业生产率和出口的影响,发现商业性服务的进口通过提高制造业生产率而对制造业出口竞争力产生重要的促进作用,而且这种促进效应在技术密集型产业中尤为显著。

运输服务贸易在全球服务贸易中所占比重一直最大,而且与货物贸

---

❶ 加入世贸组织之前,中国运输服务贸易自由化程度较低;"入世"以后,运输服务贸易自由化的步伐才大大加快。本书主要关注的是"入世"后中国运输服务贸易自由化对制成品出口竞争力的影响,因此选择的样本期为2000~2012年。

联系极为紧密,因此有学者就运输服务贸易自由化对商品贸易的影响进行了专门研究,大都认为运输服务贸易自由化可以增加货物贸易规模,因为运输服务市场的开放可以降低运输服务成本,从而减少货物贸易成本。Deardoff(2001)构建模型对运输服务贸易自由化降低贸易成本、促进货物贸易做了详细理论分析。他认为,运输服务贸易成本的降低可以产生和保护关税的降低一样的效果,带来货物贸易的数量增加,而运输服务贸易自由化会导致运输服务成本降低很多,主要原因有:(1)获取比较优势,运输服务贸易自由化协议签订后,两国之间的运输服务将由两国中或其他国家的成本较低的提供商来提供,从而降低运输服务成本;(2)缩短运输距离,可选择最短运输路线,不再经过协议签订之前两国货物运输所经过的边境检查和转车过程;(3)消除固定成本。Deardoff 还指出了自由化后导致运输服务成本降低的其他因素:获取规模经济,减少规制成本和繁文缛节,减少货物交接成本和时间成本等。此外,Deardoff 还分析指出,在当前产品内分工时代,制成品生产的不同零部件、生产环节和生产过程分散在不同国家或地区以获取比较优势,这种分散化生产更需要各种服务贸易来联系和协调,从而对包括运输服务在内的服务贸易的需求大大增加,因此运输服务贸易自由化带来的运输服务成本降低对贸易规模的促进作用会成倍增加。Radelet 和 Sachs(1998)研究指出运输服务成本会受到政府政策的影响,政府可以通过采取运输服务贸易自由化的政策措施,如改善基础设施、加快清关速度、减少港口运营的繁文缛节等来降低运输服务成本,从而促进货物贸易的增长。

实证研究也表明,运输服务贸易开放有利于增强一国国际竞争力,促进货物出口。如 Hummels(2000)研究发现在货物贸易成本中运输服务成本所占比重较大,若出口商将运输成本降低 1%,其市场份额将会增加 5%~8%。Venables 和 Nuno Limao(1999)研究发现运输成本的降低可带来双边贸易量的成倍增加。Fink 等(2002)研究认为,如果打破私有的反竞争的运输协议,运输服务成本可降低 25%。Luo 和 Findlay(2002)研究指出运输成本是物流成本的主要构成要件,物流成本降低对货物价值增值具有重要影响,指出物流成本降低 12% 可使货物价值增长将超过 60%。Blyde 和 Sinyavskaya(2007)运用引力模型实证研究了服务贸易自由化对货物贸易的影响,发现运输服务和通信服务对货物贸易的影响最大,而且运输服务贸易自由化可使所有货物获益。Djankov 等（2006）研究发现国内运输与相关的交易成本是出口竞争力的主要影响因素，而 Francois 和 Manchin（2007）也研究认为运输与通信等服务基础设施对一国尤其是发展中国家的出口水平和出口潜力具有重要决定作用，因此相关领域服务的进口和 FDI 有助于改善服务基础设施，降低贸易成本，促进出口竞争力的提升。

三、运输服务贸易影响制成品出口竞争力的实证分析

以上文献分析表明，运输服务贸易自由化通过降低运输服务成本，促进制成品出口规模增长和竞争力提升。这部分根据中国制造行业的面板数据对运输服务贸易自由化对制成品出口竞争力的影响进行实证分析，具体计量模型如下：

$$\ln MS_{it} = \alpha_0 + \alpha_1 \ln TRANS_{it} + \alpha_2 \ln K_{it} + \alpha_3 \ln FDI_{it} + \\ \alpha_4 \ln WAGE_{it} + \alpha_5 \ln RATE_{it} + \varepsilon_{it} \quad (5-16)$$

在式（5-16）中，下标 i 和 t 分别表示行业和年份，$\alpha_0 \sim \alpha_5$ 为回归系数，ε_{it} 是随机误差项。MS 各制造业的国际市场占有率❶，用来表示代表制造业的出口竞争力，是模型的被解释变量。$TRANS$ 是运输服务贸易进口额，用来衡量运输服务自由化的程度，是模型主要关心的核心变量。K、FDI、$WAGE$ 和 $RATE$ 是模型的控制变量，K 是指资本密集度，以人均固定资产净值年均余额表示，一般认为资本密集度有助于生产率的提高，从而出口竞争力也可能提升，因为资本密集度越高的行业，其技术含量也越高，生产率增长也越快，如李小平等（2007）发现资本形成正是 1998 年后中国工业全要素生产率和出口增长的重要原因。FDI 代表制造业的外资水平，以各行业固定资产净值中三资企业固定资产净值所占比重来表示，已有许多研究发现 FDI 对中国出口竞争力具有显著正向影响很大；WAGE 是行业平均劳动报酬，用来考察劳动力成本对制造业出口竞争力的影响程度，根据效率工资理论，企业给予员工的报酬越高，会激励员工更加努力工作，提高企业的效率水平，进而提高企业的出口竞争力，但另一方面，

---

❶ 所谓国际市场占有率是指一国或地区某种产品的出口额占该产品世界出口总额的比重，它衡量的是一国某产业出口额的绝对比重。本文用该指标来衡量制造业的相对出口规模。

增加对员工的工资会增加企业的生产成本，也可能会不利于企业提高出口竞争力，因此 WAGE 对制成品出口的影响并不确定。RATE 表示汇率水平，以人民币对美元的年均汇价来表示，一般认为本币汇率升值会提升制成品的出口价格，从而对制造业出口会产生负面影响。

各制造行业的出口数据来自于联合国商品贸易数据库。由于《中国统计年鉴》中对制造行业的分类标准与联合国国际贸易的分类标准（SITC Rev.3）存在差异，因此本书需要对这两种标准进行统一分类。本书借鉴盛斌（2002）的分类标准❶，选取 27 个制造行业作为样本。此外，为改善模型拟合效果和减少异方差，本文对所有变量都取对数形式。上述所有变量的样本期间为 2000～2012 年，出口以外的数据均来源于《中国统计年鉴》各期。其中，我们用各行业工业品出厂价格指数将工业增加值其折算为 2000 年不变价，用固定资产投资价格指数把固定资产净值年均余额则也折算为 2000 年不变价。对于运输服务贸易进口额，本书先按照美元对人民币的年均汇率将其换算为人民币值，然后以居民消费价格指数折算为 2000 年不变价。

运用面板数据进行计量分析需选择固定效应或随机效应模型，但由于本书只是以样本自身效应为条件进行推论，因此宜使用固定效应模型（易丹辉，2002）。具体回归结果见表 5-5。在Ⅰ-Ⅴ栏的回归结果中，运输服务贸易进口（ln$TRANS$）的回归系数均为正数且都通过了 1% 的显著性水平检验，这与本书的理论预期一致，运输服务贸易自由化确实可以通过降低贸易成本，促进制成品出口规模增长和竞争力提升。

从各控制变量来看，资本密集度（K）的提高和外商直接投资（FDI）对制成品出口竞争力提升具有显著促进效应，与本书预期一致。行业平均劳动报酬（WAGE）对出口竞争力提升具有正向影响，这说明了效率工资的正确性，目前中国对低劳动成本的依赖程度逐步降低，企业付给员工更高报酬可以使员工减少偷懒和更加勤奋工作，从而有利于企业效率水平和出口规模的提升。汇率水平（RATE）对出口竞争力的影响显著为负，与理论预期一致。

---

❶ 李小平和朱钟棣（2008）、黄静波和向铁梅（2010）也是参照盛斌（2002）的分类，利用联合国商品贸易数据库来获得中国各工业和制造业的进出口数据。

表 5-5　运输服务贸易对制成品出口竞争力的影响

解释变量	I	II	III	IV	V
C	-3.606***	-3.434***	-3.866***	-8.747***	-5.701***
	(-31.989)	(-32.512)	(-18.963)	(-17.812)	(-3.279)
$\ln TRANS$	0.715***	0.598***	0.578***	0.146***	0.189***
	(48.342)	(28.323)	(27.329)	(3.365)	(3.689)
$\ln K$		0.326***	0.394***	0.061*	0.101*
		(6.576)	(7.776)	(1.793)	(1.825)
$\ln FDI$			0.137***	0.320***	0.326***
			(3.140)	(7.594)	(7.963)
$\ln WAGE$				0.889***	0.774***
				(10.805)	(7.138)
$\ln RATE$					-0.331*
					(-1.801)
修正的 R^2	0.969	0.974	0.975	0.984	0.985
F 值	375.272***	436.959***	436.272***	668.076***	644.153***
观测值	351	351	351	351	351

注：表中括号内数字为 T 统计值；****，***，**和*分别表示在1%、5%、10%和15%的水平上显著。

四、结论与启示

本节根据 2000~2012 年中国制造业行业的面板数据，实证研究了运输服务贸易自由化对中国制成品出口竞争力的影响，结果发现：运输服务贸易自由化确实可以通过降低运输服务成本，从而减少制成品贸易成本，促进中国制成品出口规模增长和竞争力提升。

自 1992 年以来，中国运输服务贸易一直处于逆差状态且呈现不断扩大的趋势，是中国服务贸易逆差的主要来源。中国运输服务贸易之所以出现逆差，主要有以下两方面原因：（1）货物贸易增长过快和国内运输产业产能不足导致运输服务贸易逆差持续存在。改革开放以来尤其是加入世贸组织以后，中国货物贸易增长非常迅猛。而运输服务是货物贸易的派生需求，货物贸易的大幅增长必然导致对运输服务需求的大幅上升。中国的运输服务贸易主要依靠海运和空运，尤其是海运占的比重最大，其中对外贸易货物运输的 90% 以上是靠海运来完成的。但由于国内运输行业的产能严重不足，我国对外贸易的货物运输需要大量进口运输服务来予以弥补，这就导致运输服务贸易逆差的出现和不断扩大。(2) 运输服务市场自由化程度较高，导致运输服务市场被部分外国企业抢占，造成中国运输服务贸易逆差加大。自 1992 年尤其是加入世贸组织以后，中国改革开放的步伐迅速扩大，运输服务贸易市场的开放程度大大提高。目前，中国海运服务市场开放程度已接近甚至超过发达国家水平。巨大的市场需求吸引了来自其他国家的运输服务企业，目前已有国外近百家航运企业和班轮公司在中国相继设立了分公司和代表机构，参与中国航运市场的竞争。但是长期来看，中国的运输企业会在竞争中逐渐成长壮大，可通过调整经营规模来逐步扩大运输服务供给，提高经营效率和市场占有率，最终逐渐缩小运输服务贸易逆差❶。

总之，我们不能因为目前运输服务贸易存在逆差，就对运输服务贸易自由化进行严格限制。因为对运输服务贸易市场采取保护政策，虽能在一定程度上阻止外国运输企业的进入，从而减少运输服务贸易逆差，但同时也会抑制中国货物贸易的发展，从而不利于中国经济的长期增长，也不利于中国运输企业真正走向国际市场。因此，中国应进一步扩大包括运输服务贸易在内的服务贸易开放程度，降低运输服务贸易进口的壁垒，打破市场准入的限制，进一步开放运输服务市场，加大对国外运输服务的进口和 FDI 的引入，让中国运输企业在国际竞争中成长壮大，降低进出口贸易的运输服务成本，提升制成品出口规模和国际竞争力。

---

❶ 何伟、何忠伟（2008）研究指出，运输行业尤其是航空运输和远洋运输业是高投入和高风险的行业，由于运输工具的建造周期较长、占用资金量大，运力增长的时滞较长，运输服务供给在短期内存在刚性。因此，运力的增长是一个长期的过程，虽然中国运输企业在短期内难以通过提高运输服务的供给能力来满足货物贸易对运输服务的需求，但在长期却是可能的。事实上，中国具有从事国际运输服务的比较优势，因为我们有世界上规模最大的运输船队和运输工具服务人员的储备；上海、深圳、宁波、青岛、大连、天津等港口也具备了成为国际中转港的条件；而且中国经济发展和外贸增长强劲也为运输企业开展国际运输服务贸易提供了坚实的支撑。

第六章 商业存在服务贸易与产业发展

这一章,主要研究商业存在服务贸易进口,即服务业 FDI 通过技术溢出对产业发展的影响。第一节,研究服务业 FDI 通过行业内溢出效应对服务业生产率增长的影响,并根据中国服务行业面板数据进行实证检验。第二节,研究服务业 FDI 通过行业间溢出效应对下游制造业生产率增长的影响,并根据中国制造行业面板数据进行实证检验。

第一节 商业存在服务贸易、技术溢出与服务业生产率增长

一、引言

根据内生经济增长理论,技术进步是一国或地区经济增长的最终源泉,而外国直接投资(FDI)是一国或地区获取外国先进技术的重要渠道之一(Mohnen,2001)。目前国内外众多研究发现,FDI 可通过技术溢出效应促进东道国的技术进步和经济的长期增长,但这些文献更多地把 FDI 锁定为制造业 FDI。随着经济开放程度的提高和国际产业结构的不断调整,全球 FDI 逐渐转向服务业,服务业 FDI 技术溢出的问题引起了国内外很多经济学者的高度关注,成为近年来经济研究的热点问题之一,产生了许多有价值的成果。

国外一些学者构建理论模型探讨了包括服务业 FDI 在内的服务自由化对东道国技术进步和经济福利的影响,大都认为其有利于一国福利增进和生产率提升。Francois(1990)从生产性服务与分工的关系角度,建立理论模型证明了服务业 FDI 可以带来由于分工和专业化程度提高而导致的额

外收益。Rivera Batiz 和 Rivera Batiz（1992）分析认为，商务服务业部门的 FDI 有助于促进东道国分工和专业化的发展，进而有利于提升本地以商务服务部门作为中间投入的下游产业尤其是制造业的生产率。Markusen 等（1989，2005）指出，生产性服务贸易和 FDI 的自由化能给一国经济增长带来重要好处，因为外资服务企业可让东道国最终产品生产商尤其是制造业企业获得更多专业知识，从而提高生产率。

国外就服务业 FDI 对生产率增长的影响也进行了一定的研究，这些研究可以分为 3 类：第一类是宏观层面的研究，这类研究大都发现包括服务业 FDI 在内的服务自由化改革和放松管制对于发展中国家和经济转型国家的经济增长和技术进步具有促进作用。Eschenbach 和 Hoekman（2006）对 1990~2004 年经济转型国家的研究发现，服务自由化的改革与 1990 年以后转型经济体的经济增长和技术进步存在显著的正相关关系。Konan 和 Maskus（2006），Jensen 等（2007）基于可计算一般均衡模型分别对突尼斯和俄罗斯的研究表明，放宽对跨国服务供应商的限制，对国家的经济增长贡献很大。第二类是产业层面的研究，发现包括服务业 FDI 在内的服务自由化改革和放松管制有利于促进东道国相关产业部门尤其是下游制造业部门的生产率增长。Francois 和 Woerz（2007）利用 1994~2004 年 OECD 国家货物与服务贸易的面板数据研究发现，服务部门开放程度的增加（包括更多的服务进口和服务业 FDI 的进入）会显著提升一国制造业部门，尤其是技能和技术密集型产业的技术水平和竞争力。Fernandes（2007）研究了 1994~2004 年东欧经济转型国家服务部门的绩效，发现金融、通信等基础服务部门的自由化对于东欧国家下游制造业行业的生产率具有显著正向的促进作用。第三类是微观企业层面的研究，发现服务业 FDI 与东道国相关产业尤其是下游制造业企业的生产率增长正相关。Arnold，Javorcik 和 Mattoo（2006，2008）分别用捷克和印度的企业层面数据对服务业改革与下游制造业生产率之间的关系进行实证分析，发现服务业改革与国内下游制造业的全要素生产率（TFP）之间存在正相关关系，其中允许外资进入服务业是服务自由化改善下游制造业效率的最主要渠道。Fernandes 和 Paunov（2012）利用 1992~2004 年智利企业数据研究了服务业 FDI 与制造业企业劳动生产率增长之间的关系，发现两者显著正相关。近年来，国内学者也越来越关注服务业 FDI 的经济影响，但国内学者更多的是关注服务业 FDI 对于经济增长的影响（贺梅英，2005；吴静，2007；马元、刘婧，2008；黄卫平、方石玉，2008；等等），对于服务业 FDI 的技术溢出效应甚少研究。因此，针对国内学者研究的不足，本书在采用 DEA 方法将中国 13 个服务行业 2004～2012 年的全要素生产率增长分解为技术效应和技术进步增长的基础上，就服务业 FDI 对服务业生产率增长的关系进行实证分析，以考察服务业 FDI 对中国服务业的技术溢出效应。

二、服务业 FDI 通过技术溢出效应促进服务业生产率增长的机制分析

以罗默为代表的内生增长理论为服务业 FDI 和技术进步关系的研究奠定了理论基础。首先，服务业 FDI 能够促进技术创新，服务业 FDI 促进技术创新的理论模型有"品种增长"模型（Romer，1990）和"质量阶梯"模型（Aghion and Howitt，1992）。其次，FDI 也是技术溢出的重要途径（Mohnen，2001）。具体而言，服务业 FDI 至少能通过以下机制促进东道国服务业生产率提升。

（一）通过竞争效应，降低东道国服务生产的价格

服务业 FDI 的进入可提高东道国服务市场的竞争程度，降低服务产品生产的成本和价格。因为有些服务行业之前被少数大企业所垄断❶，但这些大企业的垄断格局被跨国公司的进入所打破，无法再获得垄断租金（Fernandes and Paunov，2008），并不得不改进效率和降低服务提供的价格。另外，Markusen（1989）认为，服务产品大多具有差异性，而跨国公司进入新的海外市场有利于其产品市场范围的扩大，从而有利于其获得规模经济效应和降低服务生产的成本。Stehmann（1995）对智利电信行业的研究就发现，FDI 的进入导致行业内竞争更加激烈，价格下降很快，尤其是在跨国公司较早进入的长途电话市场。Pollitt（2004）的研究也表明，在电力行业，FDI 的进入导致 20 世纪 90 年代价格的显著下降。Claessens

---

❶ 陈宪、程大中（2008）研究指出，由于服务业和服务贸易在发达国家和发展中国家的发展严重不平衡，加上服务市场的开放涉及一些诸如跨国银行、通信工程、航空运输、教育等直接关系到输入国主权、安全、伦理道德等极其敏感的领域和问题。因此，国际服务贸易市场的垄断性很强。

等(2001)利用80个国家1988~1995年的数据研究也发现,外资股份的增加导致银行业更加激烈的竞争和利润率的降低。

(二)通过竞争效应,提高东道国本地服务提供的质量

服务业跨国公司的进入,一方面,可直接为东道国带来更好的先进技术、组织和管理知识,从而提高国内服务业服务提供的质量,另一方面,可通过竞争效应,迫使东道国本地服务企业改善经营和提供服务质量。Dunning(1989)和Caves(1996)指出,与制造业跨国公司一样,服务业跨国公司的优势是基于对诸如管理或营销技巧等无形资产的所有权,相对于本土企业,服务业跨国公司在技术、管理及营销等方面具有优势。如在电力和电信等行业,服务质量往往涉及服务提供的可靠性。外国直接投资的进入可为建立现代化网络和扩大现有网络所需的重大投资提供所需的大量资金。UNCTAD(2004)就指出,外国直接投资对于20世纪90年代拉丁美洲基础服务提供的可靠性产生积极影响。世界银行(2004)也研究发现,拉美国家通过实行包括针对外国跨国公司的服务私有化和放松规制后,其电力部门的服务提供质量获得明显改善。Fernandez(2001)根据英国、丹麦、西班牙和瑞典的数据研究发现,生产性服务业跨国公司分支机构的经营效率要比本土企业好很多。Griffith,Redding和Simpson(2004)对在英国的服务业跨国公司的研究发现,相比英国本土企业而言,外国跨国公司分支机构的劳动生产率较高。Lombard(1990)对新加坡的研究发现,在生产性服务业领域,与内资企业相比,外资企业的规模更大、劳动生产率也更高。Fernandes和Paunov(2008)对智力的研究指出,服务业外资企业的进入,使得许多行业的竞争加剧,服务提供质量得到了改善。

(三)增加东道国服务提供的种类

服务业FDI的进入可增加服务产出的种类,包括带来新的、技术更先进的服务产品,或把服务提供给新的地区或新类型的客户。Denizer(1999)对土耳其、Akbar和McBride(2004)对匈牙利,以及Cardenas等(2003)对墨西哥的研究都发现,银行业外商直接投资的进入使得当地可获得的新型金融产品和电子银行技术的数量获得了明显增加。ECLAC(2000)对智利的研究发现,电信行业FDI的流入除了增加电话线的数量

之外，还带来了更多的电信产品和服务。

（四）通过竞争效应，优化东道国服务行业的市场结构，提高企业经营效率

服务业 FDI 的进入可通过竞争效应等，对东道国相关服务行业的市场集中度产生影响，有利于改善东道国的市场结构。Dubin（1975）研究认为，进入方式不同的 FDI 对东道国市场集中度具有不同的影响，而外资企业对东道国市场集中度的具体影响要根据东道国原有行业的市场竞争格局来定。刘飏（2005）认为，跨国公司进入的初期会有助于我国服务业市场竞争结构的改善。陈阿兴和陈捷（2004）研究指出，随着外国直接投资的进入，中国零售行业的集中度逐步提高，这与国际零售行业的发展趋势具有一致性。肖文和林高榜（2009）对代表典型市场结构的三个服务行业（零售业、银行业和保险业）进行了比较研究，认为 FDI 是决定中国服务业市场结构变化的主要原因。他们通过对银行业、零售业和保险业的实证分析发现，FDI 对服务业市场结构的影响具有显著差异，而这主要是因为政府政策、FDI 进入模式和行业特点存在差异。我国零售业过去一直处于竞争过度的状态，不利于零售行业的发展和企业生产效率的提升。而 FDI 的进入有利于零售行业市场集中度的提高，促使零售业的市场结构发生转变，从原来的竞争过度向垄断竞争发展，有助于节约社会资源和提高整个零售行业的生产效率。与零售业不同，银行业长期受到政府保护，国有商业银行垄断整个市场，这使得我国银行业的效率和市场绩效一直处于较低的水平。而 FDI 的进入促进了银行业的市场竞争，在一定程度上降低了市场集中度，使得银行业从高度寡头垄断发展为垄断竞争，从而改善了我国银行业的市场结构。对于我国保险业来说，FDI 的进入还不充分，其对市场结构的影响还不明显，但在一定程度上降低了市场集中度，相信随着 FDI 逐步进入，一定会对保险业市场结构的优化产生更为突出的作用。因此总体而言，FDI 的进入有利于我国服务业市场结构的优化。

（五）通过竞争与示范效应、人员流动效应等途径，对本地服务业产生直接的"软技术"溢出

服务业 FDI 可通过竞争与示范效应、人员流动效应等途径，导致服务

业跨国公司对本地服务提供商的管理、营销、组织专门知识和最佳实践经验等软技术的溢出，促进本地服务业的技术进步。Miroudout（2006）研究了服务市场开放对从发达国家到发展中国家的技术转让和技术扩散的影响。他认为，服务贸易增加了接触外国技术的机会。服务贸易总协定所定义的4种提供服务方式与技术扩散的主要渠道具有密切联系。开放服务市场，可以降低技术转让成本，有助于在商业服务、电信、金融、高等教育和培训、物流5个服务部门增强技术吸收能力。该研究特别强调了服务贸易自由化带来的生产率增长和技术溢出的好处。在外商直接投资的情况下，外国服务提供者可以使用从母国进口的商品和其他服务，这通常是一种新技术首次进入一个国家。包括FDI在内的服务自由化有利于促进外资企业和国内企业之间的知识交流，对技术溢出具有显著的正向影响。Cowan等（2001）发现FDI是服务业知识传播的最重要方式。Blind和Jungmittag（2004）采用德国企业微观层面的数据研究发现，服务业FDI对本地服务企业的产品和程序创新具有非常显著的正向影响。Grosse（1996）的问卷调查研究表明，大部分跨国公司都是通过FDI方式实现技术转移。因为：（1）服务生产与消费的不可分性使其软技术传播无法像制造业那样通过引进设备等多种方式，而在很大程度上只能通过FDI来实现。（2）服务业跨国公司为人员的跨国流动提供了良好的制度和组织安排。一般而言，人员是服务业核心技术的主要载体，人员流动是服务业实现技术溢出的最重要方式，而跨国公司内部的人员流动十分频繁，非常有利于技术溢出和扩散。（3）在许多服务行业，尤其是生产性服务业，技术往往是"内嵌式"的，存在于企业内部的人际关系中，很难复制，而跨国公司的组织形式为"内嵌式"技术的跨国溢出提供了有利条件。

三、计量模型、数据处理和计算方法

（一）计量模型和数据处理

我们借鉴Romer（1990）的品种增长模型思想以及Fernandes和Paunov（2008）等实证计量模型，构建服务业FDI对生产率增长影响的计量方程如下：

$$G = \alpha_0 + \alpha_1 FDI_{it} + \alpha_2 K_{it} + \alpha_3 SC_{it} + \alpha_4 SALA_{it} + \alpha_5 K/L_{it} + \lambda_i + \eta_t + \varepsilon_{it}$$
(6-1)

其中，下标 t 表示年份，下标 i 代表行业。$\alpha_0 \sim \alpha_5$ 为回归系数，η_t 是不可观测的时间效应，λ_i 是不可观测的行业效应，ε_{it} 是随机扰动项。

G 表示生产率增长率，我们分别用 Malmquist 生产率增长指数（M）及其分解项——技术进步指数（TC）和技术效率指数（EC）表示。FDI 表示服务业 FDI，以某服务行业实际利用外商直接投资占该行业增加值的比重表示。具体来说，我们先把各服务行业实际吸收 FDI 的数据按照人民币对美元的平均汇价换算成人民币，然后再根据固定资产投资价格指数调整为 2000 年不变价。各行业的增加值也按照 GDP 平减指数调整为 2000 年不变价。

除了服务业 FDI 这两个因素影响到技术进步以外，我们还考虑了其他影响服务业生产率增长的因素。K 表示行业的总固定资本存量。一般认为，固定资本存量会影响一个行业的技术水平，固定资本存量越多，该行业的资本装备水平越好，技术进步也越快。K/L 是资本密集度，以行业固定资本存量与劳动人数之比来表示。资本密集度也是影响技术进步的重要因素。一般认为，资本密集度越高的行业，其技术含量也越高，技术进步也越快。朱钟棣和李小平（2005）、李小平等（2008）发现资本形成正是 1998 年后中国工业全要素生产率增长的重要原因。但是资本深化也有可能延缓技术进步，如张军（2002）就认为资本深化是中国生产率增长变缓的重要原因。

$SALA$ 表示行业职工平均工资，数据来自《中国统计年鉴》，我们按照居民消费价格指数把职工年平均工资都调整为 2000 年不变价。根据效率工资理论[1]，企业给予员工的报酬越高，会激励员工更加努力工作，从而提

---

[1] 效率工资理论所需要探究的是工资率水平跟生产效率之间的关系，这是主流宏观理论为了解释工资刚性而提出的理论。效率工资理论是一种有关失业的劳动理论，其核心概念是员工的生产力与其所获得的报酬（主要是指薪资报酬但亦能轻易地推广到非金钱报酬）呈正向关系，是为了解释非自愿性失业（Involuntary Unemployment）现象所发展出来的相关模型的通称。定性地讲，效率工资指的是企业支付给员工比市场保留工资高得多的工资，促使员工努力工作的一种激励与薪酬制度。定量地讲，厂商在利润最大化水平上确定雇佣工人的工资，当工资对效率的弹性为1时，称它为效率工资。此时工资增加1%，劳动效率也提高1%，在这个水平上，产品的劳动成本最低，即效率工资是单位效率上总劳动成本最小处的工资水平，它保证了总劳动成本最低。事实证明，效率工资已经成为企业吸引人才的利器，它可以相对提高员工努力工作、对企业忠诚的个人效用，提高员工偷懒的成本，具有激励和约束双重功效，采用效率工资制度有助于解决企业的监控困难。

高企业的效率水平。但另一方面,增加员工的工资会增加企业的生产成本,也可能会不利于企业提高技术水平。

由于 2003 年以后中国服务业行业进行了重新分类,我们分两段时期来处理:一是 1998～2003 年,服务业包括:交通运输、仓储及邮电通信业,地质勘查和水利管理业,金融、保险业,批发和零售贸易餐饮业,房地产业,卫生体育和社会福利业,科学研究和综合技术服务业,教育、文化艺术和广播电影电视业,社会服务业和其他行业;二是 2004～2012 年,服务业包括:交通运输、仓储和邮政业,批发和零售业,信息传输、计算机服务和软件业,住宿和餐饮业,金融业,房地产业,租赁和商务服务业,水利、环境和公共设施管理业,科学研究、技术服务和地质勘查业,教育,卫生、社会保障和社会福利业,居民服务和其他服务业,文化、体育和娱乐业,公共管理和社会组织。

(二) 服务业生产率增长的计算

目前测算技术进步率 (TFP) 的方法主要有三种:一是传统的索洛余值法;二是随机前沿分析法 (Stochastio Frontier Function Approach,SFA);三是数据包络分析法 (Data Envelopment Approach,DEA)。传统的索洛余值法需要设定明确的函数形式,测算的是广义的技术进步,由于它忽视了无效率的存在,因此不能分解出 TFP 增长的技术进步和效率变化成分。SFA 方法和 DEA 方法克服了索洛余值法的一些缺陷,但是 SFA 方法仍需要设定明确的函数形式、估计不同要素的产出弹性并需要进行相关的行为假设。DEA 方法则不需要假设函数形式,也无须行为假设。因此,综合比较来看,DEA 方法具有一定的优势,因此近年来在测算行业 TFP 及其分解中得到了非常广泛的运用。国内这方面代表性的研究有郑京海、胡鞍钢 (2004),郭庆旺 (2005),李小平、朱钟棣 (2005),杨亚平 (2007),顾乃华 (2008),李春顶 (2009) 等。

DEA 模型最早由 Charnes 等 (1978) 提出,称为 CCR 模型,假设条件为规模报酬不变。后来,Banker 等 (1984) 对 CCR 模型进行扩展,提出了规模报酬可变的假定,即 BCC 模型。DEA 模型具有两种基本形式:一是投入导向模型;二是产出导向模型。投入导向模型力求在现有既定产出条件下使投入最小化,而产出导向模型则力求在现有投入条件下使产出最大化(科埃利、拉奥等,中译本,2008)。

Malmquist 生产率指数最早是由 Malmquist(1953)提出的,Fare 等(1994)提出了基于产出导向的 Malmquist 生产率指数计算方法,并引入测度随时间变化的多时段生产率的分析方法,即使用面板数据的基于 DEA 技术的 Malmquist 生产率指数法。

根据 Fare 等(1994)的分析,Malmquist 的生产率指数变化(M)不仅可以度量全要素生产率的逐期变化,而且可以分解为技术变化(TC)与技术效率变化(EC)的乘积。目前在实证研究中,有两种分解 Malmquist 指数的思路(Ray and Desli,1997; Fare et al., 1997)。为了得到以时期 t 为基期的 $t+1$ 期的全要素生产率,我们可以利用 Fare 等(1997)的思路,用上述两个 Malmquist 生产率指数的几何平均数来计算生产率的变化,即:

$$M_0(x^{t+1},y^{t+1};x^t,y^t) = \frac{D_0^t(x^t,y^t)}{D_0^{t+1}(x^{t+1},y^{t+1})}\left[\frac{D_0^{t+1}(x^{t+1},y^{t+1})}{D_0^t(x^t,y^{t+1})} \times \frac{D_0^{t+1}(x^t,y^t)}{D_0^t(x^t,y^t)}\right]^{1/2}$$

$$= EC(x^{t+1},y^{t+1};x^t,y^t) \times TC(x^{t+1},y^{t+1};x^t,y^t)$$

(6-2)

式(6-2)中 x^{t+1}、y^{t+1} 和 x^t、y^t 分别表示时期 $t+1$ 和时期 t 的投入和产出向量,D_0^{t+1},D_0^t 分别表示以时期 t 的技术 T^t 为参照的时期 t 和时期 $t+1$ 的距离函数。式(6-2)右端中括号外的式子代表不变规模报酬假定下的技术效率变化指数(EC),括号内的式子代表不变规模报酬假定下的技术进步指数(TC)。其中,技术效率变化指数(EC)测度了从时期 t 到时期 $t+1$ 每一个决策单元对生产可能性边界的追赶程度;而技术进步指数(TC)则测度了技术边界在时期 t 到时期 $t+1$ 之间的移动情况。如果 TC 大于1,就表示技术进步,TC 等于1时表示技术无进步,小于1时表示技术退步。

我们利用 Coelli(1996)开发的 DEAP Version2.1 软件测算中国服务行业的 Malmquist 生产率指数(M)、技术效率指数(EC)、技术进步指数(TC)。具体地,我们采用产出导向的不变规模报酬(CRS)的 DEA 方法,得到 Malmquist 生产率指数及其分解项。

在计算全要素生产率时,我们用到的主要指标是行业的投入和产出数据,即行业年度产出、资本投入和劳动投入。实际计算中,我们用年度服务业增加值表示行业的总产值,用各行业从业人员年均人数表示当年劳动投入量。这些所有的数据均来源于《中国统计年鉴》1998~2013年。对于服务业行业的资本投入，本书根据国际通用的永续盘存法进行估计，定义本期的资本存量为上一期的资本存量加上当年的投资，再减去折旧，即：

$$K_t = I_t + (1 - \delta)K_{t-1} \qquad (6-3)$$

在此进行测算的两个关键问题是：确定初始资本存量 K_0 和年度折旧率 δ。为了估计资本存量的初始值，本书采用 Kohli（1982）❶ 的方法，即：

$$K_{1997} = I_{1997}/(\delta + r) \qquad (6-4)$$

$$K_{2004} = I_{2004}/(\delta + r) \qquad (6-5)$$

其中，K_{1997} 和 K_{2004} 分别是 1997 年和 2004 年服务业各行业的资本存量；I_{1997} 和 I_{2004} 分别是 1997 年和 2004 年各服务行业的固定资产投资额；δ 为折旧率，本书采用中国服务业核算中经常使用的 4%；r 表示分析期内各服务业固定资产投资的实际增长率。

由于《中国统计年鉴》1998~2013 年中并没有给出 1997~2012 年服务业各行业的全社会固定资产投资额，本书用基本建设投资和更新改造投资额的加总来代替。对于 2004~2012 年，则按照服务业各行业的全社会固定资产投资额来表示投资。各地区固定资产可比价投资额用 2000 年不变价固定资产投资价格指数来折算。

（三）面板数据模型设定和回归方法

面板数据模型（Panel-data 模型），是指把时间序列沿空间方向扩展或把截面数据沿时间方向扩展而成的二维结构的数据集合。面板数据模型综合了截面数据和时间序列的优点，它既可以反映某一时期各个截面数据的规律，也可描述每个截面随时间变化的规律。具体地，相对于时间序列数据和截面数据来说，面板数据模型具有以下优点：（1）时间变量和截面变量的结合信息可显著减少缺省变量所产生的问题；（2）能给研究者提供大量数据点，增加了自由度并减少了解释变量之间的共线性问题，从而增加了计量估计的有效性；（3）可用于构造更复杂的行为模型，能从多层面分析经济问题。

---

❶ 原毅军等（2009）在估计中国生产性服务业资本存量的初始值时，也是按照类似的方法。原毅军、刘浩、白楠：《中国生产性服务业全要素生产率测度———基于非参数 Malmquist 指数方法的研究》中国软科学 2009 年第 1 期。

在利用面板数据进行回归分析之前，一般先要确定模型的类型，然后再采取合适的估计方法。一般而言，面板数据模型分为三类：固定系数固定截距模型、变系数模型和固定系数变截距模型（分固定影响变截距模型和随机影响变截距模型）。固定系数固定截距模型是指横截面上没有个体影响和结构变化，根据普通最小二乘法估计就可进行 α 和 P 的一致有效估计。而变截距模型是指在横截面上存在不同的个体影响，又分为固定影响和随机影响两种情况。固定影响假定误差项是需要估计的固定参数，而随机影响假定误差项是随机且独立同分布。变系数模型是指既存在个体影响，也存在结构变化，因此结构参数在不同截面上不同。高铁梅（2006）指出可使用协方差检验即通过计算 F 值判断应采取何种模型。另外对于变截距模型和变系数模型，我们还需要进行 Hausman 检验来判断采用固定效应还是随机效应估计方法。

根据以上分析，本书在进行回归检验之前，需进行 F 检验和 Hausman 检验来判断采用哪种模型形式。具体地，我们首先进行 F 检验，如果 F 统计值不显著，则接受原假设并采用混合 OLS 模型进行估计；如果 F 值显著，则拒绝原假设，即采用变截距模型，这时还需进行 Hausman 检验。如果 Hausman 检验值不显著（$P>0.10$），则采用随机效应模型，否则就采用固定效应模型。

此外，本书采用可行的广义最小二乘估计法（EGLS）估计。在采用固定效应模型时，本书根据横截面加权方法（Cross - section Specific）对序列相关性和异方差进行纠正。

四、实证分析结果

（一）描述性分析

在描述性分析中，我们采用 DEA 技术中的 Malmquist 指数方法。该方法可以直接得到行业年度全要素生产率变化率 M，与此同时，全要素生产率变化率还可以分解为技术效率（EC）和技术进步（TC）。TFP 变化率等于技术效率与技术进步的乘积，即 $M = EC \times TC$。由于 DEA 方法得到的是全要素生产率增长率数值，所以我们只能计算获取 1998～2003 年和 2005～2012 年的 TFP 值。

我们所用软件是 DEAP 2.1，表 6-1 和表 6-2 分别是 1998~2003 年中国服务业总体和按行业分的 Malmquist 生产率及其分解情况表。

表 6-1　1998~2003 年中国服务业整体的生产率指数及其分解

年份	EC	TC	M
1998	0.943	1.054	0.994
1999	0.961	1.084	1.042
2000	0.959	1.071	1.027
2001	0.972	1.066	1.037
2002	0.961	1.061	1.019
2003	0.967	1.044	1.010
均值	0.960	1.063	1.021

注：M 表示 Malmquist 全要素生产率指数、EC 表示技术效率变化指数、TC 表示技术进步指数。平均值是根据 DEAP 2.1 软件计算的几何平均数，下同。

资料来源：根据《中国对外经济统计年鉴》和《中国统计年鉴》相应年份数据计算。

从中国服务业总体的平均水平来看（见表 6-1），全要素生产率 TFP 的平均增长率为 2.1%，表明在 1998~2003 年服务业生产率得到了提高，而且 Malmquist 生产率指数总体上比较平稳，这说明服务业技术进步的步伐比较稳定。技术变化（TC）的增长率指数一直都大于 1，平均增长率为 6.3%，是全要素生产率 TFP 提高的主要源泉。这说明中国服务业生产率的提高主要是依靠技术水平的改进和创新。技术效率（EC）的增长率指数一直小于 1，平均下降 4%，是全要素生产率降低的根源，这说明在服务业的实际生产中还没有充分发挥出技术和资源的潜力，从而使得生产没有尽可能地接近生产可能性边界。

从按行业分的服务业生产率指数的平均水平来看（见表 6-2），交通运输、仓储及邮电通信业，金融、保险业，房地产业，地质勘查业、水利管理业，科学研究和综合技术服务业等现代生产性服务行业的生产率指数较高，平均增长率大于 1，而卫生体育和社会福利业，社会服务业和其他行业，教育、文化艺术和广播电影电视业等非生产性服务行业生产率指数较低，平均增长率小于 1。

表6-2　1998~2003年中国服务业的M生产率指数及其分解

行业	EC	TC	M
地质勘查业、水利管理业	0.966	1.049	1.013
交通运输、仓储及邮电通信业	1.084	1.043	1.130
批发和零售贸易餐饮业	1.000	1.020	1.020
金融、保险业	1.000	1.077	1.077
房地产业	0.972	1.040	1.011
卫生体育和社会福利业	0.914	1.064	0.972
教育、文化艺术和广播电影电视业	0.920	1.076	0.990
科学研究和综合技术服务业	0.905	1.112	1.006
社会服务业和其他行业	0.899	1.093	0.983
均值	0.960	1.063	1.021

资料来源：根据《中国统计年鉴》相应年份数据计算。

表6-3和表6-4分别是2005~2012年中国服务业总体以及按具体行业分的Malmquist生产率指数及其分解项目技术效率增长指数（EC）和技术变化增长指数（TC）的情况表。从我国服务业总体的平均水平来看，这个阶段中国服务行业总体的全要素生产率（TFP）的平均增长率达到3.2%，这说明我国服务业的生产率得到了提高，而且Malmquist生产率指数总体上一直比较平稳，说明技术进步的步伐是比较稳定的。

表6-3　2005~2012年中国服务业整体的生产率指数及其分解

年份	EC	TC	M
2005	0.775	1.327	1.029
2006	0.655	1.590	1.041
2007	0.790	1.306	1.031
2008	0.727	1.414	1.029
2009	0.735	1.405	1.033
2010	0.746	1.434	1.070

续表

年份	EC	TC	M
2011	0.785	1.446	1.135
2012	0.793	1.487	1.179
均值	0.751	1.426	1.068

资料来源：根据《中国统计年鉴》和《中国对外经济统计年鉴》相应年份数据计算。

技术变化（TC）的增长率一直大于1，平均增长率为40.5%，说明技术进步的步伐很大，技术进步和创新是我国服务业全要素生产率TFP得以提高的主要源泉。技术效率（EC）的增长率一直小于1，平均下降24.9%，是服务业全要素生产率降低的根源，这说明我国的服务业实际生产中还远远没有充分发挥技术和资源的潜力，从而使得生产没有尽可能地接近生产可能性边界。

表6-4　2005~2012年中国服务业的M生产率指数及其分解

行业	EC	TC	M
交通运输、仓储和邮政业	0.709	1.576	1.117
信息传输、计算机服务和软件业	0.633	1.576	0.997
批发和零售业	1.000	1.339	1.339
住宿和餐饮业	0.689	1.519	1.046
金融业	0.951	1.138	1.083
房地产业	0.636	1.576	1.002
租赁和商务服务业	0.696	1.195	0.831
科学研究、技术服务和地质勘查业	0.806	1.160	0.935
水利、环境和公共设施管理业	0.670	1.576	1.056
居民服务和其他服务业	0.686	1.576	1.081
教育	0.764	1.420	1.085
卫生、社会保障和社会福利业	0.778	1.138	0.885
文化、体育和娱乐业	0.664	1.576	1.046
公共管理和社会组织	0.706	1.469	1.037
均值	0.735	1.405	1.032

资料来源：根据《中国统计年鉴》和《中国对外经济统计年鉴》相应年份数据计算。

从按行业分的服务业生产率指数的平均水平来看（见表6-4），批发和零售业，交通运输、仓储和邮政业，金融业，水利、环境和公共设施管理业，居民服务和其他服务业，教育，住宿和餐饮业，房地产业，文化、体育和娱乐业等服务行业的生产率指数较高，平均增长率大于1，而租赁和商务服务业，信息传输、计算机服务和软件业，科学研究、技术服务和地质勘查业，卫生、社会保障和社会福利业等行业生产率指数较低，平均增长率小于1。

从表6-4我们可以发现，2005~2012年，各服务行业的技术变化（TC）的增长率都大于1，技术进步的步伐很大，是各服务行业全要素生产率TFP得以提高的主要源泉，说明我国服务业的全要素生产率提高主要依赖技术的改进和创新。除批发和零售业外，其他服务业技术效率（EC）的平均增长率一直小于1，是全要素生产率降低的根源，这也说明在服务业的实际生产中并没有充分发挥技术和资源的潜力，使得生产没有尽可能地接近其生产可能性边界。

总之，1998~2003年和2005~2012年两个时期中，中国服务业的服务业生产率都得到了提高，技术进步很快，而且技术变化（TC）的增长率一直大于1，是服务业全要素生产率TFP提高的源泉；技术效率（EC）的平均增长率一直小于1，是全要素生产率降低的根源，这说明服务业实际生产中还远远没有充分发挥资源和技术的潜力，使生产无法尽可能地接近其生产可能性边界。

（二）回归分析结果

表6-5报告了方程（6-1）的回归结果。固定效应（FE）模型和随机效应（RE）模型的选取根据Hausman检验值而定，当Hausman检验值在10%水平上显著时，我们取固定效应（FE），否则取随机效应（RE）。由于所有回归结果的Hausman值都在1%水平上显著，所有的模型都选择固定效应结果。

从表6-5的回归结果来看，我们发现，在1998~2003年，FDI对服务业的全要素生产率增长和技术进步增长的影响显著为正，FDI对服务业技术效率的影响也为正，但在统计上不显著。这说明FDI主要通过影响服务业的技术改进和创新来促进服务业全要素生产率的增长。

表6-5 服务业FDI行业内技术溢出效应及途径的回归结果(1998~2003年)

变量	M	EC	TC
FDI	0.1887*** (2.2300)	0.4428 (1.0480)	0.9323**** (3.712)
K	-1.50E-06 (-1.3194)	2.29E-06 (0.4788)	-2.08E-06 (-1.3803)
K/L	0.0011* (1.6391)	-0.0047*** (-2.5324)	0.0052**** (8.1588)
SC	1.7942**** (4.5366)	0.0368 (0.0213)	0.1914 (0.1558)
SALA	-4.04E-06** (-1.9024)	3.46E-06*** (2.3464)	-1.13E-05**** (-6.7463)
C	1.0337**** (38.6891)	0.9602**** (17.4759)	1.1794**** (30.7127)
R-squared	0.5675	0.8028	0.8912
F	4.6870	9.7053	19.5372
Prob>F	0.0000	0.0000	0.0000
Hausman值	1.7630	21.3937	28.5886
Prob>H值	0.8809	0.0007	0.0000
估计模型	随机效应(RE)	固定效应(FE)	固定效应(FE)
观测数	54	54	54

注:括号内数字为T统计值;****,***,**和*分别表示在1%、5%、10%和15%的水平上显著。固定效应截距由于篇幅限制省略。如果Hausman统计量在10%的水平上显著则模型采取固定效应(FE)进行估计,否则采取随机效应(RE)模型估计。使用的计量软件是Eviews 6.0。

从回归结果还可以发现,固定资本存量(K)对服务业的生产率没有显著影响。资本密集度(K/L)对服务行业的全要素生产率、技术效率和技术进步的增长都具有显著的正向影响,说明与制造业类似,服务业资本密集度越高,其技术含量也越高,技术进步也越快。

企业规模(SC)对服务业全要素生产率的增长也具有显著促进作用,对技术效率和技术进步的增长具有正向影响,但在统计上不显著。行业职工平均工资(SALA)对服务业的技术效率增长具有显著的促进作用,但对于全要素生产率和技术进步增长具有显著的负向影响,这说明了效率工资理论的正确性，企业支付给员工更高的报酬，确实能使员工少偷懒，更加勤奋工作，从而有利于企业效率水平的提高。但另一方面，工资水平的上升会增加企业的负担，使企业难以投入更多的研发经费，从而对企业的技术进步产生不利影响。

从面板模型设定的检验结果来看，R-squared 较大、F 值也比较显著，说明模型拟合度较高，方程显著。

表6-6 服务业 FDI 对服务业技术溢出的回归结果（2004～2012年）

变量	M	TE	TC
FDI	0.1178*** (2.5220)	0.4466*** (2.5330)	0.7709** (1.9504)
K	-1.14E-05**** (-3.2439)	-4.64E-06 (-0.5098)	-5.50E-06 (-0.2906)
K/L	0.0026**** (4.0568)	0.0025 (1.3122)	-0.0023 (-0.5542)
SC	-1.1273*** (-2.2413)	-1.1840* (-1.6632)	1.9904* (1.5503)
$SALA$	3.07E-06 (1.3182)	1.41E-05**** (2.8294)	-2.14E-05** (-1.7322)
C	1.0554**** (21.0414)	0.4052**** (3.4949)	1.1794**** (30.7127)
R-squared	0.9519	0.8235	0.7877
F	25.2679	5.9599	4.7404
Prob > F	0.0000	0.0001	0.0003
Hausman 值	14.8135	12.5374	9.4336
Prob > H 值	0.0112	0.0281	0.0903
模型	固定效应	固定效应	固定效应
观测数	56	56	56

注：括号内数字为 T 统计值；****，***，**和*分别表示在1%、5%、10%和15%的水平上显著；计量软件为 Eviews 6.0。

从表6-6的回归结果来看，2005～2012年，FDI 对服务业的全要素生产率、技术效率和技术进步增长的影响都显著为正。因为服务业 FDI 可以通过竞争效应、示范和传染效应、人员培训和流动效应等渠道，降低本地市场的服务价格、提高服务提供的质量、增加服务提供的种类、优化服务行业市场结构和提高企业经营效率，给本地服务提供商的管理、营销、组织专门知识和最佳实践经验等带来"软技术"的直接溢出，进而促进东道国服务业效率的改善，影响服务业的技术改进和创新来促进服务业技术水平的增长。

从回归结果我们还可以发现，固定资本存量（K）与服务业的全要素生产率增长显著负相关，对技术效率和技术进步增长的影响不显著。资本密集度（K/L）与服务行业的全要素生产率增长都具有显著的正向影响，与技术效率和技术进步增长的正向影响不显著，这说明与制造业类似，服务业的资本密集度越高，其技术含量也越高，技术进步也越快。

企业规模（SC）对服务业的技术水平增长具有显著促进作用，但对技术效率增长具有负向影响，最终企业规模（SC）对服务业全要素生产率的增长显著负相关。

行业职工平均工资（SALA）对服务业的技术效率和全要素生产率的增长具有显著的促进作用，但对于技术进步增长具有显著的反向影响，这说明效率工资理论的正确性，也就是说，效率工资可以相对提高员工努力工作、对企业忠诚的个人效用，提高员工偷懒的成本，具有激励和约束双重功效，采用效率工资制度有助于解决企业的监控困难。但另一方面，工资水平的上升会增加企业的负担，使企业难以投入更多的技术引进和研发经费，从而可能对企业的技术进步产生不利影响。

五、结论与启示

本节通过对中国服务业面板数据的计量分析，发现在1998~2003年和2005~2012年这两个时期内，服务业FDI对中国服务业的生产率起到正向促进作用，服务业FDI对中国服务业的全要素生产率、技术效率和技术进步增长的影响都显著为正。这是因为，服务业FDI可以通过竞争效应、示范和传染效应、人员培训和流动效应等渠道，降低本地市场的服务价格、提高服务提供的质量、增加服务提供的种类、优化服务行业市场结构和提高企业经营效率，给本地服务提供商的管理、营销、组织专门知识和最佳实践经验等带来"软技术"的直接溢出，进而促进东道国服务业效率的改善，影响服务业的技术改进和创新来促进服务业技术水平的增长。

通过分析计量模型结果，我们还得到以下认识：

（1）资本密集度（K/L）与服务业的全要素生产率增长都具有显著的正向影响，与技术效率和技术进步增长的正向影响不显著，说明与制造业类似，服务业资本密集度越高，其技术含量也越高，技术进步也越快。

（2）企业规模（SC）对服务业的技术水平增长具有显著促进作用，但对技术效率增长具有负向影响，最终企业规模（SC）对服务业全要素生产率增长显著负相关。

（3）行业职工平均工资（SALA）对服务业的技术效率和全要素生产率的增长具有显著的促进作用，但对于技术进步增长具有显著的反向影响，这说明了效率工资理论的正确性，企业支付给员工更高的报酬，确实能使员工少偷懒，更加勤奋工作，从而有利于企业效率水平的提高。但另一方面，工资水平的上升会增加企业的负担，使企业难以投入更多的研发经费，从而对企业的技术进步产生不利影响。

长期以来，我国在服务产品的供给上严重不足，尤其是技术与知识密集型服务产品更是稀缺，引入相关服务领域的FDI，实际上正是弥补了我国在该领域发展的不足。因此，我们要更进一步开放国内的服务业市场，重视服务业FDI的引入，大力引进国外的先进技术、经验以及管理方法，尤其要积极引进知识和技术密集型的服务产品，加强产品研发、设计、专有权利使用和特许等生产性服务FDI的引入，改善国内服务业尤其是生产性服务业的结构和水平，从而更有效地发挥服务业FDI带来的技术溢出效应，加快我国的技术进步，提高出口产品的增加值，促进我国技术进步与劳动生产率的提高，使之提升制造业产品的附加值，加快其升级，进而促进我国整体经济发展和综合竞争力的提升。

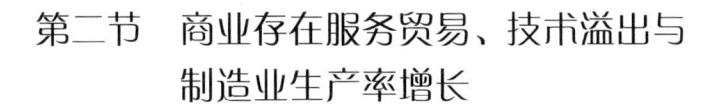

第二节 商业存在服务贸易、技术溢出与制造业生产率增长

一、引言

世界各国尤其是发展中国家致力于引入 FDI 的一个重要动机是外资进入可能带来技术溢出。在过去的 30 多年中，中国经历了引人注目的 FDI 流入和生产率增长。众多研究发现 FDI 可通过技术溢出效应促进我国制造业生产率增长（张建华等，2003；邱斌等，2008），但这些文献更多地把 FDI 锁定为制造业 FDI。随着国际产业结构的不断调整，全球 FDI 的重心逐渐从制造业转向服务业（UNCTAD，2004），中国吸收的服务业 FDI 也越来越多。那么服务业 FDI 是否能为中国带来技术溢出效应呢？这个问题的研究具有重要现实意义。本书主要研究服务业 FDI 通过前向关联对中国制造业生产率的影响。

理论研究对服务业 FDI 技术溢出效应的存在性及正面作用给予了一致性的认可，代表性的研究有 Rivera – Batiz 等（1992），Markusen（2005）和 Hoekman（2006）等，主要原因在于服务业 FDI 有助于东道国最终产品生产商尤其是制造业企业获得更多或更好的中间投入，从而提高生产率。经验研究方面，一些学者如 Matto（2006），Konan 和 Maskus（2006），Jensen（2007），马元和刘婧（2008）、黄卫平和方石玉（2008）等肯定了服务业 FDI 对东道国宏观经济增长的促进作用，并指出其中的主要机理在于服务业 FDI 对东道国制造业产生技术溢出，但他们并没有对技术溢出效应的存在性和大小进行具体定量分析。近年来，一些国外学者利用产业层面或企业微观层面数据就服务业 FDI 对东道国制造业的技术溢出进行实证研究，大多发现其能显著促进制造业生产率提升，如 Francois 和 Woerz（2007）；Arnold，Javorcik 和 Mattoo（2008）；Fernandes 和 Paunov（2012）等。但也有部分经验研究表明，服务业 FDI 对东道国制造业的技术溢出效应不显著，甚至是负面的（Alfaro，2003；Nadia Doytch and Merih Uctum，2011，et al.）。

总的来说，国内外关于服务业 FDI 对制造业技术溢出的研究，大多偏好于利用统计数据和计量方法来测算服务业 FDI 技术溢出的存在性、溢出的正负向作用及作用的大小，缺乏对技术溢出如何发生、溢出渠道等方面的深入探讨，而且这些研究多以外国为研究样本，缺少具体针对中国的深入研究。因此以下问题值得我们探究：服务业 FDI 对制造业技术溢出的机理是怎样的？其对中国制造业的全要素生产率是否产生正向作用？对生产率变化的分解项的影响是否具有差异性？本节利用中国 1999~2010 年服务业 FDI 与制造业的面板数据，研究服务业 FDI 通过前技术溢出对我国制造业生产率的影响，希望能为我国调整外资政策和产业政策提供借鉴和参考。

二、服务业 FDI 技术溢出的理论分析

服务业 FDI 影响东道国制造业的生产率主要源于两类效应：一是直接技术效应，即服务业 FDI 通过服务业外资企业的示范效应、个人联系和人员流动等渠道，为东道国制造业企业带来直接的"软技术"溢出，同时还可通过改善东道国的投资环境，吸引更多制造业 FDI 进入，促进制造业的技术创新和效率提高；二是间接的前向产业关联效应，即服务业 FDI 通过促进东道国本地服务业的技术进步和发展，改善作为制造业重要中间投入的生产性服务，间接促进下游制造业的技术进步和效率提升。具体地，服务业 FDI 可通过竞争效应、示范—模仿效应和人员培训效应等渠道来降低东道国本地市场的服务价格、提高本地服务提供的质量、增加服务提供的种类、优化服务行业市场结构和带来直接的"软技术"溢出，促进东道国服务业的技术水平提升和技术效率改进，改善作为制造业投入要素之一的生产性服务，从而通过产业关联效应促进下游制造业效率提升（见图 6-1）。

（一）间接效应：通过前向关联对制造业产生技术溢出

1. 服务业（尤其是生产性服务业）是制造业生产率得以提高的前提和基础

Riddle（1986）认为，服务业是促进其他行业增长的过程产业，是便于经济交易的黏合剂，是刺激商品经济增长的推动力。Pappas 和 Sheehan（1998），Karaomerlioglu 和 Carlsson（1999）等研究认为，服务业尤其是生

第六章　商业存在服务贸易与产业发展

```
                          ┌─ 降低服务生产的价格
                          ├─ 增加服务提供的种类
              ┌─ 行业内溢出 ─┼─ 提高服务质量
              │           ├─ 优化行业市场结构
服务业FDI的    │           └─ 直接的"软技术"溢出
技术溢出效应 ──┤
              │           ┌─ 通过前向关联对制造业产生技术溢出
              └─ 行业间溢出 ┤
                          └─ 直接的"软技术"溢出
```

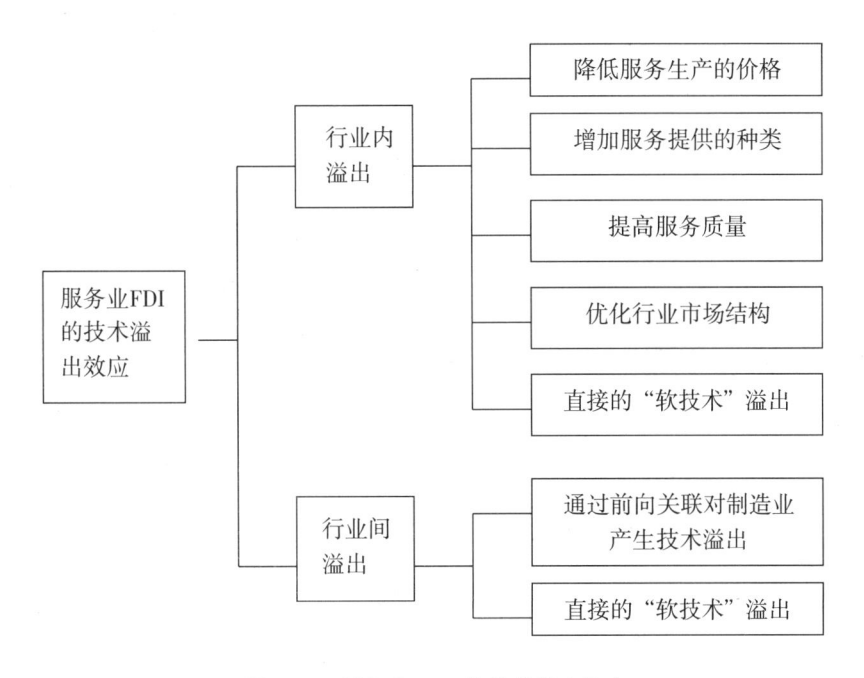

图 6-1　服务业 FDI 的技术溢出效应

资料来源：作者整理。

产性服务业❶的发展可以延长产品的生产链条、提高社会分工和专业化水平、降低市场交易成本，从而有利于经济的长期增长。服务业特别是生产性服务业是制造业生产率提升的重要前提和基础，要形成具有较强竞争力的现代制造业部门，需要有发达的生产性服务业作为支撑。格鲁伯、沃克（1993）根据奥地利学派的生产迂回学说❷解释了生产性服务业与制造业之间的关系，指出生产性服务业实际上作为人力资本与知识资本的传送器，

---

❶ 生产性服务指那些被其他商品和服务的生产者用作中间投入的服务。对应地，生产性服务业则指生产性服务企业的集合体。从外延角度看，生产性服务包括：资源分配和流通相关的活动（如金融业、猎头、培训等）；产品和流程的设计及与创新相关的活动（如研发、设计、工程等）；与生产组织和管理本身相关的活动（如信息咨询、信息处理、财务、法律服务等）；与生产本身相关的活动（如质量控制、维持运转、后勤等）；与产品的推广和配销相关的活动（如运输、市场营销、广告等）。相对于直接满足最终需求的消费者服务业来说，生产性服务业具有如下三个显著特征：第一，它的无形产出体现为"产业结构的软化"；第二，它的产出是中间服务而非最终服务，体现为被服务企业的生产成本；第三，它能够把大量的人力资本和知识资本引入到商品和服务的生产过程当中，是现代产业发展中竞争力的基本源泉。引自顾乃华等（2006）。

❷ 根据奥地利学派的观点，更加迂回的生产过程不仅需要使用更为专业化的劳动力与资本，而且生产步骤的增加也增加了中间投入的种类，因此，生产过程的重组和迂回是提高生产力的重要因素。

将这两种能促进最终产出增加值大大提高的资本导入生产过程之中。Ethier（1982）将 D-S 效用函数①重新解释为一种生产函数，通过模型推导，证明新的中间产品的引入可以提高企业的生产率。这就意味着一国或地区可通过增加中间投入品的种类，内生出一种新的比较优势，进而改变其在分工中的地位，促进制造业生产率的提高和经济的增长。Markusen（1989）则在 Ethier（1982）的研究成果基础上，把生产性服务当作中间产品引入理论模型，分析了生产性服务业促进制造业发展与经济增长的内在机理，和开展生产性服务贸易的积极意义。Markusen 认为，既然服务在生产中扮演的功能如此重要，那么这些服务一定是知识密集型的，获得这些知识需要投入很多，但一旦拥有这些知识，再提供给其他人或企业使用的成本就很低了。

总之，服务业尤其是生产性服务业与制造业有较强的产业关联度。先进制造业的发展，需要有专业化的、高级生产要素的服务投入（波特，2002），即需要先进的生产性服务业与之匹配。刘志彪（2006）分析指出，脱胎于制造业母体的现代生产性服务业，能够降低服务业的投入成本和提高服务投入品质，并且有助于制造业的专业化和精细化以及生产效率的提高。江静、刘志彪和于明超（2007）使用迪克西特-斯蒂格利茨（D-S）垄断竞争框架建立理论模型，分析了生产性服务业促进制造业效率提升的机理，研究发现生产性服务业作为制造业的高级要素投入，其规模的扩大降低了制造业的单位生产成本，直接提高了制造业效率和产业竞争力。顾乃华、毕斗斗和任旺兵（2006）利用中国的面板数据分析表明，生产性服务业的发展有利于提升制造业的竞争力，而市场化程度越高的地区，生产性服务与制造业的互动关系越突出。

2. 服务业 FDI 的进入，有助于改善生产性服务，通过前向关联促进下游制造业效率提升

Rivera-Batiz FL 和 Rivera-Batiz LA（1992）从专业化分工的角度，构建理论模型分析后指出，商务服务业部门的 FDI 可以推动专业化和分工的发展，有利于提高以商务服务部门作为中间投入的产业部门即下游产

---

① Dixit 和 Stigliz（1977）利用一种独特的效用函数（D-S 效用函数），借助新古典经济学的分析框架，考察了垄断竞争条件下产品多样化对社会福利的影响。

业，特别是制造业的生产效率。Markusen 等（2005）将生产性服务业作为中间产品引入模型，他的一般均衡分析表明，生产性服务贸易和外商直接投资的自由化能给一国经济增长带来重要的好处，因为外资服务企业的存在，可以让东道国最终产品的生产商获得更多的专业知识从而提高生产效率。Hoekman（2006）研究指出，服务是一国企业获得竞争力的关键决定因素之一。企业的竞争力很大程度上取决于能否获得高质量和低成本的生产性服务，如电信、金融、分销、运输服务等。服务业基础服务和基础设施的发展水平将会直接影响到一国或地区的产品竞争力，服务业落后国家或地区可以通过引进电信、金融、运输等基础服务领域的外商直接投资来发展，从而提高竞争力和生产力水平。Arnold，Javorcik 和 Mattoo（2006，2008）对捷克和印度的企业层面数据研究发现，一国服务业改革和国内下游制造业的全要素生产率（TFP）之间具有显著的正相关关系，而服务自由化提高下游制造业效率的最主要渠道就是允许外资企业进入服务业。Fernandes 和 Paunov（2008）利用企业微观数据对智利的研究发现，服务业 FDI 与本国制造业企业的劳动生产率增长之间存在显著正相关关系。

此外，服务业 FDI 还有助于改善东道国的投资环境，能吸引更多制造业 FDI 进入，有利于东道国制造业企业的技术创新和效率提高。如 Daniels（1993）研究指出，尽管最初服务业跨国公司是跟随其制造业客户开始进行对外直接投资，但是随着其在海外的投资和经营渐趋成熟，它们也逐渐开始吸引母国的其他制造业客户进入新的海外市场。Raff 和 Ruhr（2001）的研究也表明，生产性服务的多样性降低了东道国制造业成本，使当地的投资环境变得更有吸引力，从而使制造业的 FDI 也相应增加。如 Gross，Raff 和 Ryan（2005）对日本制造业和服务业跨国公司的研究发现，在 20 世纪 70 年代，日本制造业跨国公司在某一国家或地区的商业存在吸引了制造业和服务业部门的 FDI 进入，但在 20 世纪 80 年代和 90 年代前半期，这一关系发生了逆转，是日本服务业跨国公司的商业存在吸引了日本制造业跨国公司的进入。

还有，由于服务业 FDI 有助于东道国制造业的技术进步和技术效率的改善，因此有利于促进制造业出口产品的质量升级。如 Francois 和 Woerz（2007）运用 1994 ~ 2004 年 OECD 国家的货物贸易和服务贸易的面板数据，研究了货物出口中包含的间接服务出口，以及服务业对外开放和制业出口之间的互动关系,结果发现尽管货物贸易仍然是国际贸易的主体,但是服务对最终出口所做的贡献更大,不可否认贸易性服务是制造业出口产品生产中十分重要的投入之一。服务业尤其是生产性服务业的扩大开放对于机动车、机械、化学和电子设备制造业等技术密集型产品的出口具有非常显著的正向作用。

(二)直接效应——通过"软技术"的溢出,促进东道国制造业技术进步

服务业 FDI 还有利于东道国制造业企业获得"软技术"(如管理、组织或营销知识和技术技能等)的溢出。因为,制造业企业可通过服务业外资企业的示范效应、个人联系和人员流动获得学习机会。因为像营销、技术和其他咨询服务等知识密集型行业所提供的知识密集型投入有助于制造业企业提高自主创新能力和生产效率(Kox and Rubalcaba, 2007)。OECD(2006)对服务自由化对技术转移或扩散的积极影响进行了系统的研究,指出服务自由化是国际技术扩散的最重要途径,不仅可以为进口国(或东道国)的技术进步提供一条重要途径,同时还有助于进口国(东道国)的技术进步成本的降低。服务自由化引起的技术转移和扩散效应有利于促进所有经济部门的生产力水平,进而促进一国经济增长。Cowan 等(2001)发现 FDI 是服务业知识传播的最重要方式。Miroudout(2006)研究了服务市场开放对于从发达国家到发展中国家的技术转让和技术扩散的影响,认为包括 FDI 在内的服务自由化有利于促进外资企业和国内企业之间的知识交流,对于技术溢出具有显著的正向影响。

三、制造业的服务业 FDI 联系指数

为了估计服务业 FDI 对制造业生产率增长的影响,我们参考 Fernandes 和 Paunov(2012)的方法,构造一个制造业的服务业 FDI 联系指数。我们先假设在其他条件不变的情况下,中间投入中使用服务比较多的制造行业相比那些使用服务相对少的行业而言,会从服务业 FDI 的增长中获得更多的好处。为获得制造业各行业使用服务投入的强度,我们根据 2002 年、2005 年、2007 年、2010 年和 2012 年的中国投入产出表(42 部门),先计

算出各制造业行业的直接消耗系数（或完全消耗系数）❶，然后把制造业各行业使用的各服务行业中间投入的直接消耗系数（或完全消耗系数）相加，得到制造业各行业使用服务投入的强度。

具体来说，我们按照以下4个步骤计算制造业的服务业FDI联系指数。

（1）计算服务业FDI的存量S_t。我们根据《中国对外经济统计年鉴》（1984~2013年）提供的1983~2012年的服务业FDI流量数据，以1983年为基期❷，计算出各年的服务业FDI存量。采用年度数据，样本期为1983~2012年。外商直接投资的存量很难估算，目前已被普遍采用的测算资本存量的方法是戈登史密斯（Goldsmith）在1951年开创的永续盘存法（the Perpetual Inventory Model），计算公式如下：

$$S_t = I_t + (1-\delta) \times S_{t-1} \tag{6-6}$$

其中，S为服务业外商直接投资的存量，I表示外商直接投资的净流入量，δ为折旧率，t指第t年。本书参考梁琦和施晓苏（2004）的处理方法，直接取折旧率为10%。

（2）计算各年服务业FDI存量占服务业增加值的比重FDI_t。各年的服务业FDI和服务业增加值分别根据固定资产投资价格指数和第三产业GDP平减指数调整为1998年的不变价。

$$FDI_t = S_t / GDP_t \tag{6-7}$$

（3）计算制造业行业使用中间服务投入的比例或强度α_{it}。根据2002

---

❶ 直接消耗系数是指某一个部门在生产经营过程中单位总产出直接消耗各部门的货物或服务的价值量。具体地说，直接消耗系数是指在生产经营过程中第j产品（或产业）部门的单位总产出所直接消耗的第i产品部门生产的货物或服务的价值量。直接消耗系数体现了列昂惕夫模型中生产结构的基本特征，是计算完全消耗系数的基础。它充分揭示了国民经济各部门之间的技术经济联系，即部门之间相互依存和相互制约关系的强弱，并为构造投入产出模型提供了重要的经济参数。完全消耗系数是指某一部门每提供一个单位的最终产品，需要直接和间接消耗（即完全消耗）各部门的产品或服务数量。完全消耗系数是全部直接消耗系数和全部间接消耗系数之和。完全消耗系数揭示了部门之间的直接和间接的联系，它更全面更深刻地反映出部门之间相互依存的数量关系。在国民经济各部门之间，各种产品在生产过程中除有直接的生产联系外，还有间接联系，这使得各种产品间的相互消耗除了直接消耗外，还有间接消耗。完全消耗系数则是这种直接消耗和间接消耗的全面反映。以炼钢消耗电力为例，生产钢需要直接消耗电力，还要消耗生铁、耐火材料等，而在生产生铁、耐火材料和其他所消耗的产品时又要消耗电力。这就是钢对电的第一次间接消耗。由于所有供消耗的产品都有可能消耗电力，依此类推，还有第二次、第三次以至无穷次的间接消耗。于是，钢对电力的直接消耗和无数次间接消耗之和，就构成了钢对电的完全消耗。

❷ 由于我们最早只能找到1983年服务业FDI的数据，因此以1983年为计算基期。

年、2005年、2007年、2010年和2012年的中国投入产出表（42部门），先计算出各行业的直接消耗系数（或完全消耗系数），把制造业各行业中间投入的各服务行业投入的直接消耗系数（或完全消耗系数）相加，得到制造业各行业使用中间服务投入的强度。具体来说，1999~2002年、2003~2005年、2006~2008年、2009~2010年和2011~2012年的直接消耗系数（或完全消耗系数）分别根据2002年、2005年、2007年、2010年和2012年的中国投入产出表的数据进行计算。

由于我国对工业行业数据的统计口径在1998年前后存在差异，因此我们把各行业的研究期间确定为1999~2008年。由于2003年以前的《中国统计年鉴》中不包含废弃资源和废旧材料回收加工业与工艺品及其他制造业这两个制造业行业的数据，本书选取了1999~2012年除这两个行业之外的全部31个制造业数据作为研究样本。此外，由于在测度服务业FDI对制造业的前向联系时涉及投入产出表中的直接消耗系数，因此我们在剔除了上述两个行业之后，根据投入产出表所列的制造业行业，将原始数据中有关行业进行归口，最终得到包含了15个二位码的制造业部门1999~2012年的数据❶。具体计算公式为：

$$\alpha_{it} = \sum_{k=1}^{k} \alpha_{it}^{k} \qquad (6-8)$$

式（6-8）中，α_{it}^{k}指的是制造业的i行业使用服务行业k部门的直接消耗系数（或完全消耗系数）。

（4）最后，我们计算各制造业的服务业FDI联系指数$FDIsl_{it}$，计算公

---

❶ 邱斌、杨帅和辛培江（2008）在测度FDI前、后向联系时涉及投入产出表中的直耗系数，根据投入产出表所列的制造业行业，将原始数据中有关行业进行归口，最终得到包含了15个二位码制造业部门。邱斌、杨帅和辛培江：《FDI技术溢出渠道与中国制造业生产率增长研究：基于面板数据的分析》世界经济2008年第8期。我们参照他们的方法，具体归口方法如下：食品加工业、食品制造业、饮料制造业、烟草加工业合并为食品制造及烟草加工业；服装及其他纤维制品制造业，皮革、毛皮、羽绒及其制品业合并为服装皮革羽绒及其制品业；木材加工及竹、藤、棕、草制品业，家具制造业合并为木材加工及家具制造业；造纸及纸制品业，印刷业、记录媒介的复制，文教体育用品制造业合并为造纸印刷及文教用品制造业；化学原料及化学制品制造业、医药制造业、化学纤维制造业、橡胶制品业、塑料制品业合并为化学工业；黑色金属冶炼及压延加工业，有色金属冶炼及压延加工业合并为金属冶炼及压延加工业；普通机械制造业、专用设备制造业合并为通用、专用设备制造业。其余8个行业（包括纺织业、石油加工及炼焦业、非金属矿物制品业、金属制品业、交通运输设备制造业、电气机械及器材制造业、电子及通信设备制造业、仪表仪器及文化办公用机械制造业）与投入产出表名称相同行业不变。

式如下:

$$FDIsl_{it} = \alpha_{it} \times FDI_t \qquad (6-9)$$

也就是说,我们把服务业 FDI 存量占服务业增加值的比重 FDI_t 与制造业行业使用中间服务投入的比例 α_{it} 相乘,得到了各制造业行业的服务业 FDI 联系指数 $FDIsl_{it}$。同样的方法,我们还可以计算出各制造业行业的生产性服务业 FDI 联系指数 $FDIpsl_{it}$,如表 6-7 所示。

表 6-7 各制造业的服务业 FDI 和生产性服务业 FDI 联系指数均值

行业	代码	$FDIsl-1$	$FDIsl-2$	$FDIpsl-1$	$FDIpsl-2$
食品制造及烟草加工业	1	0.0143	0.0406	0.0140	0.0434
纺织业	2	0.0116	0.0457	0.0104	0.0474
纺织服装鞋帽皮革羽绒及其制品业	3	0.0172	0.0535	0.0181	0.0573
木材加工及家具制造业	4	0.0173	0.0531	0.0189	0.0594
造纸印刷及文教用品制造业	5	0.0165	0.0509	0.0152	0.0528
石油加工、炼焦及核燃料加工业	6	0.0129	0.0411	0.0138	0.0463
化学工业	7	0.0144	0.0519	0.0156	0.0576
非金属矿物制品业	8	0.0206	0.0564	0.0239	0.0646
金属冶炼及压延加工业	9	0.0129	0.0491	0.0136	0.0541
金属制品业	10	0.0152	0.0540	0.0170	0.0603
通用、专用设备制造业	11	0.0154	0.0537	0.0163	0.0587
交通运输设备制造业	12	0.0136	0.0541	0.0141	0.0586
电气机械及器材制造业	13	0.0164	0.0575	0.0177	0.0632
电子及通信设备、计算机及其他电子设备制造业	14	0.0135	0.0606	0.0146	0.0671
仪器仪表及文化办公用机械制造业	15	0.0148	0.0569	0.0152	0.0620

注:根据《中国对外经济统计年鉴》各年和 2002 年、2005 年、2007 年、2010 年和 2012 年的中国投入产出表的数据计算整理。$FDIsl-1$、$FDIsl-2$ 分别表示用直接消耗系数和完全消耗系数计算的制造业的服务业 FDI 联系指数;$FDIpsl-1$、$FDIpsl-2$ 分别表示用直接消耗系数和完全消耗系数计算的制造业的生产性服务业 FDI 联系指数。$FDIpsl-1$、$FDIpsl-2$ 的计算方法与 $FDIsl-1$、$FDIsl-2$ 类似。下同。

从计算结果我们发现,无论是用直接消耗系数还是完全消耗系数来计算，各制造业行业的服务业 FDI 联系指数和生产性服务业 FDI 联系指数都是在逐年下降，主要原因有以下两方面：一方面，尽管中国近年来引入的服务业外商直接投资在不断增长，但整体上吸引的外商直接投资仍然是以制造业为主，服务业 FDI 增加的速度赶不上我国服务业增加值的增长速度，因此服务业 FDI 存量占服务业增加值的比重 FDI_t 和生产性服务业 FDI 存量占服务业增加值的比重 FDI_t 逐年下降。另一方面，制造业行业使用中间服务投入的比例或强度 α_{it} 也是逐年下降，乍一看，这似乎不合常理，因为一般来说，随着一国经济的发展和社会分工的深化，制造业的服务化程度越来越高（Davies，2003；夏杰长、刘奕、顾乃华，2007），制造业行业使用中间服务投入的比例应该越来越大。但是，由于目前我国的政策和制度环境还不够完善，服务业尤其是生产性服务业发展还比较滞后，制造业企业服务外包的比例还不大，企业生产过程中使用的中间服务投入仍有很大一部分是由企业内部提供的，而这些在统计上表现不出来。另外，顾乃华（2010）分析指出，根据价值链理论，企业利润主要集中于服务环节，企业对加工制造环节的依赖性在逐渐减少，生产性服务活动成为企业获得竞争优势越来越重要的环节❶。因此，对于制造业企业来说，其价值链整合能力越强，便越不倾向于将服务环节这一利润增长点外包，即使选择服务外包，通常也仅仅局限于那些非核心的服务经济活动。从制造业企业自身来看，无论是实行服务外包还是实施服务化战略，可能都有利于企业提高自身竞争优势和获利能力。由于相对于制造业而言，中国服务业的改革开放比较滞后，服务业的利润空间要比制造业高些。加上目前我国法律制度环境以及市场中介组织等发育还不完善，社会对商业欺诈和违约行为发现、惩罚的能力和力度有限。因此，许多价值链整合能力强的制造业企业可能更倾向于实施服务化战略，自己设立营销、研发、投资和物流等服务部门。然而，在我国目前的统计体系中，只有那些完全独立于制造业企业之外的由服务企业提供的服务业才被统计进来，因此制造业行业使用中间服务投入的比例看上去逐年下降。

---

❶ Dennis 和 Kambil（2003）就研究指出，对于一个典型的工业企业而言，来自于售后服务和零部件的收入和利润分别占全部收入和利润的 25% 和 40%~50%。在汽车行业，售后服务和零部件给企业带来将近 80% 的收入和 50% 以上的利润；在个人电脑和机车行业，只有不到 25% 的收入来自于产品的销售，而大部分收入来自于售后服务。

四、模型设定、数据处理和计算方法

本书借鉴 Romer（1990）的"品种增长"模型思想，构建服务业 FDI 对制造业生产率增长影响的计量方程如下：

$$G_{it} = \alpha_0 + \alpha_1 FDIsl\text{-}1_{it} + \alpha_2 R\&D_{it} + \alpha_3 IM_{it} + \alpha_4 EX_{it} + \alpha_5 K_{it} + \alpha_6 SCA_{it} + \alpha_7 FDI_{it} + \lambda_i + \eta_t + \varepsilon_{it} \quad (6-10)$$

$$G_{it} = \alpha_0 + \alpha_1 FDIsl\text{-}2_{it} + \alpha_2 R\&D_{it} + \alpha_3 IM_{it} + \alpha_4 EX_{it} + \alpha_5 K_{it} + \alpha_6 SCA_{it} + \alpha_7 FDI_{it} + \lambda_i + \eta_t + \varepsilon_{it} \quad (6-11)$$

$$G_{it} = \alpha_0 + \alpha_1 FDIpsl\text{-}1_{it} + \alpha_2 R\&D_{it} + \alpha_3 IM_{it} + \alpha_4 EX_{it} + \alpha_5 K_{it} + \alpha_6 SCA_{it} + \alpha_7 FDI_{it} + \lambda_i + \eta_t + \varepsilon_{it} \quad (6-12)$$

$$G_{it} = \alpha_0 + \alpha_1 FDIpsl\text{-}2_{it} + \alpha_2 R\&D_{it} + \alpha_3 IM_{it} + \alpha_4 EX_{it} + \alpha_5 K_{it} + \alpha_6 SCA_{it} + \alpha_7 FDI_{it} + \lambda_i + \eta_t + \varepsilon_{it} \quad (6-13)$$

其中，下标 i 表示行业，下标 t 代表年份。$\alpha_0 \sim \alpha_7$ 是回归系数，λ_i 为不可观测的行业效应，η_t 为不可观测的时间效应，ε_{it} 为随机扰动项。

G 表示制造业生产率的增长率，我们分别用 Malmquist 生产率增长指数（M）及其分解项——技术效率增长指数（EC）和技术进步增长指数（TC）来表示。

$FDIsl-1$、$FDIsl-2$ 分别表示用直接消耗系数和完全消耗系数计算的制造业的服务业 FDI 联系指数；$FDIsl-1$、$FDIsl-2$ 分别表示用直接消耗系数和完全消耗系数计算的制造业的生产性服务业 FDI 联系指数。

$R\&D$ 表示 R&D 支出与固定资产净值年均余额之比。IM 表示进口与总产值之比，EX 表示出口与总产值之比。K 是固定资产净值年均余额与劳动人数之比。SCA 表示企业平均规模，以平均每个企业的增加值表示。FDI 表示行业的外商直接投资水平，我们用三资企业的固定资产净值占各行业固定资产净值的比重来表示。

除了服务业 FDI 这个影响到技术进步的因素以外，我们还考虑了其他可能影响生产率增长的因素，作为模型的控制变量。首先，R&D

投入是影响技术进步的重要因素。R&D 投入对工业或制造业生产率增长的促进作用得到了国内外学者充分的关注，国外大部分文献都证实了 R&D 投入对生产率增长具有正向促进作用（Congressional Budget Office，2005）。

其次，进口和出口也是影响制造业技术进步的重要因素。李小平等（2008）研究发现，进口显著地促进了工业行业的全要素生产率增长和技术进步的增长。赵伟和李淑贞（2008）利用 1998~2004 年中国高技术产业的相关数据，验证了高技术产品出口对高技术产业全要素生产率的影响，实证研究结果表明，高技术产品出口对高技术产业全要素生产率的增长具有一定的促进作用。黄静波和向铁梅（2010）研究发现，技术密集型制造业的进出口贸易有利于行业劳动生产率的提高，贸易开放度的技术外溢效应有赖于行业本身的要素密集度和生产率水平。

再次，资本密集度也是影响技术进步的重要因素之一。一般而言，一行业的资本密集度越高，其技术含量就越高，技术进步也会越快。如朱钟棣和李小平（2005）以及李小平（2006）研究发现，资本形成是 1998 年以后中国工业全要素生产率增长的重要原因。但是资本深化也有可能对技术进步产生负面影响，如张军（2002）就研究认为资本深化是导致中国生产率增长变缓的重要原因。因此，我们在这里也考虑到资本密集度对制造业生产率增长的影响。

此外，我们也考虑了行业的平均每个企业的规模因素，因为一般来说，企业规模越大，越有可能获得规模经济，而规模经济能够促进生产率增长。还有，各行业的外资水平 FDI 也会影响各制造业的生产率水平。邱斌等（2008）研究发现 FDI 对制造业存在正向溢出效应。

各制造行业的进出口数据来自联合国统计处的商品贸易（COMTRADE）统计数据库。由于《中国统计年鉴》对中国制造行业的分类标准（CICC）与联合国对国际贸易的分类标准（SITC，第三版）不一致，所以本书需要对这两种标准进行统一分类。具体来说，本书参照盛斌（2002）的分类标准❶，同时选取 25 个制造业行业作为样本。由于原始的商品进出口贸易数

---

❶ 李小平和朱钟棣（2008）、黄静波和向铁梅（2010）也是参照盛斌（2002）的分类，利用联合国统计处的 COMTRADE 数据库来获得中国各工业和制造业的进出口数据。

据都是用美元来表示,我们按照美元对人民币的年平均汇率将进出口值换算为人民币值,再根据消费物价指数将其折算为1998年的不变价。另外,如前所述,由于在测度服务业FDI与制造业的前向联系时涉及投入产出表中的直接消耗系数和完全消耗系数,因此我们再按照投入产出表所列的制造行业,将原始数据中的有关行业进行归口,得到15个制造业部门的1999~2008年的进出口数据。

各制造行业的R&D投入数据均来自于《中国科技统计年鉴》(2000~2009年)。各制造行业每年的R&D投入具体包括开发新产品经费、技术引进经费、技术改造经费、消化吸收经费以及购买国内技术经费5项。另外,本书参照李小平和朱钟棣(2008)的处理方法,以当年固定资产投资价格指数和消费物价指数的加权平均值进行表示,其权重分别为0.45和0.55,然后将各制造行业的R&D投入折算为以1998年为基期的不变值。

从业人员年均人数、固定资产净值年均余额、总产值、增加值和企业个数都来自于《中国统计年鉴》(1999~2013年)。其中,我们以工业品出厂价格指数将当年价的工业总产值和增加值都折算为以1998年为基期的不变价,而固定资产净值年均余额则按照固定资产投资价格指数进行平减,也折算成以1998年为基期的可比价。

五、计量分析结果

在模型设定和回归方法方面,我们仍利用Hausman检验判断采用固定效应模式还是随机效应模型,同时采用可行的广义最小二乘估计法(EGLS)进行估计。

表6-8、表6-9分别是M生产率指数及其指数分解项——技术进步增长指数(TC)和技术效率指数(EC)与制造业的服务业FDI联系指数$FDIsl-1$和$FDIsl-2$的回归结果。

我们可以发现,无论是用直接消耗系数还是用完全消耗系数来计算,服务业FDI联系指数都对中国制造业的技术进步、技术效率和全要素生产率指数增长具有显著的正向影响。如前所述,服务业FDI可通过竞争效应、示范—模仿效应、人员培训和流动效应等渠道降低东道国本地市场的服务价格、提高服务提供的质量、增加服务提供的种类、优化服务行业市场结构和提高企业经营效率，给本地服务提供商的管理、营销、组织专门知识和最佳实践经验等带来"软技术"的直接溢出，进而促进东道国服务业效率的改善，影响服务业的技术改进和创新来促进服务业技术水平的增长。而服务业尤其是生产性服务业是制造业生产率得以提高的前提和基础，没有发达的生产性服务业，就不可能形成具有较强竞争力的现代制造业部门（Pappas and Sheehan，1998；Karaomerlioglu and Carlsson，1999，et al.）。因此，服务业 FDI 可通过促进服务业技术进步和技术效率的提高，有助于改善作为制造业投入要素之一的生产性服务，通过前向关联效应促进下游行业尤其是制造业的技术进步和效率提升。前文的理论预期得到验证，即服务业 FDI 存在行业间技术溢出效应，通过前向关联等途径，对中国制造业行业的技术进步存在正向促进作用。

另外从表 6-8 和表 6-9 的回归结果，我们还可以发现，研发支出（R&D）显著地促进了我国制造业技术效率（EC）的增长，但对技术进步（TC）和全要素生产率（M）增长具有负面影响，这与李小平（2008）及张海洋（2005）的研究结论一致。张海洋（2005）认为，这是由于中国制造行业研发投入的投入结构和使用效率等可能存在一定的问题，也可能与近年来中国制造行业进入调整期、生产效率较低、行业竞争激烈等因素有关。李小平（2007，2008）研究指出，中国 R&D 投入的生产率回报率和产出回报率都比较低，可能是由于以下两个方面的问题：一是体制问题，由于中国的 R&D 投入主要集中在国有大中型工业企业，而目前国有企业的治理结构并不完善，存在比较严重的委托代理和预算软约束问题，而且国有企业的 R&D 投入可能往往会更倾向于那些所谓"政绩工程"，这些项目能在短期内给企业带来收益但缺乏长期回报。二是中国的 R&D 投入强度太大，可能会使得投资效率较低。我们知道，由于历史和体制原因，我国大部分的 R&D 投入主要集中于国有大中型工业企业。过高的 R&D 投入强度会导致投资回报率的递减，而且会使投资主体无法有效地利用 R&D 投入，导致 R&D 投入的投资效率低下。

表6-8 M生产率及其指数分解项与 $FDIsl-1$ 的回归结果

变量	M	EC	TC
C	1.1045**** (18.9344)	1.0248**** (32.9638)	1.1618**** (29.5723)
$FDIsl-1$	3.1361**** (2.9044)	1.6438**** (3.0063)	2.3388* (1.5969)
K	-0.0017 (-0.3877)	-0.0077**** (-3.0395)	-0.0036 (-1.2665)
R&D	-0.0779 (-0.7755)	0.0340** (1.8729)	-0.0367 (-0.9031)
EX	-0.2679**** (-3.1329)	0.1718*** (2.5375)	-0.0075 (-0.2342)
IM	0.1624**** (2.7817)	-0.0138 (-0.4289)	0.0265 (1.0319)
SCA	0.0763** (1.7208)	-0.2720**** (-3.9253)	0.1472** (1.8497)
FDI	-0.1627 (-1.1875)	-0.0986* (-1.5915)	-0.2763**** (-4.0653)
AR	-0.2900**** (-3.6191)	-0.3802**** (-4.3429)	
R-squared	0.5126	0.7722	0.4399
F	4.6380	11.3004	6.4036
Prob > F	0.0000	0.0000	0.0000
Hausman 值	14.3547	13.8115	7.3799
Prob > H 值	0.0452	0.0546	0.3904
DW	2.2296	2.1805	1.9364
模型	固定效应	固定效应	随机效应

注：$FDIsl-1$ 表示用直接消耗系数计算的制造业服务业 FDI 联系指数。括号内数字为 T 统计值；****、***、**和*分别表示在 1%、5%、10% 和 15% 的水平上显著；计量软件为 Eviews 6.0。

表6-9 M生产率及其指数分解项与 $FDIsl-2$ 的回归结果

变量	M	EC	TC
C	1.0716**** (28.3487)	0.9145**** (12.0177)	1.1142**** (24.9332)
$FDIsl-2$	1.2072*** (2.3154)	1.0762** (1.8564)	1.6410*** (2.6624)
K	-0.0060*** (-2.5017)	-0.0043 (-0.8426)	-0.0027 (-0.9517)
R&D	-0.1702**** (-4.9768)	0.2454**** (6.5988)	-0.0080 (-0.1976)
EX	-0.0426* (-1.6047)	0.1610** (1.7372)	-0.0027 (-0.0852)
IM	0.0442** (2.0770)	-0.0027 (-0.0429)	0.0187 (0.7414)
SCA	0.1431*** (2.2204)	0.2243** (1.8850)	0.1305** (1.7128)
FDI	-0.1995**** (-3.5093)	-0.0472 (-0.2840)	-0.2861**** (-4.2584)
R-squared	0.5238	0.4240	0.4640
F	4.8494	4.4859	7.2773
Prob>F	0.0000	0.0000	0.0000
Hausman值	11.7741	15.6693	10.8858
Prob>H值	0.1082	0.0283	0.6467
DW	2.2981	2.3099	2.0222
模型	随机效应	固定效应	随机效应

注：$FDIsl-2$表示用完全消耗系数计算的制造业服务业FDI联系指数。括号内数字为T统计值；****、***、**和*分别表示在1%、5%、10%和15%的水平上显著；计量软件为Eviews 6.0。

出口（EX）对制造业的技术效率增长（EC）具有显著正向影响，但对技术进步（TC）和生产率增长（M）的影响为负。进口对技术效率（EC）和生产率增长（M）具有正向影响，对技术进步增长（TC）的影响为负。Fu（2005）研究指出，可能是由于中国还没有形成完善的市场体系和公平竞争的市场制度，缺乏预算软约束等因素，出口没能对生产率的增长产生正向影响。李小平、卢现祥和朱钟棣（2008）则认为，进、出口对生产率增长的这种相反的影响可能与中国进出口的商品结构有关。按照比较优势原理，中国劳动力要素丰富但资本和技术要素相对稀缺，因此中国出口的制造业产品大部分上是劳动密集型产品而进口的主要是资本和技术密集型产品。劳动密集型和技术含量较低的加工贸易出口占据我国出口贸易量的大半江山，就可以证实这点。所以，这些主要依赖劳动力、土地和政策优惠等成本优势而带来的制造业产品出口无法促进我国制造业行业的效率水平提升和生产率增长，而可能会使制造行业丧失或缺乏技术创新的压力和动力，进而对我国制造业的生产率增长产生负面影响。但对进口来说，制造业可通过进口先进的资本或技术密集型机器设备，获得技术进步和提升全要素生产率。

企业规模（SCA）因素显著地促进了我国制造业 Malmquist 生产率增长和技术进步（TC）的增长。这表明企业规模是促进制造业技术进步的重要因素，制造业企业的生产规模越大，越容易获得规模经济的动态收益。这是因为：第一，大中型制造业企业一般都存在一定的规模经济，而规模经济能够产生一定的动态利益，这有利于企业生产率的提高；第二，规模较大的企业往往资金实力较雄厚，市场份额也较大，这有利于企业降低创新的单位成本，并获得承担较大创新风险的能力。

资本密集度（K）与 Malmquist 生产率、技术效率和技术进步的增长负相关。因为资本深化也有可能对技术进步产生负面作用，如张军（2002）就研究认为资本深化是导致中国工业生产率增长变缓的重要原因之一。

FDI 对 Malmquist 生产率、技术进步和技术效率的影响显著为负。这可能是由于本书选用的指标是三资企业固定资产净值占各行业固定资产净值的比重，该比重只能反映 FDI 的水平溢出或行业内溢出效应，说明 FDI 企业在同一行业市场上通过竞争效应对制造业内资企业的生产率增长产生了负向抑制影响❶，FDI 存在明显的"挤出效应"，因为 FDI 通过竞争效应挤占了国内制造业企业的市场份额，缩小了国内企业的生产规模，提高生产

---

❶ 杨亚平（2007）利用广东工业面板数据研究 FDI 技术溢出的渠道时，也得出类似的结果，认为 FDI 的技术溢出主要通过后向关联发生，水平溢出为负，前向关联溢出也不明显。

成本，导致其生产率水平下降。

表6-10 M生产率及其指数分解项与$FDIpsl-1$的回归结果

变量	M	EC	TC
C	1.1016****	0.8982****	1.1565****
	(28.4960)	(14.1199)	(32.2788)
$FDIpsl-1$	1.2819****	3.0890****	2.5010***
	(2.9007)	(3.1927)	(2.4384)
K	-0.0014	-0.0044	-0.0038
	(-0.5725)	(-0.8876)	(-1.3428)
R&D	-0.0236	0.2509****	0.0270
	(-0.5776)	(7.0460)	(0.7086)
EX	-0.1823****	0.1539**	-0.0091
	(-3.2303)	(1.7702)	(-0.2871)
IM	0.1539****	-0.0005	0.0282
	(3.8720)	(-0.0086)	(1.1131)
SCA	0.0630**	0.2728***	0.1567***
	(1.6782)	(2.3845)	(2.0089)
FDI	-0.1845***	0.0833	-0.2729****
	(-2.0969)	(0.5431)	(-4.0512)
AR	-0.3722****		
	(-5.7488)		
R-squared	0.6385	0.4597	0.4579
F	7.3719	5.1852	7.0485
Prob>F	0.0000	0.0000	0.0000
Hausman值	15.0914	17.6215	6.3818
Prob>H值	0.0348	0.0138	0.4959
DW	2.1985	2.1826	1.9923
模型	固定效应	固定效应	随机效应

注：$FDIpsl-1$表示用直接消耗系数计算的制造业的生产性服务业FDI联系指数。括号内为T统计值；****，***，**和*分别表示在1%、5%、10%和15%的水平上显著。

表 6–11　M 生产率及其指数分解项与 $FDIpsl-2$ 的回归结果

变量	M	EC	TC
C	1.0727**** (26.5060)	0.8326**** (12.4620)	1.1312**** (30.2778)
$FDIPsl-2$	0.5708**** (3.6866)	1.3911**** (4.1758)	1.1817**** (3.2451)
K	-0.0016 (-0.6263)	-0.0049 (-1.0308)	-0.0031 (-1.0974)
R&D	-0.0129 (-0.3155)	0.2542**** (7.4581)	0.0062 (0.1600)
EX	-0.1889**** (-3.3634)	0.1440** (1.6753)	-0.0033 (-0.1064)
IM	0.1470**** (3.7535)	-0.0157 (-0.2701)	0.0202 (0.8111)
SCA	0.0660** (1.7337)	0.2999**** (2.7082)	0.1398** (1.8517)
FDI	-0.1231 (-1.4047)	0.2053 (1.3287)	-0.2794**** (-4.2035)
AR	-0.4121**** (-6.6116)		
R-squared	0.6468	0.4853	0.4812
F	7.6449	5.7475	7.9369
Prob > F	0.0000	0.0000	0.0000
Hausman 值	13.9325	22.0234	5.0490
Prob > H 值	0.0524	0.0025	0.6540
DW	2.1288	2.1737	2.0925
模型	固定效应	固定效应	随机效应

注：$FDIpsl-2$ 表示用完全消耗系数计算的制造业生产性服务业 FDI 联系指数。括号内为 T 统计值；****、***、**和*分别表示在 1%、5%、10% 和 15% 的水平上显著。

表 6–10 和表 6–11 分别是 M 生产率指数及其指数分解项——技术进步增长指数（TC）和技术效率指数（EC）与制造业的生产性服务业 FDI 联系指数 $FDIPsl-1$ 和 $FDIPsl-2$ 的回归结果。我们可以发现，无论是用

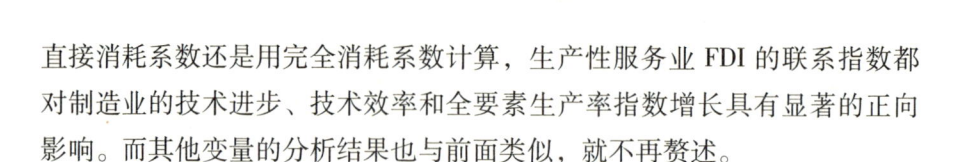

直接消耗系数还是用完全消耗系数计算，生产性服务业 FDI 的联系指数都对制造业的技术进步、技术效率和全要素生产率指数增长具有显著的正向影响。而其他变量的分析结果也与前面类似，就不再赘述。

六、结论与启示

本节构造了一个衡量制造业的服务业 FDI 联系指数，并通过利用 DEA 方法把中国 15 个制造业行业 1999～2012 年的全要素生产率增长（M）分解为技术进步增长（TC）和技术效率增长（EC）的基础上，就服务业 FDI（包括生产性服务业 FDI）对制造业生产率增长的关系进行了实证分析。我们发现：无论是用直接消耗系数还是用完全消耗系数计算，制造业的服务业 FDI 联系指数（包括制造业的生产性服务业 FDI 联系指数）都对制造业的技术进步、技术效率和全要素生产率指数增长具有显著的正向影响。这是因为，服务业 FDI 可通过促进服务业技术进步和技术效率的提高，有助于改善作为制造业投入要素之一的生产性服务，通过前向关联效应促进下游行业尤其是制造业的技术进步和效率提升。同时从研究结果我们还发现，研发支出（R&D）显著地促进了制造业技术效率（EC）的增长，但对全要素生产率增长（M）的影响为负；出口（EX）对制造业的技术进步增长（TC）具有显著正向影响，但对技术效率（EC）和生产率增长（M）的影响为负；进口对技术效率和生产率增长（EC）具有正向影响，对技术进步增长（TC）的影响为负；企业规模显著地促进了 Malmquist 生产率增长和技术进步的增长；资本强度与 Malmquist 生产率、技术效率和技术进步的增长负相关，但不太显著；服务业 FDI 对生产率和技术效率增长的影响显著为负，说明制造业 FDI 存在明显的"挤出效应"。

目前，中国正处于产业升级和结构调整的重要阶段，服务业尤其是作为制造业中间投入的生产性服务业发展严重滞后，规模小、服务质量差，已成为制约制造业升级和发展的瓶颈。而当前我国还不具备大规模提供高质量生产性服务的能力，因此单靠自身发展远远不够，迫切需要从外部进口大量的生产性服务或引入服务业 FDI 来推进其发展，尤其是东部沿海经济相对发达地区从制造业经济向现代服务经济的转变。但是，由于目前中国对大多数生产性服务设有较严的市场准入限制，这严重抑制了生产性服务对制造业生产率的提升效应。因此，我们要逐步降低国外生产性服务的进入壁垒，打破市场准入的限制，进一步开放服务市场，积极引导服务业FDI的产业投资方向，改善国内服务业尤其是生产性服务业的结构和水平，从而更有效地发挥服务市场开放带来的技术溢出效应。

特别地，我们要注重加强产业关联，促进服务业FDI通过前向关联效应对下游制造业的技术溢出，即要鼓励服务业外资企业与国内服务企业和制造业企业之间建立广泛的联系，在竞争与合作中提高我国制造业的生产率和技术水平，促进我国产业结构的调整和升级。

第七章 生产性服务贸易、技术溢出与产业发展

本章主要研究生产性服务贸易的技术溢出效应以及产业发展效应。第一节，研究两种方式的生产性服务贸易进口：跨境生产性服务贸易进口和生产性服务业FDI（商业存在服务贸易进口）对中国总体经济技术进步的溢出效应。第二节，研究生产性服务贸易进口和生产性服务业FDI对制造业生产率的影响，并根据中国制造业面板数据进行实证检验。第三节，研究生产性服务贸易进口和生产性服务业FDI对制造业出口竞争力的影响，并根据中国制造业面板数据进行实证检验。

第一节 生产性服务贸易的技术溢出效应分析

一、引言

内生经济增长理论认为技术进步是经济增长的最终源泉，而进口贸易和外国直接投资（FDI）是一国获取外国先进技术的两条重要渠道。国际贸易和FDI可以使一国获得含有外国先进技术的产品和服务，并提供了获取其他形式技术知识的机会，本国厂商通过学习和模仿可以提高生产效率和技术能力。

国内外众多研究都表明，进口贸易和FDI产生的技术溢出对东道国技术水平的提高具有促进作用。许多研究发现，国际贸易过程中转移了大量的技术信息，可促进东道国技术进步。Grossman和Helpman（1991）认为，通过中间品进口，进口国的生产力水平会借助于其贸易伙伴的研发效应和技术扩散得到提高。Coe和Helpman（1995）研究了全要素生产率（TFP）与国内

第七章　生产性服务贸易、技术溢出与产业发展

外 R&D 的关系，发现一国从高水平 R&D 国家进口产品会促进本国生产力的提高。Bin Xu 和 Jianmao Wang（1999）证实了 OECD 国家之间的贸易确实存在 R&D 溢出现象。国内学者黄先海和张云帆（2004）、方希桦等（2004）、李小平和朱钟棣（2004）对中国进行的实证研究都表明进口产生了显著的技术溢出效应。对于 FDI 的技术溢出效应研究也有很多，大都认为可促进一国的技术进步。Caves（1974），Globerman（1979），Imbriani 和 Reganati（1997）对澳大利亚、加拿大以及欧洲国家的检验结果表明外资企业对当地企业产生了明显的外溢效应。Kokko 和 Zejan（1996），Blomstrm，Magnus 和 Fredrik Sjholm（1999）等分别发现 FDI 在乌拉圭、印度尼西亚等国家存在技术溢出。国内学者对中国 FDI 的研究也都证实了 FDI 溢出效应的存在（沈坤荣，1999；姚洋，1998；潘文卿，2003；王志鹏、李子奈，2003；等等）。

不难发现，早期文献更多地把国际贸易和 FDI 锁定为货物贸易和制造业 FDI，但随着世界服务贸易规模的不断扩大和全球 FDI 逐渐转向服务业，学者们开始关注服务贸易进口、服务业 FDI 对技术进步的影响，研究发现服务贸易进口和服务业 FDI 尤其是生产性服务贸易进口和生产性服务业 FDI 有助于一国尤其是发展中国家的技术进步。Sherman Robinson（2002）选取了 10 个国家和地区的 11 个部门的截面数据进行实证分析，结果显示发展中国家从发达国家进口服务产品的同时可以获取信息和先进的技术，提高全要素生产率，进而推动经济增长。Ramkishen（2002）利用 5 个亚洲国家服务贸易的有关数据，研究发现在适当的时间有序地开放金融和电信服务市场，能使本国居民获得物美价廉的服务产品进口，对一国技术进步和经济结构调整具有重要意义。OECD（2006）系统研究了服务市场开放对技术转移或扩散的积极影响，认为服务市场开放是技术扩散的最重要途径，不仅为进口国的技术进步提供了一条重要途径，同时还降低了进口国的技术进步成本，这一点对发展中国家尤为重要。Hoekman（2006）研究认为，在开放条件下，服务将是一国企业竞争力的关键决定因素，服务业基础设施和基础服务的发展水平直接影响到一个国家的产品出口竞争力，服务业落后国家则可以通过进口服务或相关服务领域的 FDI 来发展，从而提高该国的技术水平和经济绩效。

近年来，随着中国服务贸易规模和服务业 FDI 的不断扩大，国内经济学者也逐渐开始关注服务贸易和服务业 FDI，但偏重于服务贸易和服务业

FDI 和经济增长关系问题的研究（尚涛、郭根龙、冯宗宪，2007；李瑞琴，2009；等等），而少有探讨二者和技术进步关系的文献。针对国内学者研究的不足，本书运用协整方法与向量误差修正模型（即 VECM 模型）对我国 1985～2015 年的生产性服务贸易进口、生产性服务业 FDI 与技术进步的关系进行了实证分析。

二、生产性服务贸易进口、生产性服务业 FDI 与技术进步关系的实证研究

应用传统回归分析方法对各经济变量的关系进行估计与检验的前提条件是各变量必须具有平稳的特征，否则容易产生伪回归现象。由于本书各变量的时间序列可能具有非平稳性，因此，我们先对各变量进行单位根平稳性检验，若为非平稳，将采用协整检验来分析各变量之间的关系。在协整分析的基础上，可以利用 VEC 模型对生产性服务贸易进口、生产性服务业 FDI 与技术进步进行 Granger 因果关系检验。

（一）全要素生产率的计算

我们以全要素生产率（TFP）表示技术进步。计算中国的全要素生产率时，由于对数据的处理方法和使用的生产函数的不同，往往得到不同的结果。本书采用索洛残差法来估算中国的全要素生产率。假设 GDP 生产函数为 C－D 函数：

$Y_t = AK_t^{\alpha}L_t^{\beta}$，其中 Y_t 为国内生产总值，K_t 和 L_t 分别为资本和劳动要素的投入，A 为全要素生产率（TFP），α 和 β 分别为资本和劳动的产出弹性，并且 $\alpha + \beta = 1$。对 α 和 β 的估计一般有两种方法，一是收入份额法，即假定在完全竞争的市场情况下，资本和劳动的产出弹性等于它们各自的收入份额。二是回归法，即对上式进行回归，估计出资本和劳动的产出弹性。一般来说，对于较长期的数据，采用回归法会比较准确，而且收入份额法只能在完全竞争的市场上才能适用，而我国目前正处于向市场经济过渡时期，明显与完全竞争市场的假设不符合，因此本书采用回归法。

对式子 $Y_t = AK_t^{\alpha}L_t^{\beta}$ 的两边同除以 L_t 并取对数可得：

$$\ln(Y_t/L_t) = \ln TFP_t + \alpha\ln(K_t/T_t) \quad (7-1)$$

我们用（7－1）式对中国的投入产出数据进行回归，求得 $\alpha = 0.609$，

并且 $\beta = 1 - \alpha = 0.391$。全要素生产率为：

$$TFP_t = Y_t / (K_t^{0.609} L_t^{0.391}) \qquad (7-2)$$

其中，K_t 为资本，并且：$K_t = I_t + 0.9K_{t-1}$，I_t 为以 1990 年价格表示的固定资本投资，单位为亿元；L_t 表示历年就业人数，单位为万人；Y_t 为以 1990 年价格表示的国内生产总值，单位为亿元；相应的以 1983 年为基期的 TFP 指数为：

$$TFP\text{ 指数} = 100 TFP_t / TFP_{1983} \qquad (7-3)$$

对于中国的服务业 FDI，我们先以美元对人民币的年平均汇率换算成人民币值，然后再以固定资产投资价格指数折算成以 1990 年价格表示的不变值。所有数据均来自《中国统计年鉴》，检验区间为 1997～2014 年。

（二）变量的单位根检验

根据计量经济学方法，如果要对变量进行回归分析，首先必须保证各变量是平稳的，否则可能存在"伪回归"的问题，这样回归的结果可能形成误导，相应的常规推断也不正确。对于非平稳的时间序列变量，如果要使建立的回归模型有意义，就必须要求这些非平稳变量之间存在协整关系，而存在协整关系的前提就是各变量同阶单整，因此首先必须对各变量进行平稳性检验。由于全要素生产率指数（TFP）、生产性服务贸易进口（IM）、生产性服务业 FDI 都有随时间上升的趋势（见图 7-1），我们先对各变量取对数，分别用 $\ln TFP$、$\ln IMS$ 和 $\ln FDI$ 表示，以消除时间趋势，再对各项进行单位根检验。

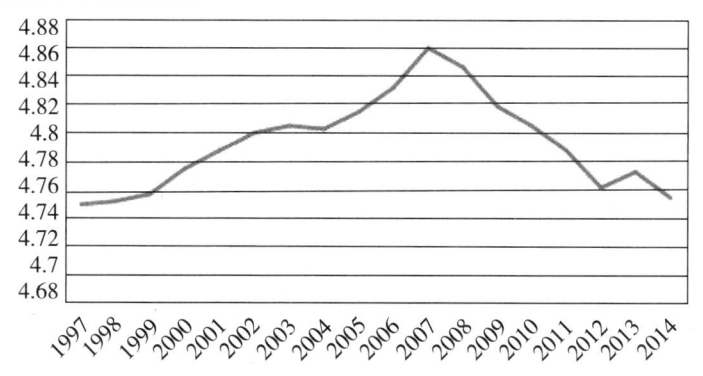

图 7-1 全要素生产率的变化趋势（1997～2014 年）

表 7-1 给出了全要素生产率指数、服务贸易进口与服务业 FDI 的自然对数值及其一阶差分的 ADF 值。根据表 7-1 的结果,各序列 ADF 检验的统计值比在 95% 的置信度水平下的临界值大,所以不能拒绝原假设,即序列存在单位根,是非平稳的。至少在 95% 的置信度水平下,各序列的一阶差分序列的 ADF 检验的统计值小于临界值,所以各序列的一阶差分都拒绝原假设,是平稳的。

表 7-1 各变量的 ADF 单位根检验结果

变量	检验类型 (C, T, P)	ADF 统计值	临界值 5%	结论
$\ln TFP$	(C, T, 2)	-3.555731	-3.632896	非平稳
$\triangle \ln TFP$	(C, N, 4)	-4.113154	-3.690814	平稳
$\ln IMS$	(C, T, 1)	-1.748366	-3.673616	非平稳
$\triangle \ln IMS$	(C, N, 2)	-3.314440	-3.029970	平稳
$\ln FDI$	(C, T, 5)	3.357797	-3.632896	非平稳
$\triangle \ln FDI$	(C, N, 0)	-3.933117	-3.012363	平稳

注:(1)表中的检验形式(C,T,P)分别表示单位根检验方程中包括常数项、时间趋势项和滞后差分阶数(由赤池信息准则 AIC 决定);(2)"△"表示变量的一阶差分。

(三)协整检验

根据协整理论,虽然两个或多个时间序列是非平稳的,但它们的某种线性组合则可能是平稳的。虽然全要素生产率指数、生产性服务贸易进口以及生产性服务业 FDI 都是非平稳时间序列,但它们之间应当存在长期稳定的均衡关系,即是协整的。而上面的平稳性检验已经证明它们都是一阶单整的序列,满足协整检验的前提。

对于两组或两组以上存在单位根的变量序列,如果它们的线性组合是平稳的,则表明这些变量序列之间存在协整关系。在进行变量之间的协整关系检验时,主要有 EG 两步法和 Johansen 检验方法。采用 EG 两步法得到的协整参数估计量具有超一致性和强有效性,但在有限样本条件下,这种估计量是有偏差的,而且样本容量越小,偏差越大。由于本书分析中的有效样本数目相对较小,因此为克服小样本条件下 EG 两步法参数估计的不足,本书采用 Johansen 极大似然值方法。Johansen 极大似然值方法,是通过建立 VAR 模型来进行多变量协整检验，因此，首先必须确定 VAR 模型的最优滞后阶数及协整方程的形式。其中，最优滞后期 k 的选择根据非约束的 VAR 模型的 AIC、SC、FPE 和 HQ 准则而得到。协整方程可能会有以下几种情况：（1）序列没有确定性趋势且协整方程无截距；（2）序列没有确定性趋势且协整方程有截距；（3）序列有线性趋势但协整方程只有截距；（4）序列和协整方程都有线性趋势；（5）序列有二次趋势且协整方程有线性趋势。为保证实证结论的客观性，本书主要根据 AIC 及 SBC 标准来选择滞后阶数以及是否存在趋势项和截距项。当滞后阶数是 4 时，AIC 和 SBC 值最小，因此我们确定非约束 VAR 模型的最优滞后阶数为 4，并选择模型 3 的形式。

确定为模型 3 后，我们再进一步对该模型的协整数目进行选择。从表 7-2 我们可以得到没有协整关系的原假设的迹统计量的值为 46.14405，大于在 95% 的置信度下的临界值 42.91525，表明应该拒绝原假设，接受被选假设，即这两个变量之间至少存在一个协整关系。而对于"至多一个协整关系"和"至多两个协整关系"的原假设，其迹统计量的值分别为 20.84515 和 9.171022，小于在 95% 的置信度下的临界值 25.87211 和 12.51798，因此我们不能拒绝原假设。所以，协整检验的结果表明这两个变量之间只存在一个协整关系。

表 7-2 Johansen 协整检验结果表

H0	特征值	迹检验统计量	5% 的显著度	1% 的显著度
None***	0.700221	46.14405	42.91525	49.36275
At most 1	0.42645	20.84515	25.87211	31.15385
At most 2	0.353845	9.171022	12.51798	16.55386

注：*** 表示在 95% 的置信度下拒绝没有协整关系的原假设。

标准化后的协整关系如表 7-3 所示，我们可以得到表示各变量长期关系的误差修正项。由表 7-3 可知，在长期内，生产性服务贸易进口、生产性服务业 FDI 与技术进步均呈正相关关系，生产性服务贸易进口每增长 1%，技术进步将增长 0.098769%，而生产性服务业 FDI 每增长 1%，技术进步将增长 0.033901%。尽管弹性系数较小，但都在 1% 的水平上拒绝了 0 假设，统计检验比较显著。将协整关系写成数学表达式，并令其等于

VECM，得到：

表7-3 标准化后的协整关系

变量	ln*TFP*	ln*IMS*	ln*FDI*	*C*
系数	1.00000	-0.098769	-0.033901	-4.185828
渐进标准差		(0.01471)	(0.01245)	

注：对数似然比=108.6169。

对序列 VECM 进行单位根检验，结果如表7-4所示，发现 T 统计值为-3.776902，小于99%的置信度水平下的临界值-2.685718，所以其在99%的置信度下是平稳的，验证了以上序列之间的协整关系是正确的。

表7-4 VECM的单位根检验

ADF Test Statistic	-3.776902***	1% Critical Value	-2.685718
		5% Critical Value	-1.959071
		10% Critical Value	-1.607456

注：根据 AIC 标准，滞后阶数为3，无截距和趋势项。

（四）向量误差修正模型

协整关系反映了各变量之间长期稳定的均衡关系，而在短期中，变量可能偏离其长期均衡状态，但会逐步向长期均衡状态调整。为了反映服务贸易进口、服务业 FDI 与技术进步之间短期偏离的修正机制，可以利用 VEC 模型进行分析。本书采用如下形式的 VEC 模型：

$$\Delta Y_t = \alpha_0 + \sum_{i=1}^{k} \alpha_i \Delta Y_{t-i} + \sum_{j=1}^{k} \beta_j \Delta X_{t-j} + \varphi VECM_{t-1} \quad (7-4)$$

其中 K 为滞后期数，笔者根据无约束向量自回归模型的 AIC、SC、FPE 和 HQ 准则而选取滞后期数为3。经过计算得到具体的 VEC 模型如下：

$$\Delta \ln TFP_t = 0.005039 + [0.425017 \quad 0.047545 \quad 0.011224] \times \Delta X_{t-1}$$
$$+ [-0.602759 \quad 0.004410 \quad 0.020356] \times \Delta X_{t-2} + [0.523989$$
$$-0.040408 \quad -0.015455] \times \Delta X_{t-3} - 0.306 \times VECM_{t-1}$$

$$(7-5)$$

其中

$$X = [\ln TFP \; \ln IMS \; \ln FDI]' \; VECM_t$$
$$= \ln TFP_t - 0.098769 \times \ln IMS_t - 0.033901 \times \ln IMS_t - 4.185828$$

$R^2 = 0.769385$ adj $R^2 = 0.769385$ $AIC = -7.261688$ $SC = -5.469370$

VEC模型的决定系数为0.769385，AIC和SC值分别为-7.261688和-5.469370，都较小，说明模型的整体效果比较好。误差修正系数等于-0.204518，为负，符合反向修正机制。误差修正模型表明：在短期内，生产性服务贸易进口、生产性服务业FDI可能偏离它与全要素生产率（TFP）的长期均衡水平，但它们的关系由短期偏离向长期均衡调整的速度非常快，上一年度的非均衡误差以0.204518的比率对本年度的TFP增长做出迅速调整，从而修正TFP增长的偏离。

（五）格兰杰（Granger）因果关系检验

上述协整关系检验的结果表明，生产性服务贸易进口、生产性服务业FDI均与技术进步之间存在显著的正向关系，即它们之间存在着长期稳定的相互依赖关系，因此我们可以运用Granger因果检验法进一步研究它们之间的因果关系。Granger因果检验有两种形式：一种是传统的基于VAR模型的检验；另一种是最近发展起来的基于VEC模型的检验，两者的区别在于各自适用的范围不同，前面的方法仅适用非协整序列间的因果检验，而后者则是用来检验协整序列间的因果关系。Feldstein和Stock（1994）认为，如果非平稳变量间存在协整关系，则应考虑使用基于VEC模型进行因果检验，即不能省去模型中的误差修正项，否则得出的结论可能会出现偏差。由于全要素生产率指数和生产性服务贸易进口序列均是非平稳的，因此可以基于VEC模型进行格兰杰因果检验，结果如表7-5所示。

表7-5 生产性服务贸易进口、生产性服务业FDI和技术进步的格兰杰因果检验

因变量	自变量	自由度	Chi-sq	P值
$\triangle \ln TFP$	$\triangle \ln IMS$	3	2.083303	0.5553
	$\triangle \ln FDI$	3	2.916306	0.4047
$\triangle \ln IMS$	$\triangle \ln TFP$	3	117.0214***	0.0000
	$\triangle \ln FDI$	3	98.11176***	0.0000
$\triangle \ln FDI$	$\triangle \ln TFP$	3	14.96587***	0.0018
	$\triangle \ln IMS$	3	3.946802	0.2673

注：Chi-sq为Wald的x^2检验值，***表示在99%置信度水平上显著。

由表7-5可知，服务贸易进口、服务业FDI是中国技术进步的格兰杰

原因，但技术进步对服务贸易进口和服务业 FDI 的影响不太显著，不是格兰杰原因；服务贸易进口是服务业 FDI 的格兰杰原因，但服务业 FDI 对服务贸易进口的影响不显著，不是格兰杰原因。

三、结论与启示

本节对我国 1997～2014 年的生产性服务贸易进口、生产性服务业 FDI 与技术进步的进行了协整检验，并在 VEC 模型的基础上通过格兰杰因果关系检验来分析它们的关系，结果发现：生产性服务贸易进口、生产性服务业 FDI 与技术进步之间存在长期的均衡关系，但生产性服务贸易进口对技术进步的促进效应明显大于生产性服务业 FDI 对技术进步的促进效应；生产性服务贸易进口、生产性服务业 FDI 是技术进步的格兰杰原因，但技术进步并不是生产性服务贸易进口、生产性服务业 FDI 的格兰杰原因；VEC 模型显示，从短期来看，三者之间的关系由短期偏离向长期均衡调整的速度很快，生产性服务贸易进口、生产性服务业 FDI 的短期波动对我国技术进步的影响显著。

长期以来，我国在服务产品的供给上严重不足，尤其是技术与知识密集型服务产品更是稀缺，进口包括金融业和保险业在内的技术与知识密集型服务产品，引入相关服务领域的 FDI，实际上正是弥补了我国在该领域发展的不足。因此，我们要更进一步开放国内的生产性服务业市场，重视生产性服务业 FDI 的引入和生产性服务贸易的进口，大力引进国外的先进技术、经验以及管理方法，尤其要积极引进知识和技术密集型的服务产品，加强产品研发、设计、专有权利使用和特许等知识技术密集型生产性服务的进口，改善国内服务业尤其是生产性服务业的结构和水平，从而更有效地发挥生产性服务贸易进口和生产性服务业市场开放带来的技术溢出效应，加快我国的技术进步，提高出口产品的增加值，促进我国技术进步与劳动生产率的提高，使之提升制造业产品的附加值，加快其升级，进而促进我国整体经济发展和综合竞争力的提升。

第二节 生产性服务贸易与制造业生产率

一、引言

生产性服务（Produce Service）是指那些被其他商品和服务的生产者用作中间投入的服务。作为中间投入产品，生产性服务有利于专业化分工的深化和交易成本的降低，从而促进下游制造业生产率的提升。在开放经济条件下，生产性服务是一国或地区企业竞争力的重要影响因素，服务业的发展水平直接影响到一个国家的产品出口竞争力，服务业落后国家则可通过进口生产性服务或引入服务业 FDI 来发展，从而提升一国技术水平和经济绩效。

目前，中国正处于产业升级和结构调整的重要阶段，生产性服务业发展严重滞后，规模小和服务质量差已成为制约中国制造业转型升级和进一步发展的重要瓶颈。然而，目前中国还不具备大规模提供高质量生产性服务的能力，因此单靠自身发展还远远不够，迫切需要从国外进口大量的生产性服务或引进生产性服务业 FDI 来推动其发展。自从 2001 年加入世界贸易组织以后，中国加大了服务业对外开放的步伐，生产性服务贸易进口和利用外资都出现了显著增长，但与其他国家相比，中国生产性服务贸易的发展水平与结构还是相对落后的，服务业尤其是生产性服务业利用外资的总体水平仍然处于较低水平，这就严重限制了生产性服务贸易进口和生产性服务业 FDI 对我国制造业生产率的提升作用。因此，如何有效利用生产性服务贸易进口和生产性服务业 FDI，对提高中国制造业生产率和实现产业转型升级具有非常重要的意义。

本节根据2000~2014年中国生产性服务贸易进口❶和生产性服务业FDI❷数据，试图对以下几个方面的问题进行分析：一是生产性服务进口与FDI对中国制造业生产率的影响是否存在差异？二是哪些生产性服务部门的进口最能促进中国制造业生产率的提升？在制造业细分行业中，哪些行业生产率所受的影响较大？三是分部门生产性服务进口与各细分行业制造业生产率之间有无相对应关系？希望通过对上述问题的解答，对中国服务贸易政策、外资政策和产业政策提供参考。

二、生产性服务贸易进口、生产性服务业FDI对制造业生产率的影响

早期文献主要研究货物贸易进口和制造业FDI的技术溢出，但随着世界服务贸易规模的不断扩大和FDI逐渐转向服务业，研究者们开始关注服务贸易进口和服务业FDI对一国的技术溢出效应。理论研究方面，学者们大都认可服务贸易和服务业FDI的技术溢出效应，如Francois（1990），Markusen（2005）等，其中主要原因是由于服务贸易进口和服务业FDI有助于进口国或东道国最终产品生产商获取更多或更优质的中间投入，从而提高下游产业的生产率。经验研究方面，许多学者对服务贸易进口和服务业FDI对东道国宏观经济增长和制造业生产率的促进作用予以了肯定，但他们并没有对技术溢出效应的存在性和大小进行具体定量分析。近年来，有国外学者根据产业或企业层面数据实证研究服务业FDI对东道国制造业的技术溢出效应，大多发现其对制造业生产率提升具有显著促进作用，如Francois和Woerz（2007）；Arnold，Javik和Matoo（2005）；Javorcik和Li（2007）；Fernandes和Paunov（2012）等。

虽然目前国内外已有研究对服务贸易进口和服务业FDI的技术溢出进

---

❶ 根据联合国国际收支统计对服务行业的划分标准，生产性服务主要包括：通信服务、建筑服务、保险服务、金融服务、计算机和信息服务以及专有权与特许权使用费服务。

❷ 由于对生产性服务业的认识在中国起步较晚，中国统计数据中对生产性服务业的划分存在一些问题，对其所包含的行业范围的统计口径不一致。其中2000~2003年的生产性服务业包括：地质勘察、水利管理业，交通运输、仓储及邮电通信业，金融保险业，教育科学研究与综合技术服务业四大行业；2004年以后，生产性服务业又有新的分类，主要包括科学研究、技术服务和地质勘察业，交通运输、仓储和邮政业，信息传输、计算机和软件业，金融业，租赁和商务服务业五大类行业。

行了较多关注,但还缺乏从细分行业角度对中国生产性服务贸易进口和生产性服务业 FDI 技术溢出问题的深入分析。鉴于此,本节试图从细分行业角度出发,深入分析生产性服务贸易进口对不同要素密集度的制造业生产率所产生的影响,同时考察生产性服务业 FDI 对制造业生产率的影响。

(一) 计量模型与数据来源

根据罗默 (Romer, 1990) 的品种增长模型思想,构建生产性服务进口和 FDI 对制造业生产率影响的计量方程如下:

$$\ln P_{it} = \alpha_0 + \alpha_1 \ln IMPS_{it} + \alpha_2 \ln SC_{it} + \alpha_3 \ln K_{it} + \alpha_4 \ln FDI_{it} + \varepsilon_{it}$$
(7-6)

$$\ln P_{it} = \alpha_0 + \alpha_1 \ln FDIPS_{it} + \alpha_2 \ln SC_{it} + \alpha_3 \ln K_{it} + \alpha_4 \ln FDI_{it} + \varepsilon_{it}$$
(7-7)

其中,下标 i 和 t 分别表示行业和年份,$\alpha_0 \sim \alpha_4$ 为回归系数,ε_{it} 是随机误差项。P 表示制造业的劳动生产率。$IMPS$ 和 $FDIPS$ 分别为生产性服务贸易进口额和生产性服务业实际利用 FDI,是模型关心的核心解释变量。K、SC 和 FDI 是模型的控制变量,其中 K 为资本密集度,以行业固定资产净值年均余额与劳动人数之比表示,资本密集度往往与劳动生产率的提高呈现正相关关系;SC 是指企业平均规模,以平均每个企业的增加值来表示,一般认为规模越大的企业越有可能产生规模报酬和促进劳动生产率增长;FDI 表示制造业的实际利用水平,我们以三资企业固定资产净值占各行业固定资产净值的比重来表示,许多现有研究都认为 FDI 会影响各制造业的生产率水平。

上述所有数据的范围为 2000~2014 年,数据均来自于《中国统计年鉴》和国家外汇管理局网站统计数据。其中,以工业品出厂价格指数把当年价的工业增加值换算成以 2000 年为基期的不变价,根据固定资产投资价格指数把固定资产净值年均余额折算成以 2000 年为基期的不变价。此外,根据美元对人民币的年均汇率把生产性服务贸易进口和生产性服务业 FDI 换算为人民币值,再分别按照居民消费价格指数和固定资产价格指数折算为 2000 年不变价。

(二) 生产性服务总进口、FDI 对中国制造业生产率的影响

运用面板数据进行计量分析需选择固定效应或随机效应模型,若 Hausman 检验值显著（$P<0.10$）,则采用固定效应模型,否则就采用随机效应模型。具体回归结果见表7-6。由表7-6可知,总体来看,生产性服务贸易进口对中国制造业劳动生产率提升具有显著的促进效应。具体地,生产性服务贸易进口每增加1%,中国制造业的劳动生产率会提高0.3067%,而且这种正向促进效应要比生产性服务业 FDI 对制造业劳动生产率的促进效应更为突出；生产性服务业 FDI 每增加1%,中国制造业的劳动生产率会提高0.2648%。其中的主要原因可能是因为服务贸易的具体发生往往需要进出口国家（地区）的服务生产要素共同投入,而服务由国外跨国公司通过其在华分支机构以 FDI 方式提供时,仍主要使用中国本地要素,这与进口服务之间可能存在很大差异,因为跨国公司总部的技术或管理人员的水平往往要高于其在华本土人员水平,因此生产性服务贸易进口对中国制造业劳动生产率的促进效应会相对较大。此外,我国对服务业引入外资还存在很多壁垒和限制,也会抑制其对制造业劳动生产率的促进作用。

由表7-6的回归结果还可发现,制造业各行业资本密集度（K）的提高、企业平均规模（SC）的扩大和制造业 FDI 的流入都对制造业劳动生产率的提高具有显著的促进效应。

表7-6 生产性服务贸易进口、生产性服务业 FDI 对制造业生产率影响的实证分析结果

解释变量	生产性服务贸易进口 $\ln IMPS$	生产性服务业 FDI $\ln FDIPS$
常数项	7.8635*** (53.4265)	8.5346*** (45.8743)
$\ln IMPS$	0.3067*** (20.6605)	
$\ln FDIPS$		0.2648*** (13.7841)

续表

解释变量	生产性服务贸易进口 ln*IMPS*	生产性服务业 FDI ln*FDIPS*
ln$K$	0.7255*** (23.6652)	0.5208*** (12.8762)
lnFDI	0.1789*** (9.0323)	0.2788*** (10.5358)
lnSC	0.5729*** (19.4327)	0.6785*** (20.4956)
$\overline{R}^2$	0.9930	0.9431
F 值	1401.96***	1243.80***
Housman 值	46.9155***	0.0000
模型	固定效应	随机效应

注：表中括号内数字为 T 统计值；***、** 和 * 分别表示在 1%、5% 和 10% 的水平上显著。

（三）分部门生产性服务贸易进口对中国制造业整体生产率的影响

虽然上述分析可在一定程度上证实生产性服务贸易进口对制造业劳动生产率的促进效应，但由于生产性服务不同部门的进口对制造业劳动生产率的影响可能悬殊，因此我们需要进一步实证分析分部门生产性服务贸易进口对制造业劳动生产率的影响，具体计量模型如下：

$$\ln P_{it} = \alpha_0 + \alpha_1 \ln COM_{it} + \alpha_2 \ln ARC_{it} + \alpha_3 \ln INS_{it} + \alpha_4 \ln FIN_{it} + \alpha_5 \ln INF_{it} + \alpha_6 \ln ROY_{it} + \alpha_7 \ln BUS_{it} + \alpha_8 \ln K_{it} + \alpha_9 \ln SC_{it} + \alpha_{10} \ln FDI_{it} + \varepsilon_{it}$$

(7-8)

其中，COM、ARC、INS、FIN、INF、ROY 和 BUS 分别表示通信服务、建筑服务、保险服务、金融服务、计算机与信息服务、专有权使用费与特许费和其他商业服务等生产性服务行业的进口额。其他变量与式（7-6）和式（7-7）相同。

从表 7-7 的回归结果可知，不同部门生产性服务贸易进口对制造业劳动生产率的影响存在很大差异。其中，其他商业服务进口对制造业生产率的提升作用最大，其对制造业劳动生产率的提升弹性为 0.4857%。其次是专有权使用费与特许费、建筑服务、计算机与信息服务、保险服务和金融服务,它们对制造业劳动生产率的提升弹性分别为 0.3342%、0.1356%、0.1301%、0.1284% 和 0.0271%。而通信服务对中国制造业劳动生产率的提升效应并不显著,这可能是因为我国在这一领域对外资和外商的市场准入相对限制比较严格,因此抑制了其对中国制造业生产率的提升效应。

表7-7 分部门生产性服务贸易进口对中国制造业劳动生产率的影响

解释变量	回归系数	解释变量	回归系数
C	8.2136*** (4.212)		
$\ln COM$	0.0752 (0.7850)	$\ln ROY$	0.3342*** (4.9862)
$\ln ARC$	0.1356*** (6.544)	$\ln BUS$	0.4857*** (5.7661)
$\ln INS$	0.1284*** (6.1012)	$\ln K$	0.5494*** (4.1719)
$\ln FIN$	0.0271** (2.9512)	$\ln FDI$	0.5623*** (10.0933)
$\ln INF$	0.1301*** (7.8342)	$\ln SC$	0.4649** (2.4786)
$\bar{R}^2$	0.9963		
F 值	2120.4690		
Housman 值	22.7735		
模型	固定效应		

注:表中括号内数字为 T 统计值;***、** 和 * 分别表示在 1%、5% 和 10% 的水平上显著。

(四)生产性服务贸易进口和生产性服务业 FDI 对中国不同类型制造业生产率的影响

为进一步分析生产性服务贸易进口和生产性服务业 FDI 对中国不同类型制造业生产率的影响程度,本节把 28 个制造行业按照要素密集度分为劳动密集型和资本技术密集型两大类,然后分别根据模型(7-5)、模型(7-6)和模型(7-7)进行回归分析,具体回归结果见表7-8。

从表 7-8 的回归结果可知,生产性服务贸易进口和生产性服务业 FDI 对中国不同类型制造业劳动生产率的影响差异明显。相比较而言,二者对资本技术密集型制造业劳动生产率的促进效应比较大,而对劳动密集型制造业生产率的促进效应较小。具体地,生产性服务贸易进口每增加 1%,资本技术密集型制造业和劳动密集型制造业的劳动生产率分别可提高 0.3910% 和 0.3601%;生产性服务业 FDI 每增加 1%,资本技术密集型制造业和劳动密集型制造业的劳动生产率分别可提高 0.3014% 和 0.2821%。这在一定程度上可以说明,当前中国的传统低技术劳动密集型制造业还未能充分利用生产性服务这类高级中间要素投入来提升生产效率。

从各分部门生产性服务贸易进口来看,专有权与特许权使用费对中国资本技术密集型制造业生产率的促进效应最为突出,专有权与特许权使用费进口每增加 1%,资本技术密集型和劳动密集型制造业的生产率分别提高 0.2852% 和 0.2142%,这主要是因为资本技术密集型制造业往往需要大量技术投入,因此从国外进口的专利与特许权对制造业能够产生更大的技术溢出效应。通信服务进口对中国资本技术密集型和劳动密集型制造业生产率的影响均不显著;建筑服务促进劳动密集型制造业生产率的效应较为明显,进口每增加 1%,资本技术密集型和劳动密集型制造业的生产率分别提高 0.1074% 和 0.1356%,保险服务和金融服务对资本技术密集型制造业生产率具有显著促进效应,其进口每增加 1%,资本技术密集型制造业生产率分别提高 0.2271% 和 0.0301%,但二者对劳动密集型制造业生产率的促进效应并不明显;计算机和信息服务明显有利于劳动密集型制造业生产率的提升,但对资本技术密集型制造业生产率的促进效应并不显著;通信服务进口对劳动密集型和资本技术密集型制造业的生产率都没有显著影响。其他商业服务对中国资本技术密集型和劳动密集型制造业生产率均具有显著正向影响,其进口每增加 1%,资本技术密集型和劳动密集型制造业生产率分别提高 0.5857% 和 0.2037%。

表7-8 生产性服务贸易进口和生产性服务业FDI对中国分部门制造业生产率的影响

解释变量	劳动密集型制造业			资本技术密集型制造业		
	(1)	(2)	(3)	(1)	(2)	(3)
ln$IMPS$	0.3601 (16.7850)			0.3910 (15.1150)		
ln$FDIPS$		0.2821 (16.7850)			0.3014 (16.7850)	
lnCOM			0.0752 (0.7850)			0.0356 (0.5442)
lnARC			0.1356*** (6.544)			0.1074** (2.1012)
lnINS			0.1184 (1.1012)			0.2271** (2.9512)
lnFIN			0.0201 (0.9512)			0.0301*** (1.8542)
lnINF			0.1301*** (7.8342)			0.0752 (0.7850)
lnROY			0.2142*** (4.9862)			0.2852*** (5.7816)
lnBUS			0.5857*** (5.7661)			0.2037*** (5.5634)
ln$K$	0.2641*** (2.1452)	0.2112 (1.5193)	0.0674 (0.5362)	0.2623** (2.0154)	0.2533** (2.1129)	0.2456** (2.1179)
lnFDI	0.7445*** (10.6230)	0.7156*** (10.9452)	0.6520*** (6.7347)	0.6748*** (10.7656)	0.5725*** (10.2115)	0.6685*** (9.2524)
lnSC	0.6162*** (3.8679)	0.6745*** (4.2953)	0.2290* (1.9810)	0.6139*** (4.1930)	0.5952*** (3.8635)	0.5432*** (3.4934)
$\bar{R}^2$	0.8331	0.8231	0.8552	0.8314	0.8336	0.8367
模型	随机效应	随机效应	随机效应	随机效应	随机效应	随机效应

注：表中括号内数字为T统计值；"***"、"**"和"*"分别表示在1%、5%和10%的水平上显著。

三、结论与启示

本节的研究表明,生产性服务贸易进口和生产性服务业 FDI 通过引入高级要素投入,提高了中国制造业的分工水平,从而促进了中国制造业整体生产率的提升,具体而言如下。

(1)生产性服务贸易进口促进了中国制造业生产率的提升,而且这种促进效应要比生产性服务业 FDI 对制造业生产率的效应更为突出。总体来看,生产性服务贸易进口和生产性服务业 FDI 都更能促进资本技术密集型制造业的生产率增长,而对劳动密集型制造业生产率的促进相对较小。因此,为提高中国资本和知识技术密集型制造业的生产率,应更加放宽对外国生产性服务的进口限制,同时加大对生产性服务业外资的引入。

(2)不同生产性服务部门进口对中国制造业总体生产率所产生的效应存在很大差异。其中,其他商业服务的进口对制造业生产率的促进效应最为明显,其次是专有权与特许权使用费、建筑服务、计算机与信息服务、保险服务和金融服务的进口;通信服务进口对中国制造业生产率的影响不明显,这可能是因为中国在相关领域对外商存在较严的市场准入限制,因而抑制了中国制造业生产率的提升。因此,应该扩大国外其他商业服务、进口专利和版权以及建筑、金融、保险等生产性服务的进口,从而支持国内制造业企业的技术引进、吸收和自主创新活动。

(3)进口的不同类型生产性服务对中国不同要素密集度制造业劳动生产率所产生的影响也存在较大差异。其中,专有权与特许权使用费最能促进中国资本技术密集型制造业生产率的提升;建筑服务促进劳动密集型制造业生产率的效应较为明显;保险服务和金融服务对资本技术密集型制造业生产率具有显著促进效应,但对劳动密集型制造业生产率的促进效应并不明显;计算机和信息服务明显有利于劳动密集型制造业生产率的提升,但对资本技术密集性制造业生产率的促进效应并不显著;通信服务进口对中国制造业的生产率都没有产生任何显著影响。

总之,严重滞后的生产性服务业已成为制约中国制造业升级和发展的重要瓶颈,因此有必要通过加大从国外进口生产性服务和引入生产性服务业 FDI,来加快实现产业结构的升级与转型,尤其是东部沿海经济相对发达地区从制造业经济向现代服务经济的转变。但是,由于目前中国对大多数生产性服务设有较严的市场准入限制,严重抑制了生产性服务对制造业生产率的提升效应。因此,我们要逐步降低生产性服务贸易进口的壁垒,打破市场准入的限制,进一步增加服务市场的对外开放度,积极引导 FDI 流入生产性服务领域,改善服务业特别是生产性服务业的结构和水平,充分发挥服务市场开放对中国制造业的技术溢出效应。

第三节　生产性服务贸易与制造业出口竞争力

一、引言

生产性服务（Producer Service）是指那些生产者用作生产商品或其他服务产品的中间服务（格鲁伯、沃克,1993）。生产性服务有助于制造业的分工深化和交易成本降低,促进其生产率提升（Riddle,1986）。生产性服务对企业竞争力具有重要影响,服务业发展水平会直接影响到一国产品的出口竞争力,而服务业落后国家可以借助生产性服务的进口和服务业 FDI 的流入来推进国内服务业的发展,从而提升一国技术水平和出口竞争力（Hoekman,2006）。

目前,发展严重滞后的生产性服务业已成为制约中国制造业发展的瓶颈。当前我们还不具备大规模提供高质量生产性服务的能力,因此单靠自身发展还不够,需要从国外进口大量的生产性服务或引入服务业外资来加快发展。中国服务业逐步对外开放,生产性服务贸易进口与外资流入增长很快,但总体而言,生产性服务贸易的发展水平仍较低、利用的外资仍较少,从而限制了生产性服务贸易进口和外资对制造业生产率和出口竞争力的促进效应。因此,研究生产性服务贸易进口和 FDI 对制造业出口竞争力提升的影响具有重要意义。

本节在对生产性服务贸易进口和生产性服务业 FDI 提升制造业出口竞争力的机理进行理论分析的基础上,根据 2000~2011 年中国制造业行业面板数据,通过实证分析,回答以下几个方面的问题:（1）生产性服务贸易进口与生产性服务业 FDI 对制造业出口竞争力是否具有显著促进效应?二者对制造业出口竞争力的影响是否存在明显差异?（2）哪些生产性服务部门的进口最能促进制造业出口竞争力？（3）哪些类型制造行业的出口竞争力受生产性服务贸易进口和 FDI 的影响较大？我们希望找到上述问题的答案，为我国的产业政策和外资外贸政策提供建议。

二、生产性服务贸易进口和生产性服务业 FDI 影响制造业出口竞争力的理论分析

生产性服务贸易进口和生产性服务业 FDI 有助于促进进口国和东道国制造业出口竞争力的提升，因为：（1）生产性服务贸易进口和 FDI 可以通过降低商品贸易成本和贸易壁垒，刺激制造业出口增长；（2）它们有助于改善国内生产性服务，通过前向关联效应来间接提升下游制造业的生产效率和出口竞争力；（3）二者还可通过直接的"软技术"溢出，促进制造业生产率和出口竞争力的提升。

（一）降低贸易成本，刺激制造业出口规模增长

Deardorff（2001）详细分析了包括进口和 FDI 在内的生产性服务贸易自由化对降低贸易成本和促进货物贸易出口的作用，他指出由于货物贸易需要运输、通信、银行、保险和信息处理等服务贸易作为投入，对服务贸易的限制只会增加贸易成本和壁垒，因此服务贸易自由化通过贸易成本的降低促进货物贸易的发展。Beck（2002）研究认为金融服务进口和 FDI 通过促进一国金融发展、降低融资成本，对制造业出口产生正向影响。Djankov 等（2006）研究发现国内运输与相关的交易成本是出口竞争力的主要影响因素；Francois 和 Manchin（2007）也研究认为通信与运输等服务基础设施对一国尤其是发展中国家的出口水平和出口潜力具有重要决定作用，因此相关领域服务的进口和 FDI 有助于改善服务基础设施，降低贸易成本，促进出口竞争力的提升。

（二）改善生产性服务，通过前向关联间接提升制造业效率和出口竞争力

Markusen 等（2005）通过模型分析发现，生产性服务贸易和 FDI 可让东道国最终产品生产商获取更多专业知识，从而提高生产率和出口能力。Mazumdar（2003）将进口的生产性服务作为内生的资源禀赋，实证研究发

现从美国进口的生产性服务对低收入国家商品出口有重要影响，其中商务和电信服务的影响最突出；Francois（2007）根据 OECD 国家 1994～2004 年间的面板数据实证研究发现，商务服务的进口对技术密集型制造业的出口竞争力具有显著正向作用，但对劳动密集型制造业的出口影响却为负。Fernandes 和 Paunov（2008）利用智利的企业层面数据研究发现，服务业 FDI 与制造业企业的生产率增长之间存在显著正相关关系。

（三）产生直接的"软技术"溢出，提高制造业生产率与出口竞争力

服务进口和服务业 FDI 可通过国外服务提供商或服务业外资企业的示范效应、个人联系和人员流动使制造业企业获得学习机会，获得"软技术"（如管理、组织或营销知识和技术技能等）溢出，有助于进口国和东道国制造业生产率和出口竞争力的提升。Kox 和 Rubalcaba（2007）研究认为营销、技术和其他咨询服务等知识密集型行业所提供的知识密集型投入，有助于制造业企业提高自主创新能力和生产率，促进出口竞争力。Miroudout（2006）研究认为，包括服务进口和 FDI 在内的服务自由化可促进外资企业和国内企业之间的知识交流，从而产生积极的技术溢出效应。

虽然已有研究对生产性服务贸易进口和生产性服务业 FDI 对制造业出口竞争力的影响进行了一定研究，但还缺少从细分行业角度实证分析生产性服务贸易进口和 FDI 对制造业出口竞争力的影响。鉴于此，本书从行业角度出发，就生产性服务贸易进口和 FDI 对不同类型制造业出口竞争力的影响进行深入分析。

三、生产性服务贸易进口与生产性服务业 FDI 对制造业出口竞争力影响的实证分析

以上理论分析表明，生产性服务进口和生产性服务业 FDI 可通过降低贸易成本、改善国内生产性服务以及带来直接的"软技术"溢出，提升制造业出口竞争力。接下来这部分，从总体与细分行业层面实证分析生产性服务贸易进口和 FDI 对中国制造业出口竞争力的影响。

（一）生产性服务贸易总进口、生产性服务业 FDI 对中国制造业出口竞争力的影响

为考察生产性服务总进口和 FDI 对中国制造业出口竞争力的影响，设置计量模型如下：

$$\ln EX_{it} = \alpha_0 + \alpha_1 \ln IMPS_{it} + \alpha_2 \ln SC_{it} + \alpha_3 \ln K_{it} + \alpha_4 \ln FDI_{it}$$
$$+ \alpha_5 \ln W_{it} + \alpha_6 \ln R_{it} + \varepsilon_{it}$$

(7 - 9)

$$\ln EX_{it} = \alpha_0 + \alpha_1 \ln FDIPS_{it} + \alpha_2 \ln SC_{it} + \alpha_3 \ln K_{it} + \alpha_4 \ln FDI_{it}$$
$$+ \alpha_5 \ln W_{it} + \alpha_6 \ln R_{it} + \varepsilon_{it}$$

(7 - 10)

其中，下标 i 和 t 分别表示行业和年份，$\alpha_0 \sim \alpha_5$ 为回归系数，ε_{it} 是随机误差项。EX 为各制造业的出口额，用来表示制造业的出口竞争力。$IMPS$ 和 $FDIPS$ 分别指生产性服务贸易进口额[1]和生产性服务业实际利用 FDI[2]，是模型关心的核心变量。

SC、K、FDI、W 和 R 是模型的控制变量。其中，SC 是企业平均规模，用平均的每个企业的生产总值来表示，一般认为企业规模越大越有可能获取规模经济效应，其出口倾向和竞争力也越高。K 是指资本密集度，用人均固定资产净值年均余额来表示，许多文献研究认为资本密集度有助于提高劳动生产率，从而促进出口竞争力的提升，但也有文献如张军（2002）研究发现资本深化也有可能对技术进步和出口竞争力产生负面影响，因此资本密集度对制造业出口竞争力的影响方向并不明确。FDI 代表制造业外资水平，我们用各行业固定资产净值中三资企业固定资产净值来表示，众

---

[1] 根据联合国国际收支统计对服务行业的划分标准，生产性服务贸易主要包括：通信服务、建筑服务、保险服务、金融服务、计算机和信息服务、专有权与特许权使用费服务、其他商业服务七类。

[2] 由于对生产性服务业的认识在中国起步较晚，中国统计数据中对生产性服务业的划分存在一些问题，对其所包含的行业范围的统计口径不一致，其中 1998～2003 年的生产性服务业包括：地质勘察、水利管理业，交通运输、仓储及邮电通信业，金融保险业，房地产业，教育科学研究与综合技术服务业五大行业；而在 2004 年以后，生产性服务业又有新的分类，主要包括科学研究、技术服务和地质勘察业，交通运输、仓储和邮政业，信息传输、计算机和软件业，金融业，房地产业，租赁和商务服务业等行业。

多研究发现 FDI 对中国出口竞争力具有显著的正向影响。W 为行业平均劳动报酬，用来考察劳动力成本对制造业出口竞争力的影响程度，根据效率工资理论，企业给员工较高的报酬会激励员工更加努力工作，从而提高企业效率水平和出口竞争力；但另一方面，增加员工工资会增加企业的生产成本，也可能会不利于企业提高技术水平和出口竞争力。R 表示汇率水平，以直接标价法的人民币对美元年均汇价来表示，一般认为本币汇率升值对制造业出口会产生负面影响。上述所有变量的样本期间为 2000~2011 年，数据均来自于《中国统计年鉴》❶。

表7-9　生产性服务贸易总进口和生产性服务业 FDI 对制造业出口竞争力的影响

解释变量	全部制造业	劳动密集型制造业	资本技术密集型制造业	全部制造业	劳动密集型制造业	资本技术密集型制造业
C	-8.012** (-2.450)	-6.889* (-1.660)	-9.460** (-2.238)	-5.103** (-2.155)	-12.966*** (-3.478)	-24.031*** (-5.866)
$\ln IMPS$	0.657*** (6.454)	0.383*** (3.259)	0.957*** (6.808)			
$\ln FDIPS$				0.196*** (5.921)	0.308*** (2.918)	0.707*** (5.413)
$\ln SCI$	0.256*** (2.981)	0.242** (2.144)	0.261** (2.302)	0.446*** (9.012)	0.216* (1.873)	0.216* (1.790)
$\ln FDI$	0.591*** 10.341)	0.625*** (8.286)	0.245** (2.512)	0.534*** (8.491)	0.659*** (8.998)	0.306*** (3.001)
$\ln K$	-0.487*** (-3.670)	-0.380** (-2.375)	-0.697*** (-3.824)	-0.842*** (-8.853)	-0.478*** (-3.093)	-0.937*** (-5.179)
$\ln W$	0.118 (0.546)	0.265 (0.993)	0.452 (1.515)	0.473*** (3.246)	0.524** (2.320)	1.179*** (4.586)
$\ln R$	0.913*** (2.850)	0.767* (1.954)	0.724* (1.684)	0.713*** (3.416)	1.437*** (3.772)	2.268*** (4.892)

---

❶　其中，本书用商品零售价格指数将制造业出口额调整为 2000 年不变价，用工业品出厂价格指数将工业生产总值折算为 2000 年不变价，用固定资产投资价格指数把固定资产净值年均余额也折算为 2000 年不变价。对于生产性服务进口和生产性服务业 FDI，本书分别以商品零售价格指数和固定资产价格指数折算为 2000 年不变价。

续表

解释变量	全部制造业	劳动密集型制造业	资本技术密集型制造业	全部制造业	劳动密集型制造业	资本技术密集型制造业
$AR(1)$				0.766***(22.909)		
$\bar{R}^2$	0.855	0.842	0.886	0.996	0.840	0.877
F 值	317.934	138.551	217.850	2350.737	136.250	199.177
Hausman 值	0.000	0.000	0.000	27.179***	0.000	0.000
模型	随机效应	随机效应	随机效应	固定效应	随机效应	随机效应
样本数	324	324	324	297	156	168

注：表中括号内数字为 T 统计值；***，**和*分别表示在1%，5%和10%的水平上显著。

运用面板数据进行计量分析需选择固定效应或随机效应模型，若 Hausman 检验值显著（$P<0.10$），则采用固定效应模型，否则就采用随机效应模型。具体回归结果见表 7-9。由表 7-9 可知，总体来看，生产性服务贸易总进口和 FDI 对中国制造业整体、劳动密集型制造业和资本技术密集型制造业的出口竞争力均具有显著促进作用，但生产性服务贸易总进口的促进效应相比生产性服务业 FDI 的影响要更加突出。具体地，生产性服务贸易进口每增加 1%，制造业整体、劳动密集型制造业和资本技术密集型制造业的出口竞争力将分别提高 0.657%、0.383% 和 0.957%；而生产性服务业 FDI 每增加 1%，制造业整体、劳动密集型制造业和资本技术密集型制造业的出口竞争力分别提升 0.196%、0.308% 和 0.707%。这可能与服务由国外跨国公司通过其在华分支机构以 FDI 方式提供时，仍主要使用中国本地要素投入有关，因为跨国公司总部的技术或管理人员的水平往往要高于在华本土人员水平，因此生产性服务贸易总进口对中国制造业出口竞争力的促进效应会相对较大。此外，我国对服务业外资还存在很多壁垒和限制，也会抑制其对制造业出口竞争力的提升作用。

从表 7-9 的回归结果还可发现，生产性服务贸易总进口和 FDI 对不同类型制造业出口竞争力的影响差异明显。二者对劳动密集型制造业出口竞争力的影响程度都较小，而对资本技术密集型制造业出口竞争力的促进效应较大。具体来说，生产性服务贸易总进口对资本技术密集型和劳动密集型制造业的出口竞争力的提升弹性分别为 0.957% 和 0.383%，而生产性服务业 FDI 的提升弹性分别为 0.707% 和 0.308%。这可能是因为相对于劳动密集型制造业而言，资本技术密集型制造业对生产性服务投入需求更多，从而更能利用进口的生产性服务提升自身生产率和出口竞争力。

此外，从模型的各控制变量来看，企业平均规模（SC）的扩大和外商直接投资（FDI）对出口竞争力提升具有显著促进效应，与本书预期一致。而资本密集度（K）的提高对制造业出口竞争力具有显著负向效应，这与张军（2002）的研究类似。行业平均劳动报酬（W）对出口竞争力提升具有正向效应，这可能是因为企业付给员工更高报酬可激励员工更加勤奋工作，从而有利于企业效率水平和出口竞争力的提升。汇率水平（R）的回归系数显著为正数，且系数大小明显比其他变量更大，这说明近年来人民币汇率对美元的升值、对出口竞争力产生了明显的负面影响，与理论预期一致[1]。

（二）分部门生产性服务贸易进口对制造业整体出口竞争力的影响

虽然上述分析可在一定程度上证实生产性服务贸易进口对制造业出口竞争力的促进效应，但由于生产性服务不同部门的进口对制造业出口竞争力的影响可能悬殊，因此我们需要进一步实证分析分部门生产性服务贸易进口对制造业出口竞争力的影响，具体计量模型如下：

$$\ln EX_{it} = \alpha_0 + \alpha_1 \ln COM_{it} + \alpha_2 \ln SCI_{it} + \alpha_3 \ln K_{it} + \alpha_4 \ln FDI_{it} + \alpha_5 \ln W_{it} + \alpha_6 \ln R_{it} + \varepsilon_{it}$$

(7 - 11)

$$\ln EX_{it} = \alpha_0 + \alpha_1 \ln ARC_{it} + \alpha_2 \ln SCI_{it} + \alpha_3 \ln K_{it} + \alpha_4 \ln FDI_{it} + \alpha_5 \ln W_{it} + \alpha_6 \ln R_{it} + \varepsilon_{it}$$

(7 - 12)

---

[1] 由于本书的人民币对美元的汇率采用直接标价法，因此汇率水平（R）的回归系数显著为正数，说明若人民币贬值，汇率水平提高，有利于制造业出口竞争力的提升；反之，人民币升值，汇率水平下降，会对出口竞争力产生不利的负面效应。

$$\ln EX_{it} = \alpha_0 + \alpha_1 \ln INS_{it} + \alpha_2 \ln SCI_{it} + \alpha_3 \ln K_{it} + \alpha_4 \ln FDI_{it}$$
$$+ \alpha_5 \ln W_{it} + \alpha_6 \ln R_{it} + \varepsilon_{it}$$
(7 – 13)

$$\ln EX_{it} = \alpha_0 + \alpha_1 \ln FIN_{it} + \alpha_2 \ln SCI_{it} + \alpha_3 \ln K_{it} + \alpha_4 \ln FDI_{it}$$
$$+ \alpha_5 \ln W_{it} + \alpha_6 \ln R_{it} + \varepsilon_{it}$$
(7 – 14)

$$\ln EX_{it} = \alpha_0 + \alpha_1 \ln INF_{it} + \alpha_2 \ln SCI_{it} + \alpha_3 \ln K_{it} + \alpha_4 \ln FDI_{it}$$
$$+ \alpha_5 \ln W_{it} + \alpha_6 \ln R_{it} + \varepsilon_{it}$$
(7 – 15)

$$\ln EX_{it} = \alpha_0 + \alpha_1 \ln ROY_{it} + \alpha_2 \ln SCI_{it} + \alpha_3 \ln K_{it} + \alpha_4 \ln FDI_{it}$$
$$+ \alpha_5 \ln W_{it} + \alpha_6 \ln R_{it} + \varepsilon_{it}$$
(7 – 16)

$$\ln EX_{it} = \alpha_0 + \alpha_1 \ln BUS_{it} + \alpha_2 \ln SCI_{it} + \alpha_3 \ln K_{it} + \alpha_4 \ln FDI_{it}$$
$$+ \alpha_5 \ln W_{it} + \alpha_6 \ln R_{it} + \varepsilon_{it}$$
(7 – 17)

其中，COM、ARC、INS、FIN、INF、ROY 和 BUS 分别表示通信服务、建筑服务、保险服务、金融服务、计算机与信息服务、专有权与特许权使用费、其他商业服务。其他变量与式（7 – 9）和式（7 – 10）相同。

表 7 – 10　分部门生产性服务贸易进口对制造业出口竞争力的影响

变量	I	II	III	IV	V	VI	VII
C	-11.006*** (-4.212)	-6.321*** (-2.609)	-1.345 (-0.396)	-15.991*** (-4.685)	-11.286*** (-2.988)	-7.428* (-1.876)	-12.235*** (-3.934)
$\ln COM$	0.170*** (3.785)						
$\ln ARC$		-0.018 (-0.544)					
$\ln INS$			0.818*** (8.502)				
$\ln FIN$				0.031 (0.951)			

续表

变量	Ⅰ	Ⅱ	Ⅲ	Ⅳ	Ⅴ	Ⅵ	Ⅶ
ln*INF*					0.130*** (2.834)		
ln*ROY*						0.334*** (3.986)	
ln*BUS*							0.485*** (5.661)
ln*SC*	0.629*** (11.906)	0.555*** (9.495)	0.031 (0.362)	0.274*** (2.902)	0.269*** (2.910)	0.264*** (2.909)	0.263*** (3.026)
ln*K*	-0.929*** (-9.483)	-1.041*** (-10.528)	-0.412*** (-3.283)	-0.921*** (-7.328)	-0.853*** (-6.754)	-0.764*** (-5.964)	-0.549*** (-4.119)
ln*FDI*	0.601*** (9.972)	0.635*** (9.910)	0.539*** (9.762)	0.764*** (13.829)	0.742*** (13.583)	0.699*** (12.513)	0.623*** (10.933)
ln*W*	0.773*** (5.524)	0.716*** (4.881)	-0.038 (-0.195)	1.099*** (6.225)	0.836*** (4.320)	0.472** (2.039)	0.469** (2.476)
ln*R*	1.226*** (5.042)	0.734*** (3.284)	0.163 (0.486)	1.435*** (4.232)	1.029*** (2.794)	0.778** (2.094)	1.288*** (4.088)
AR（1）	0.711*** (20.981)	0.751*** (22.666)					
$\bar{R}^2$	0.996	0.996	0.866	0.836	0.840	0.844	0.851
F 值	2120.469	1998.327	348.884	276.049	283.627	291.931	308.352
Housman 值	22.773	17.344	0.000	0.000	0.000	0.000	0.000
模型	固定效应	固定效应	随机效应	随机效应	随机效应	随机效应	随机效应
样本	297	297	324	324	324	324	324

注：表中括号内数字为 T 统计值；***、**和*分别表示在 1%、5%和 10%的水平上显著。

从表 7-10 的回归结果可知，不同部门生产性服务贸易进口对制造业出口竞争力的影响存在很大差异。其中，保险服务进口对制造业出口竞争力的提升作用最大，其对制造业出口竞争力的提升弹性为 0.818%。这可能是因为我国制成品出口大多采用 FOB 的出口方式，导致与出口相关保险服务转移给了进口方，从而加大了对进口保险服务的依赖（唐宜红、王明荣，2009）。其他商业服务、专有权与特许权使用费、通信服务、计算机与信息服务等也对制造业出口竞争力具有显著正向影响。建筑服务与金融服务进口的促进效应不显著,这可能是由于建筑服务相对而言技术含量不太高,对制造业生产率和出口影响自然较小,而金融服务则可能是因为中国在金融领域对外资设有较严格的壁垒和限制,从而抑制了其对制造业出口竞争力的提升效应。

(三)分部门生产性服务贸易进口对不同类型制造业出口竞争力的影响

以上只是分析了分部门生产性服务贸易进口对中国制造业整体出口竞争力的影响,接下来进一步来考察其对不同类型制造业出口竞争力的影响,具体回归结果见表7-11和表7-12。

表7-11 分部门生产性服务贸易进口对劳动密集型制造业出口竞争力的影响

变量	I	II	III	IV	V	VI	VII
C	-12.072*** (-2.846)	-12.979*** (-3.341)	-0.499 (-0.115)	-11.972*** (-2.847)	-9.280** (-2.021)	-5.771 (-1.148)	-10.164*** (-2.625)
$\ln COM$	0.038 (0.483)						
$\ln ARC$		-0.059 (-0.681)					
$\ln INS$			0.593*** (5.130)				
$\ln FIN$				0.020 (0.558)			
$\ln INF$					0.075 (1.459)		
$\ln ROY$						0.217** (2.207)	
$\ln BUS$							0.251*** (2.632)
$\ln SC$	0.264*** (2.145)	0.211 (1.593)	0.064 (0.562)	0.263** (2.154)	0.253** (2.129)	0.256** (2.179)	0.241** (2.116)

续表

变量	I	II	III	IV	V	VI	VII
lnFDI	0.745*** (10.620)	0.756*** (10.945)	0.520*** (6.737)	0.748*** (10.765)	0.725*** (10.211)	0.685*** (9.224)	0.663*** (9.023)
lnK	-0.616*** (-3.879)	-0.674*** (-4.295)	-0.290* (-1.910)	-0.639*** (-4.190)	-0.595*** (-3.865)	-0.543*** (-3.494)	-0.436*** (-2.728)
lnW	0.828*** (3.439)	1.004*** (4.065)	0.036 (0.146)	0.832*** (3.676)	0.696*** (2.948)	0.420 (1.456)	0.530** (2.285)
lnR	1.138*** (2.853)	1.093*** (2.667)	0.082 (0.194)	1.135*** (2.853)	0.887** (2.029)	0.630 (1.371)	1.047*** (2.787)
$\overline{R}^2$	0.831	0.831	0.855	0.831	0.833	0.836	0.839
模型	随机效应	随机效应	随机效应	随机效应	随机效应	随机效应	随机效应
样本	156	156	156	156	156	156	156

注：表中括号内数字为 T 统计值；***，**和*分别表示在1%、5%和10%的水平上显著。

从表7-11和表7-12的回归结果可知，分部门生产性服务部门的进口对不同类型制造业出口竞争力的影响差异明显。对于资本和技术密集型制造业来说，除了建筑服务和金融服务进口对其出口竞争力的正向影响不显著以外，其他生产性服务贸易进口均对出口竞争力具有显著促进效应。其中，与制造业总体类似，保险服务进口对资本和技术密集型制造业出口竞争力的促进作用最大，其对出口竞争力的提升弹性为1.007%；其他商业服务、专有权与特许权使用费、通信服务、计算机与信息服务的影响次之。而对于劳动密集型制造业而言，通信服务、建筑服务、金融服务、计算机与信息服务等对其出口竞争力均没有显著影响；保险服务、其他商业服务和专有权与特许权使用费等进口虽然对其出口竞争力具有显著促进作用，但促进效应明显比对资本和技术密集型制造业出口竞争力的影响要小得多。

表7-12 分部门生产性服务贸易进口对资本技术密集型制造业出口竞争力的影响

变量	I	II	III	IV	V	VI	VII
C	-14.684*** (-3.707)	-21.990*** (-4.896)	-4.106*** (-0.925)	-19.458*** (-4.150)	-14.112*** (-2.651)	-10.412* (-1.944)	-13.957*** (-3.428)

续表

变量	Ⅰ	Ⅱ	Ⅲ	Ⅳ	Ⅴ	Ⅵ	Ⅶ
lnTEL	0.260*** (3.626)						
lnARC		0.162 (1.422)					
lnINS			1.007*** (7.467)				
lnFIN				0.074 (1.492)			
lnINF					0.173** (2.493)		
lnROY						0.426*** (3.498)	
lnBUS							0.772*** (6.385)
lnSC	0.619*** (7.781)	0.381*** (2.699)	-0.017 (-0.140)	0.335** (2.523)	0.297** (2.293)	0.275** (2.168)	0.295** (2.572)
lnFDI	0.421*** (4.238)	0.466*** (4.251)	0.304*** (3.279)	0.485*** (4.583)	0.503*** (4.923)	0.461*** (4.560)	0.243** (2.435)
ln$K$	-1.192*** (-8.361)	-1.281*** (-6.903)	-0.703*** (-4.000)	-1.314*** (-7.227)	-1.237*** (-6.746)	-1.120*** (-6.031)	-0.745*** (-4.059)
ln$W$	1.350*** (5.519)	1.732*** (6.379)	0.411 (1.436)	1.753*** (6.653)	1.445*** (4.769)	1.020*** (2.955)	0.865*** (3.246)
ln$R$	1.165*** (3.120)	1.733*** (3.353)	0.115 (0.256)	1.403*** (2.877)	0.920* (1.741)	0.723 (1.406)	1.110*** (2.609)
$AR(1)$	0.569*** (9.138)						
$\overline{R}^2$	0.992	0.856	0.891	0.856	0.860	0.865	0.883
模型	固定效应	随机效应	随机效应	随机效应	随机效应	随机效应	随机效应
样本	154	168	168	168	168	168	168

注：表中括号内数字为 T 统计值；***，**和*分别表示在1%、5%和10%的水平上显著。

四、结论与启示

本节根据 2000~2011 年中国制造业行业的面板数据,实证研究了生产性服务贸易进口与生产性服务业 FDI 对中国制造业出口竞争力的影响,研究结果表明:生产性服务贸易进口比生产性服务业 FDI 更能显著促进制造业出口竞争力的提升,且二者都更有利于资本技术密集型制造业出口竞争力的提升;不同部门的生产性服务贸易进口对制造业整体以及不同要素密集度制造业出口竞争力的提升相应存在较大差异。具体来说:

(1) 生产性服务贸易进口比生产性服务业 FDI 更能促进中国制造业出口竞争力的提升。总体而言,生产性服务贸易进口与生产性服务业 FDI 都更有利于制造业尤其是资本技术密集型制造业出口竞争力的提升,对劳动密集型制造业出口竞争力的影响相对较小。因此,我们应逐步放宽对国外生产性服务的进口限制,并扩大引入相关领域外资的幅度,促进制造业尤其是资本技术密集型制造业出口竞争力的提升。

(2) 不同部门生产性服务贸易进口对制造业出口竞争力的影响悬殊。其中,保险服务进口对制造业出口竞争力的提升作用最大,其他商业服务、专有权与特许权使用费、通信服务、计算机与信息服务等次之。建筑服务与金融服务进口的促进效应不显著,这可能是由于建筑服务相对而言技术含量不太高,对制造业生产率和出口影响自然较小,而金融服务则可能是因为中国在金融领域对外资设有较严格的壁垒和限制,抑制了其对制造业出口竞争力的提升效应。因此,我们需要进一步扩大从专利和版权、金融、保险等生产性服务贸易进口,大力支持国内制造企业的技术引进、吸收和研发创新活动,从而提升出口竞争力。

(3) 进口的不同生产性服务对不同要素密集度制造业出口竞争力提升的相应存在较大差异。其中,保险服务、其他商业服务和专有权与特许权使用费进口对劳动密集型和资本技术密集型制造业的出口竞争力均具有显著促进效应,但对资本技术密集型制造业的出口竞争力影响更大;通信服务、计算机与信息服务的进口对资本技术密集型制造业的出口竞争力具有显著促进效应,但对劳动密集型制造业出口竞争力没有显著影响;建筑服务和金融服务进口对不同要素密集度制造业的出口竞争力影响都不明显。

本节的研究结果具有一定的政策启示。生产性服务业与制造业之间存在密切的互动关系，制造业尤其是资本和技术密集型制造业的竞争力的提升离不开生产性服务业的发展。当前中国制造业之所以竞争力不高，一个关键原因就是由于相关配套的生产性服务业发展滞后，对制造业的支撑不够，严重制约了制造业的技术升级和竞争力提升。当前我国在生产性服务领域大多设有较严的贸易壁垒和限制，不利于制造业生产率和出口竞争力的提升。因此，我们必须在大力培育与发展本国生产性服务业的同时，逐步降低生产性服务贸易进口的贸易壁垒和限制，加大对生产性服务的进口和相关领域外资的引进，从而充分发挥生产性服务对制造业尤其是资本和技术密集型制造业技术水平和出口竞争力的提升效应。

第八章 研究结论与政策建议

全球服务贸易发展迅猛,外商直接投资也逐渐转向服务业,近年来,我国服务贸易尤其是服务贸易进口快速增长,外商直接投资也开始呈现出从制造业流向服务业的现象。因此,深入研究服务贸易进口和服务业外商直接投资的技术溢出机制,从而实现服务贸易进口和服务业 FDI 技术溢出效应的最大化,是我国必须思考的战略性问题,该问题的解决对于优化我国产业结构、改善服务业发展滞后的现状以及提高自主创新能力等都具有非常重要的指导意义。本书基于服务贸易和外商直接投资理论,以中国总体的时间序列数据,以及省级和行业面板数据为基础,对服务贸易进口和服务业 FDI 的技术溢出进行了理论与实证分析,得出了一系列具有现实意义的结论,并在此基础上提出相关的政策建议。

第一节 研究结论

具体来说,本书从理论和实证上对跨境服务贸易进口和商业存在服务贸易进口(即服务业外商直接投资)的技术溢出和产业发展效应进行了分析,并在实证中加入不同的研究方法,使得结论更具有说服力。综上所述,本书的主要研究结论如下:

第一,服务贸易进口(跨境贸易)和服务业 FDI(商业存在)对中国总体经济的技术进步存在正向促进作用。具体而言:(1)本书通过对我国 1983~2008 年的跨境服务贸易进口与全要素生产率指数的时间序列数据,并在向量误差修正模型(VECM)的基础上通过 Granger 因果关系检验来分析它们的关系,结果发现:跨境服务贸易进口和全要素生产率之间存在长期的正向关系,说明跨境服务贸易进口存在显著的技术溢出效应。服务贸易进口是技术进步的格兰杰原因，但技术进步不是服务贸易进口的格兰杰原因；向量误差修正模型显示，从短期来看，二者之间的关系由短期偏离向长期均衡调整的速度很快，服务贸易进口的短期波动对我国技术进步的影响非常显著。(2) 本书通过对我国 1983～2015 年的服务业 FDI、生产性服务业 FDI 与全要素生产率指数的时间序列数据进行平稳性检验和协整分析，并在向量误差修正模型的基础上通过因果关系检验来分析它们的关系，结果发现：无论是流量还是存量，我国的服务业 FDI（包括生产性服务业 FDI）与技术进步之间存在长期的均衡关系，服务业 FDI（包括生产性服务业 FDI）对中国总体经济的技术进步存在正向促进作用，通过分析计量模型结果同时发现：服务业 FDI 无论是存量和流量来说，都是中国技术进步的格兰杰原因。生产性服务业 FDI 是技术进步的格兰杰原因，但技术进步不是生产性服务业 FDI 的格兰杰原因；VECM 显示，从短期来看，二者之间的关系由短期偏离向长期均衡调整的速度很快，生产性服务业 FDI 的短期波动对我国技术进步的影响非常显著。

第二，服务业 FDI 技术溢出效应的大小受到地区法治水平、劳动力市场化程度、服务业发展水平和人力资本存量的影响。本书利用中国 16 省区市的投入产出数据，利用生产函数法计算了各省区市的技术进步率，并构建计量模型，实证分析了服务业 FDI 技术溢出效应的影响因素。我们发现：(1) 法治水平的高低与服务业 FDI 的技术溢出效应显著正相关，法治水平较高的地区相比法治水平较低的地区更利于服务业 FDI 的技术溢出。(2) 劳动力市场化程度的高低与服务业 FDI 的技术溢出效应显著正相关，地区的劳动力市场发展得越完善，劳动力的流动就越顺畅，服务业跨国公司人员的流动也就越活跃，服务业外资企业对本地企业的技术转移和技术扩散就越快，技术溢出效应就越大。(3) 服务业发展水平与服务业 FDI 的技术溢出效应正相关，服务业发展水平高的地区产业基础越好，服务经济越活跃，就越容易吸引外资进入，外资企业对本地经济的技术溢出效应更容易发挥。(4) 人力资本存量与服务业 FDI 的技术溢出效应正相关，但只有东部地区才显著。说明服务业 FDI 的技术溢出效应存在人力资本的"门槛效应"，即只有在经济发展到一定水平时，人力资本水平对服务业 FDI 的技术溢出效应的促进作用才会显著为正。我国的东部地区已经跨越了这道经济门槛，其人力资本水平相对较高，已对服务业 FDI 的技术溢出产生了显著的促进作用，但中西部地区还没有到达这道门槛，其人力资本水平还没有显著地促进服务业 FDI 的技术溢出效应。

第三，跨境服务贸易进口对制造业发展的促进效应显著。本书通过运用 52 个国家 2000~2011 年的跨国面板数据分析生产性服务贸易进口对制成品出口复杂度的影响，实证分析表明生产性服务进口通过引入高级服务要素投入，促进了一国高技术制成品生产的专业化分工水平与技术进步，从而有助于高技术制成品出口复杂度的提升。此外，本书还根据 2000~2012 年中国制造业行业的面板数据，对运输服务贸易进口对制造业出口规模的影响进行实证分析，结果发现：运输服务贸易自由化的确可以通过降低贸易成本，促进制成品出口规模增长。因此，加快运输服务贸易自由化是提升一国制成品出口规模的重要途径。

第四，商业存在服务贸易进口，即服务业 FDI 对服务业和制造业的技术溢出和产业发展促进效应显著。本书通过利用相关理论，对服务业 FDI 行业内和行业间技术溢出的溢出途径和溢出效应进行了理论和实证分析。（1）服务业 FDI 存在行业内溢出效应，能通过促进服务业效率改善、影响服务业的技术改进和创新来促进服务业技术水平的增长。本书通过对中国服务业面板数据的计量分析，发现在 1998~2003 年和 2005~2008 年这两个时期内，服务业 FDI 对服务行业的生产率增长起到正向促进作用，FDI 对服务业的全要素生产率、技术效率和技术进步增长的影响都显著为正。这说明服务业 FDI 确实能通过促进服务业效率改善、影响服务业的技术改进和创新来促进服务业技术水平的增长。（2）服务业 FDI 可通过前向关联和直接知识溢出等途径，对中国制造业产生正向的产业间溢出效应。本书通过构造一个衡量制造业的服务业 FDI 联系指数，并利用 DEA 方法将中国 15 个制造业行业 1998~2008 年的全要素生产率增长分解为技术效应和技术进步增长的基础上，就服务业 FDI（包括生产性服务业 FDI）对制造业生产率增长的关系进行了实证分析。我们发现：无论是用直接消耗系数还是用完全消耗系数来计算，制造业的服务业 FDI 联系指数（和生产性服务业 FDI 联系指数）都对制造业的技术进步、技术效率和全要素生产率指数增长具有显著的正向影响，即服务业 FDI（和生产性服务业 FDI）存在显著的行业间技术溢出效应，通过前向关联和直接知识溢出等途径，对中国制造业行业的技术进步存在正向促进作用。

第八章　研究结论与政策建议

第五，生产性服务贸易进口以及生产性服务业 FDI 对中国总体经济的技术进步均存在正向促进作用。本书对我国 1997～2014 年的生产性服务贸易进口、生产性服务业 FDI 与技术进步的关系进行了协整检验，并在 VEC 模型的基础上通过格兰杰因果关系检验来分析它们的关系，结果发现：生产性服务贸易进口、生产性服务业 FDI 与技术进步之间存在长期的均衡关系，但生产性服务贸易进口对技术进步的促进效应明显大于生产性服务业 FDI 对技术进步的促进效应；生产性服务贸易进口和生产性服务业 FDI 是技术进步的格兰杰原因，但技术进步并不是生产性服务贸易进口和生产性服务业 FDI 的格兰杰原因；VEC 模型显示，从短期来看，三者之间的关系由短期偏离向长期均衡调整的速度很快，生产性服务贸易进口、生产性服务业 FDI 的短期波动对我国技术进步的影响显著。

第六，生产性服务进口与生产性服务业 FDI 对制造业的劳动生产率和出口竞争力等具有显著促进效应。本书根据中国制造业行业的面板数据，实证研究了生产性服务进口与生产性服务业 FDI 对中国制造业生产率、出口竞争力的影响，研究结果表明：生产性服务进口比生产性服务业 FDI 更能显著促进制造业劳动生产率和出口竞争力的提升，且二者都更有利于资本技术密集型制造业劳动生产率和出口竞争力的提升；生产性服务进口与生产性服务业 FDI 都更有利于制造业尤其是资本技术密集型制造业劳动生产率和出口竞争力的提升，对劳动密集型制造业劳动生产率和出口竞争力的影响相对较小；不同部门的生产性服务进口对制造业整体以及不同要素密集度制造业劳动生产率和出口竞争力的提升相应存在较大差异。

第二节　主要政策建议

笔者通过研究服务贸易——跨境服务贸易和商业存在服务贸易（服务业 FDI）的技术溢出和产业发展效应，提出以下政策建议：

第一，扩大中国服务业尤其是生产性服务业的对外开放力度，降低生产性服务贸易的进口壁垒，充分发挥生产性服务贸易进口和生产性服务业 FDI 的技术溢出和产业发展效应。本书的实证结果显示，两种形式的生产性服务的进口贸易，即生产性服务贸易进口（跨境贸易）和生产性服务业

FDI（商业存在）对中国制造业生产率和出口竞争力均有着积极促进作用。生产性服务业与制造业之间存在密切的互动关系，制造业尤其是资本和技术密集型制造业的生产率和竞争力的提升离不开生产性服务业的发展。目前，中国生产性服务业整体发展还相对滞后，表现为规模较小，服务质量较差。而严重滞后的生产性服务业已成为制约我国制造业升级和发展的重要瓶颈，因此有必要通过加大从国外进口生产性服务和引入生产性服务业FDI，来加快实现产业结构的升级与转型，尤其是东部沿海经济相对发达地区从制造业经济向现代服务经济的转变。但是，由于目前中国对大多数生产性服务设有较严的市场准入限制，严重抑制了生产性服务对制造业生产率的提升效应。因此，我们要逐步降低生产性服务进口的壁垒，打破市场准入的限制，进一步增加服务市场的对外开放度，积极引导FDI流入生产性服务领域，改善服务业特别是生产性服务业的结构和水平，充分发挥服务市场开放对中国制造业尤其是对资本和技术密集型制造业的技术溢出效应。此外，从对制造业分行业的回归结果看，生产性服务贸易进口和生产性服务业FDI对不同要素密集型制造业行业生产率和出口竞争力的影响有所不同，因此，应针对不同行业的特点有针对性地引进作用较大的生产性服务。从生产性服务贸易进口分行业对制造业整体回归结果来看，不同性质生产性服务贸易进口对制造业的技术溢出和产业发展作用也有所不同，因此应该对不同行业生产性服务贸易进口的作用区别对待。

第二，培育人力资本，提高人力资本水平，增强对服务贸易进口和服务业FDI技术溢出的吸收能力。人力资本是促使服务业FDI流入、促进东道国服务业FDI正向技术溢出的重要指标。跨国服务业企业投资更多是看中东道国当地的高级人才储备，因为服务业竞争更多体现在产品功能、质量和性能的差异化程度等方面，而不是简单的降低生产成本。中国现阶段人力资本还处于较低的水平，中国高速的经济增长更多地依靠物质资本而非人力资本的投入。相对于发达国家普遍步入知识经济时代，中国的经济增长模式依旧停留在初级的要素驱动上。这样的经济增长方式急需转变。为破解我国服务业发展滞后的难题，必须加大对服务业所需的各类人才尤其是高端人才的培养，加强岗位职业培训，提高服务业从业人员的人力资本水平，加大教育经费投入，拓宽人才培养途径，积极吸引海外高级人才，鼓励海外留学人员回国创业。要加快培养服务业所需的各类人才通过

"产—学—研"的结合,增强高校科研成果的应用性。此外,还要加快劳动力市场的发展,建立健全人才流动机制,充分利用和发挥服务贸易进口和服务业 FDI 的技术溢出效应。近年来的改革开放,经服务业跨国公司的岗位培训、干中学等途径使得我国服务业领域的人力资本已经得到一定程度的积累,只要有良好的创业环境和用人机制,就有助于人才在外企和国内企业之间的流动,或有助于新型服务企业的创建,并能够通过人才的流动实现社会技术进步和生产率的提高。

第三,加强产业关联,促进制造业与服务业之间的良性互动,充分发挥服务贸易和服务业 FDI 对服务业和制造业的技术溢出效应。服务业跨国公司可以带来先进技术,尤其是管理、组织或营销知识和技术技能等软技术。但能否成功获得技术溢出取决于我国市场的竞争强度、跨国公司与国内服务供应商和下游购买方之间的联系等。当跨国公司深入到各地基层扩展业务、改善当地的技能以及跟当地机构建立联系并提升技术时,将刺激我国服务供应商发展并提高其竞争力,我们就能在长期内获得积极效应。因此,要鼓励外资与国内服务供应商和购买方之间建立广泛的联系,在竞争与合作中提高我国服务业和制造业的技术水平和国际竞争力,并促进我国产业结构的调整和升级。特别地,促进制造业与服务业之间的良性互动,发挥外贸外资结构优化的最大益处,是改善我国服务业发展滞后的重要抓手。现阶段,关于中国到底应该推行"去工业化"还是继续推进"工业化"进程已引起了很大争论,关于这个问题的主要观点可分为以下两类:第一种观点认为,目前工业尤其是制造业仍然是我国的主导产业,应继续推进工业化进程。一部分学者认为服务业很难成为中国经济增长的动力产业,因而没有必要将提高服务业的比重作为产业结构升级的着力点,而应该进一步注重工业尤其是制造业国际竞争力的提升。第二种观点认为,服务业的发展有利于提高分工的专业化程度、发挥规模经济效应并产生正向的产业关联效应,因此中国的"去工业化"有助于促进技术进步与经济长期增长。本书的研究结论表明,服务贸易进口和服务业 FDI 的技术溢出效应很大程度上体现在行业间溢出,即对制造业效率和竞争力的提升作用非常显著;即我国服务业发展对制造业发展的促进作用显著,服务业的"黏合剂"作用已初步显现。但是由于目前我国服务业比重还是处在较低水平,如何进一步强化这种作用是今后工作的重点任务。这为中国的外贸外资结构优化与产业发展提供了佐证，因此现阶段的中国不应该片面地发展某一产业，而应该从服务业与工业尤其是制造业有效互动的角度出发，同时实现生产性服务业对制造业以及制造业对服务业的正向外部性；提高服务贸易进口和服务业外资企业对下游制造业企业的前向关联效应；大力发展服务业，尤其是生产性服务业，促进我国产业结构的调整与升级，从而助推中国攀升全球价值链的高端。

第四，制定和完善相关法律法规，提高法制水平，建立良好的吸引服务业外资的法律环境。由于服务产出的一些特性，服务业尤其是生产性服务业是契约密集型，其生产和交易将涉及较密集和复杂的契约安排，服务业发展更需要良好的外部制度环境提供保护。在其他条件相同时，一国的法治水平越低，契约维护制度质量就越差，服务交易双方潜在的机会主义行为就越可能发生，涉及契约密集型服务产业的分工和交易越不可能发生，从而阻碍服务业发展和服务业外资的进入，进而阻碍了服务业 FDI 的技术溢出效应。因此，我们要制定和完善相关法律法规，提高法治水平，建立良好的吸引服务业外资的法律环境，充分利用服务业 FDI 的技术溢出效应。

第五，利用服务贸易进口和服务业 FDI 的技术溢出效应，提升我国出口产品增加值，改善贸易条件。像中国这样的发展中大国，单纯依赖本国的自主创新、研发投入实现技术进步是不够的。进一步开放服务市场，积极引导服务业 FDI 的产业投资方向，改善国内服务业尤其是生产性服务业的结构和水平，从而更有效地发挥服务市场开放带来的技术溢出效应，加快我国的技术进步和产业发展，提高出口产品的增加值，不断改善贸易条件。

第六，基于地区经济发展的异质性，实现吸引服务业外商直接投资的差异化发展，缓解服务业地区发展不平衡的现象。本书在对中国的省级面板数据进行分析时，将样本分为东、中、西部地区，东、中、西部服务业利用外资占比的提高对地区全要素生产率的影响存在很大的差异。不同地区之间服务业外商直接投资的规模与占比的差距也十分明显，西部地区服务业发展尤为滞后，因此我们要大力推进东、中、西部地区服务业外资流入的规模，实现其正向的技术溢出效应，缓解服务业 FDI 地区发展不平衡的现象。

参考文献

[1] ACEMOGLU D, JOHNSON S, ROBINSON J. Institutions as the fundamental cause of long-run growth [R]. NBER Working Paper 10481, 2004.

[2] AGHION P, HOWITT P. A model of growth through creative destruction [J]. Econometrica, 1992, 60: 323-351.

[3] AITKEN B J, HARRISON A E. Do domestic firms benefit from direct foreign investment? Evidence from Venezuela [J]. American Economic Review, 1999, 89 (3): 605-618.

[4] AKBAR Y, MCBRIDE J. Multinational enterprise strategy, foreign direct investment and economic development: the case of the Hungarian banking industry [J]. Journal of World Business, 2004, 39 (1): 89-105.

[5] ANG J B, MADSEN J B. International R&D spillovers and productivity trends in the Asian Miracle Economies [J]. Economic Inquiry, 2013, 51 (2): 1523-1541.

[6] ARNADE C, VASAVADA U. Causality between productivity and exports in agriculture: evidence from Asia and Latin America [J]. Journal of Agricultural Economics, 1995 (46): 174-186.

[7] ARNOLD J, JAVORCIK, MATTOO A. Does services liberalization benefit manufacturing firms? Evidence from the Czech Republic [R]. World Bank Policy Research Working Paper, 2006, 109.

[8] ARNOLD J, JAVORCIK B, LIPSCOMB M, MATTOO A. Services reform and manufacturing performance: evidence from India [R]. World Bank Mimeo, 2008.

[9] ARORA A, GAMBARDELLA A. Evaluating technological information and utilizing [J]. Journal of Economic Behavior and Organization, 1994, 24 (1): 91-114.

[10] BALASSA A. Trade liberalization and "revealed" comparative advantage [J]. Manchester School, 1965 (33): 99-123.

[11] BARTH J, CAPRIO G, LEVINE R. Bank supervision and regulation: what works best [J]. Journal of Financial Intermediation, September 1995, 19 (6): 1109-1130.

[12] BELL M, PAVITT K. Technological accumulation and industrial growth: contrasts be-

tween developed and developing countries [J]. Industrial and Corporate Change, 1993 (2): 157 – 210.

[13] BLALOCK G, GERTLER P J. Firm capabilities and technology adoption: evidence from foreign direct investment in Indonesia [R]. aem. Cornell. Edu, 2004.

[14] BLIND K, JUNGMITTAG A. Foreign direct investment, imports and innovations in the service industry [J]. Review of Industrial Organization, 2004, 25 (2): 205 – 227.

[15] BLOMSTROM M. Foreign investment and productive efficiency: the case of Mexico [J]. the Journal of Industrial Economies, 1986, 35 (1): 97 – 110.

[16] BLYDE J, SINYAVSKAYA N. The impact of liberalizing trade in services on trade in goods: an empirical investigation [J]. Review of Development Economics, 2007, 11 (3): 566 – 583.

[17] BODMAN, LE T. Assessing the roles that absorptive capacity and economic distance play in the foreign direct investment productivity growth nexus [J]. Applied Economics, 2013, 45 (8): 1027 – 1039.

[18] BORENSZTEIN E, DE GREGORIO J, LEE J W. How does foreign direct investment affect economic growth? [J]. Journal of International Economics, 1998, 45 (1): 115 – 135.

[19] BRANSTETTER LG. Are knowledge spillovers international or intranational in scope? Micro-econometric evidence from the US and Japan [J]. Journal of International Economics, 2001, 53 (1): 53 – 79.

[20] BUCH C M, LAPP S. The Euro-no big bang for European financial market [J]. Konjunk – turpolitik, 1998 (47) : 11 – 78.

[21] BUCKLEY P J, CASSON M. The future of the multinational enterprise [M]. Holmes & Meier Publishers, 1976.

[22] CARDENAS J, GRAF J, O'DOGHERTY P. Foreign banks entry in emerging market economies: ahost country perspective [R]. Banco de Mexico paper, 2003.

[23] CAVES R. Multinational enterprises and economic analysis [M]. Cambridge University Press, 1996.

[24] CAVES R. Multinational firms, competition and productivity in host country markets [J]. Economica, 1974, 41 (162): 176 – 193.

[25] CHARNES A. Measuring the efficiency of decision making units [J]. European Journal of Operational Research, November 1978, 2 (6): 429 – 444.

[26] CHOWDHURY A, Mavrotas G. FDI and growth: what causes what? [R]. World Economy Lodon, 2006, works. bepress. com.

[27] CHOW G C. Capital formation and economic growth in China [J]. Quarterly Journal of Economics, August, 1993 (114): 243-266.

[28] CLAESSENS S, DEMIRGUC-KUNT A, HUIZINGA H. How does foreign entry affect domestic banking markets? [J]. Journal of Banking and Finance, 2001 (25): 891-911.

[29] CLAGUE C, KEEFER P, KNACK S, OLSON M. Contract-intensive money: contract enforcement, property rights, and economic performance [J]. Journal of Economic Growth, 1999, 4 (2): 185-211.

[30] COE D, HELPMAN E, HOFFMAISTER A. North-south R&D spillovers [R]. NBER Working Paper No. 5048, 1995.

[31] COELLI T. A guide to DEAP version 2.1: a data envelopment analysis (computer) program [J]. Rice, 1996, cenet. org. cn.

[32] COHEN W M, LEVINTHAL D A. Absorptive capacity: a new perspective on learning and innovation [J]. Administrative Science Quarterly, 1990, 35 (1): 39-67.

[33] Congress of the United States. R&D and productivity growth, 1998, http://www.cbo.Gov/ftp-docs/64xx/doc6482/062172R2D.pdf.

[34] COWAN R, FORAY D. The economics of codification and the diffusion of knowledge [J]. Industrial and Corporate Change, 1997, 6 (6): 595-622.

[35] COWAN R, SOETE L, TCHERVONNAYA O. Knowledge transfer and the service sector in the context of the new economy [Z]. MERIT-Infonomics Research Memorandum Series, 2001.

[36] DANIELS P W. Service industries in the world economy [M]. Oxford University Press, 1993.

[37] DASB S. Externalities and technology transfer through multinational corporations: a theoretical analysis [J]. Journal of International Economy, 1987, 22 (1): 171-182.

[38] DAVIES A. Are firms moving downstream into high-value services? in Tidd J & Hull F M, Service Innovation, Series on Technology Management Vol. 9 [C]. London: Imperial College Press, 2003.

[39] DEARDORFF A V. International provision of trade services, trade, and fragmentation [J]. Review of International Economics, 2001, 9 (2): 233-248.

[40] DEE P, HANSLOW K. Modelling the liberalisation of services [J]. Economie Internationale, 2003 (2): 283-300.

[41] DENIZER C. Foreign entry in turkey's banking sector, 1980-97 [R]. World Bank Policy Research Working Paper No. 2462, 1999.

[42] DIMELIS S, LOURI H. Foreign ownership and production efficiency: a quantile regres-

sion analysis [R]. Oxford Economic Papers, 2002, 54 (3): 449 – 469.

[43] DJANKOV S, FREUND C L, PHAM C S. Trading on time [M]. World Bank, Development Research Group, Trade Team, 2006.

[44] DJANKOV S, HOEKMAN B. Foreign investment and productivity growth in Czech enterprises [R]. The World Bank Economic Review, 2000.

[45] SIMEON D, FREUND L, CONG S. Trading on time [R]. World Bank, 2006.

[46] DRIFFIELD N. The impact of domestic productivity of inward investment in the UK [J]. The Manchester School, 2001, 69 (1): 103 – 119.

[47] DUNNING J H. International production and the multinational enterprise [M]. Allen & Unwin (London and Boston), 1981.

[48] DUNNING J H. The eclectic paradigm of international production: a restatement and some possible extensions [J]. Journal of International Business Studies, 1988, 19 (1): 1 – 31.

[49] ECLAC CHILE. Foreign direct investment and corporate strategies. Chapter 2 in Foreign Investment in Latin America and the Caribbean [Z]. Explanatory Notes, 2000.

[50] ERICSSON J, IRANDOUST M. On the causality between foreign direct investment and output: a comparative study [J]. The International Trade Journal, 2001, 15 (1): 1 – 26.

[51] ESCHENBACH F, HOEKMAN B. Services policy reform and economic growth in transition economies, 1990 – 2004 [J]. Review of World Economics, 2006, 142 (4): 746 – 764.

[52] ETHIER W J. National and international returns to scale in the modern theory of international trade [J]. American Economic Review, 1982, 72 (3): 389 – 405.

[53] FÄRE R, GRIFELL-TATJÉ E, GROSSKOPF S LOVELL C. Biased technical change and the Malmquist productivity index [J]. Scandinavian Journal of Economics, 1997, 99 (1): 119 – 127.

[54] FÄRE R, GROSSKOPF S, NORRIS M, ZHANG Z. Productivity growth, technical progress, and efficiency change in industrialized countries [J]. American Economic Review, 1994, 84 (5): 1040 – 1044.

[55] FELDSTEIN M S, STOCK J H. The use of a monetary aggregate to target nominal GNP, in N. G. Mankiw, eds., Monetary Policy [Z]. Chicago: University of Chicago Press, 1994.

[56] FERNANDES A M, PAUNOV C. Service FDI and manufacturing productivity growth: there is a link [R]. World Bank, Working Paper, 2008.

[57] FERNANDES A M, PAUNOV C. Foreign direct investment in services and manufacturing productivity: evidence for Chile [J]. Journal of Development Economics, 2008, 97 (2): 305 – 321.

[58] FERNANDES A. Structure and performance of the services sector in transition economies [J]. World Bank Policy Research Working Paper No. 4357, 2007.

[59] TERESA FERNANDEZ M. Performance of business services multinational in host countries: contrasting different patterns of behaviour between foreign affiliates and national enterprises [J]. The Service Industries Journal, 2001, 21 (1): 5 – 18.

[60] FINDLAY R. Relative backwardness, direct foreign investment, and the transfer of technology: a simple dynamic model [J]. The Quarterly Journal of Economics, 1978, 92 (1): 1 – 16.

[61] FINK C, MATTOO A, NEAGU I C. Trade in international maritime services: how much does policy matter? [J]. The World Bank Economic Review, 2002, 16 (1): 81 – 108.

[62] FRANCOIS J F, SCHUKNECHT L. International trade in financial services, competition, and growth performance [R]. CIES Working Paper No. 6, 2000.

[63] FRANCOIS J F. Trade in Producer services and returns due to specialization under monopolistic [J]. Canadian Journal of Economics, 1990, 23 (1): 109 – 124.

[64] FRANCOIS J, MANCHIN M. Institutions, infrastructure and trade [R]. CEPR Discussion Paper No. 6068, 2007.

[65] FRANCOIS J, WOERZ J. Producer services, manufacturing linkages, and trade [J]. Tinbergen Institute Discussion Paper No. 045/2, 2007.

[66] FU X. Exports, technical progress and productivity growth in a transition economy: a nonparametric approach for China [J]. Applied Economics, 2005, 37 (7): 725 – 739.

[67] GIRMA S. Absorptive capacity and productivity spillovers from FDI: a threshold regression analysis [J]. Oxford Bulletin of Economics and Statistics, 2005, 67 (3): 281 – 306.

[68] GORG H, STROBL E. Multinational companies and productivity spillovers: a meta-analysis [J]. The Economic Journal, 2001, 111 (475): 723 – 739.

[69] GRIFFITH R, REDDING S, SIMPSON H. Foreign ownership and productivity: new evidence from the service sector and the R&D lab [R]. Working Paper, the Institute for Fiscal Studies, 04/22, 2004.

[70] GRILICHES Z, FLICHTENBERG. Inter-industry technology flows and productivity growth: a re-examination [J]. 1984, 66 (2): 324 – 329.

[71] GRILICHES Z. Issues in assessing the contribution of research and development to pro-

ductivity growth [J]. Bell Journal of Economics, 1979, 10 (1): 92 – 116.

[72] GROSS D M, RAFF H, RYAN M J. Intra-and inter-sector linkage in foreign direct investment: evidence from Japanese investment in Europe [J]. Journal of Janpanese and International Economies, 2005, 19 (1): 110 – 134.

[73] GROSSE R. International technology transfer in services [J]. Journal of International Business Studies, 1996, 27 (4): 781 – 800.

[74] GROSSMAN G M, HELPMAN E. Quality ladders in the theory of growth [J]. The Review of Economic Studies, 1991, 58 (1): 43 – 61.

[75] HADDAD M, HARRISON A E. Are there positive spillovers from direct foreign investment? Evidence from panel data for Morocco [J]. Journal of Development Economics, 1993, 42 (1): 51 – 74.

[76] HAUSMAN R, HWANG J, RODRIK D. What you export matters [J]. Journal of Economic Growth, 2007, 12 (1): 1 – 25.

[77] HILL P. Tangibles, intangibles and services: a new taxonomy for the classification of output [J]. Canadian Journal of Economics, 1999, 32 (2): 426 – 447.

[78] HILL T P. On Goods and Services [J]. Review of Income and Wealth, 1977, 23 (4): 315 – 338.

[79] HOEKMAN B. Liberalizing trade in services: a survey [R]. Research Working Papers No. 4030, 2006.

[80] HUMMELS D. Towards a geography of trade costs [D]. University of Chicago, Mimeograph, 2000.

[81] HYMER S H. The international operations of national firms: a study of direct foreign investment [D]. Massachusetts Institute of Technology, Dept. of Economics, 1960.

[82] JAVORCIK B, LI Y. Do the Biggest aisles serve brighter future? implications of global retail chains' presence for Romania [R]. World Bank Mimeo, 2007.

[83] JENSEN J, RUTHERFORD T, TARR D. The impact of liberalizing barriers to foreign direct investment in services: the case of Russian accession to the World Trade Organization [J]. Review of Development Economics 2004, 11: 482 – 506.

[84] MAZUMDAR J, NAIR-REICHERTU. Does service trade facilitate goods trade [Z]. Presented at European Economics and Finance Society Meeting, Gdansk, Poland, 2004.

[85] KAKA OMERLIOGLU D C, CARLSSON B. Manufacturing in decline? A matter of definition Earn [J]. Economics of Innovation New Technology, 1999, 8 (3): 175 – 196.

[86] KING R G, LEVINE R. Finance and growth: Schumpeter might be right [R]. Policy Research Working Paper Series from the World Bank, No 1083, 1993.

[87] KOHLI U. A cross-national product function and the derived demand for imports and supply of exports [J]. Canadian Journal of Economics, 1978, 11 (2): 167 – 182.

[88] KOJIMA K. Direct foreign investment: a Japanese model of multinational business operations [M]. London: Croom Helm, 1978.

[89] KOKKO A. Foreign direct investment, host country characteristics, and spillovers [R]. The Economic Research Institute, Stoeltholm, 1992.

[90] KONAN D, MASKUSK. Quantifying the impact of services liberalization in a developing country [J]. Journal of Development Economics, 2006, 81 (1): 142 – 162.

[91] KONINGS J. The effects of foreign direct investment on domestic firms [J]. Economics of Transition, 2001, 9 (3): 619 – 633.

[92] KOX H, RUBALCABA L. Business services and the changing structure of European economic growth [R]. Munich Personal Repec Archive Paper No. 3750, 2007.

[93] LALL S. The technological structure and performance of developing country's manufactured exports 1985 – 1998 [J]. Oxford Development Studies, 2000, 28 (3): 337 – 368.

[94] LEVCHENKO A. Institutional quality and international trade [J]. The Review of Economic Studies, 2007, 74 (3): 791 – 819.

[95] LEVINE R, ZERVOS S. Stock markets, banks, and economic growth [J]. American Economic Review, 1998, 88 (3): 537 – 558.

[96] LIU Z M, LIN P. Backward linkages of foreign direct investment: evidence from China [R]. http://www.cctr.ust.hk/articles/pdf/Liping.pdf, 2004.

[97] LOMBARD J R. Foreign direct investment in producer services: the role and impact upon the economic growth and development of Singapore [D]. Doctorate Dissertation of State University of New York at Buffalo, 1990.

[98] Luo W, FINDLAY C. Logistics in China: implications of accession to the WTO [J]. AND THE, 2004, 21 (4): 40.

[99] MACDOUGALL GDA. The benefits and costs of private investment from abroad: a theoretical approach [J]. Economic Record, 1960, 22 (3): 189 – 211.

[100] MARIN D. Is the export-led growth hypothesis valid for industrialized countries? [J]. Review of Economics and Statistics, 1992, 74 (4): 678 – 688.

[101] MARKUSEN J. Trade in producer services and in other specialized intermediate inputs [J]. American Economic Review, 1989, 79 (1): 85 – 95.

[102] MARKUSEN J, RUTHERFORD T, TARR D. Trade and direct investment in producer services and the domestic market for expertise [J]. Canadian Journal of Economics, 2005, 38 (3): 758 – 777.

[103] MARREWIJK C, VAN, STIBORA J, VAAL D, VIAENE J. Producer services, comparative advantage, and international trade patterns [J]. Journal of International Economics, 1997, 42 (1-2): 195-220.

[104] MATTOO A, RATHINDRAN R, SUBRAMANIAN A. Measuring services trade liberalization and its impact on economic growth: an illustration [J]. Journal of Economic Integration, 2006 (21): 64-98.

[105] MELITZ M J. The impact of trade on intra-industry real locations and aggregate industry productivity [R]. NBER Working Paper No. 8881, 2002.

[106] MIRODOUT S. The linkages between open services markets and technology transfer [R]. OECD Trade Policy Working Paper No. 29, 2006.

[107] MOENIUS J, BERKOWITZD. Institutional change and product composition: does the initial quality of institutions matter [R]. William Davidson Institute Working Paper Number 662, 2001.

[108] MOHNEN P. International R&D spillovers and economic growth, information technology, productivity, and economic growth: international evidence [M]. Oxford University Press, 2001.

[109] MOSCHOS D. Export expansion, growth and the level of economic development: an empirical analysis [J]. Journal of Development Economics, 1989, 30 (1): 93-102.

[110] MUECHIELLI J, JABBOUR. Technology transfer through backward linkages: the case of the spanish manufacturing industry [R]. Working Paper, University of Paris 1 Pantheon-Sorbonne and TEAM-CNRS, 2006.

[111] MURINDE V, RYAN C. The implications of WTO and GATS for the banking sector in Africa [J]. World Economy, 2003, 26 (2): 181-207.

[112] NONAKA I, TAKEUCHI H. The knowledge-creating company: how Japanese companies create the dynamics of innovation [M]. Oxford University Press, 1995.

[113] Nordås H K. Producer services and trade in manufactured goods [R]. OECD Working Paper, 2009.

[114] NORTH D. Institutions, institutional change and economic performance [M]. Cambridge University Press, 1990.

[115] PAPPAS N, SHEEHANP. The new manufacturing: linkages between production and service activities [Z]. Working for the Future: Technology and Employment in the Global Knowledge Economy, 1998.

[116] POLANYI M. Personal knowledge: towards a post-critical philosophy [M]. University of Chicago Press, 1974.

[117] POLLITT M. Electricity reform in Chile Lessons for developing countries [R]. Massachusetts Institute of Technology, Center for Energy and Environmental Policy Research, Working Paper 0416, 2004.

[118] RADELET S, SACHS J D. Shipping costs, manufactured exports, and economic growth [D]. the Annual Meeting of the American Economics Association, January 3 – 5, 1998.

[119] RAFF H, VON DER RUHR M. Foreign direct investment in producer services: theory and empirical evidence [R]. No 598, CESifo Working Paper Series from CESifo Group Munich, 2001.

[120] RAY S C, DESLIE. Productivity growth, technical progress, and efficiency change in industrialized countries: comments [J]. American Economic Review, 1997, 87 (5): 1033 – 1039.

[121] RIDDLE. Service-led Growth: the role of the service sector in world development [M]. New York: Praeger, 1986.

[122] RIVERA-BATIZ F L, RIVERA-BATIZ L A. Europe 1992 and the liberalization of direct investment flows: services versus manufacturing [J]. International Economic Journal, 1992, 6 (1): 45 – 57.

[123] ROBINSON S, WANG Z, MARTIN W. Capturing the implications of services trade liberalization [J]. Economic Systems Research, 2002, 14 (1): 3 – 33.

[124] RODRIK D. What's so special about China's exports [R]. NBER Working Paper No. 11947, 2006.

[125] ROMER P M. Endogenous technological change [J]. Journal of Political Economy, 1990, 98 (5): 71 – 102.

[126] ROMER P M. Two strategies for economic development: using ideas and producing ideas [J]. Strategic Management of Intellectual Capital, 1998, 6 (1): 211 – 238.

[127] RUGMAN A M. Inside the multinationals: the economics of internal markets [M]. books.google.com, 1981.

[128] SMARZYNSKA B. Spillovers from foreign direct investment through backward linkages: does technology gap matter? [R]. World Bank, Mimeo, 2002.

[129] SOLOW R M. A contribution to the theory of economic growth [J]. The Quarterly Journal of Economics, 1956, 70 (1): 65 – 94.

[130] STEHMANN O. Network liberalization and developing countries, the case of Chile [J]. Telecommunications Policy, 1995 19 (9): 667 – 684.

[131] TEECE J D. Technology transfer by multinational firms: the resource cost of transferring

technological know-how [J]. The Economic Journal, 2008, 87 (346): 242-261.

[132] UNCTAD. World Investment Report. The shift towards services [R]. New York and Geneva, 2004.

[133] VENABLE S, ANTHONY J, NUNO LIMAO. Geographical disadvantage: a Heckscher-Ohlin-von Thunen model of international specialization [R]. World Bank-free PDF, No. 2305, 1999.

[134] VERNON R. International investment and international trade in the product cycle [J]. Quarterly Journal of Economics, 1966, 80 (2): 190-207.

[135] THOMAS L. A theoretical evaluation of alternative trade intensity measures of revealed comparative advantage [J]. Review of World Economies, 1988, 127 (2): 265-280.

[136] WANG J Y, BLOMSTROM M. Foreign investment and technology transfer: a simple model [J]. European Economic Review, 1992, 36 (1): 137-155.

[137] WANG Z, WEI S J. What accounts for the rising sophistication of China's exports [R]. NBER Working Paper, No. 13771, 2008.

[138] WATANABE H, Wege V, TER MEULEN. Adoptive transfer of EAE-like lesions from rats with coronavirus-induced demyelinating encephalomyelitis [J]. Nature, 1983, 305 (5930): 150-153.

[139] MORGAN W, MORLEY B. Causality between exports, productivity and subsidies in EU agriculture [J]. Regional Studies, 2008, 42 (2): 189-198.

[140] XU B, WANG J. Trade, FDI, and international technology diffusion [J]. Journal of Economic Integration, 2000, 15 (4): 585-601.

[141] YOUNG A. Gold into Base Metals: Productivity growth in the People's Republic of China during the reform period [R]. NBRE Working Paper No. 7856, 2000.

[142] 安礼伟. 中国出口产品技术结构变迁及其成因：基于国际比较的研究 [J]. 产业经济研究, 2014 (2): 83-92.

[143] 查贵勇. 中国服务业吸引溢出效应分析 [J]. 国际经贸探索, 2007 (5): 63-66.

[144] 陈阿兴, 陈捷. 我国零售产业集中度的实证研究 [J]. 产业经济研究, 2004 (6): 8-13.

[145] 陈景华. 服务业国际转移的经济增长效应 [J]. 国际贸易问题, 2009 (4): 61-67.

[146] 陈启斐, 刘志彪. 进口服务贸易、技术溢出与全要素生产率——基于47个国家双边服务贸易数据的实证分析 [J]. 世界经济文汇, 2015 (5): 1-21.

[147] 陈涛涛, 范明曦, 马文样. 对影响我国外商直接投资行业内溢出效应的因素的

经验研究 [J]. 金融研究, 2003 (5): 117-126.

[148] 陈志和, 刘厚俊. 发展服务业在促就业和调结构中的关键作用——基于美国产品生产与服务两大部门的比较研究 [J]. 南京社会科学, 2015 (5): 8-13.

[149] 程大中. 中国生产性服务业的水平、结构及影响——基于投入产出法的国际比较研究 [J]. 经济研究, 2008 (1): 76-88.

[150] 程盈莹, 逯建. 中国运输服务贸易国际竞争力测度与比较 [J]. 华东经济管理, 2011 (11): 41-45.

[151] 崔日明, 张志明. 服务贸易与中国服务业技术效率提升——基于行业面板数据的实证研究 [J]. 国际贸易问题, 2013 (10): 90-101.

[152] 戴枫. 中国服务业发展与外商直接投资关系的实证研究 [J]. 国际贸易问题, 2005 (3): 64-70.

[153] 丁辉侠, 冯宗宪. 服务业FDI自由化与我国经济福利关系实证分析 [J]. 亚太经济, 2008 (2): 88-90.

[154] 方慧. 服务贸易技术溢出效应研究 [J]. 世界经济研究, 2009 (3): 49-52.

[155] 冯泰文. 生产性服务业的发展对制造业效率的影响 [J]. 数量经济技术经济研究, 2009 (3): 56-65.

[156] 高传胜, 汪德华, 李善同. 经济服务化的世界趋势与中国特论 [J]. 财贸经济, 2008 (3): 110-116.

[157] 高铁梅. 计量经济方法与建模: Eviews应用及实例 [M]. 北京: 清华大学出版社, 2006.

[158] 格鲁伯, 沃克. 服务业的增长: 原因和影响 [M]. 上海: 上海三联书店, 1993.

[159] 龚六堂, 谢丹阳. 我国省份之间的要素流动和边际生产率的差异分析 [J]. 经济研究, 2004 (1): 45-53.

[160] 顾乃华, 毕斗斗, 任旺兵. 中国转型期生产性服务业发展与制造业竞争力关系研究——基于面板数据的实证分析 [J]. 中国工业经济, 2006 (9): 14-21.

[161] 顾乃华. 生产性服务业对工业获利能力的影响和渠道——基于城市面板数据和SFA模型的实证研究 [J]. 中国工业经济, 2010 (5): 48-58.

[162] 顾乃华. 我国服务业发展的效率特征及其影响因素——基于DEA方法的实证研究 [J]. 财贸研究, 2008 (4): 60-67.

[163] 郭庆旺, 贾俊雪. 中国全要素生产率的估算: 1979~2004 [J]. 经济研究, 2005 (6): 51-60.

[164] 郭英. 人力资本影响我国FDI技术转移的效应分析 [J]. 世界经济研究, 2007 (2): 81.

[165] 韩德超. 生产性服务业 FDI 对工业企业效率影响研究 [J]. 统计研究, 2011 (2): 65-70.

[166] 何伟, 何忠伟. 我国运输服务贸易逆差及其国际竞争力 [J]. 国际贸易问题, 2008 (11): 74-80.

[167] 贺菊煌. 单一产品条件下全要素生产率与技术进步率的测度 [J]. 数量经济技术经济研究, 1994 (9): 13-18.

[168] 贺梅英. 服务业外商直接投资与广东经济增长的实证分析 [J]. 华南农业大学学报 (社会科学版), 2005 (2): 50-56.

[169] 胡景岩. 货物贸易与服务贸易的相关性曲线 [J]. 国际贸易, 2008 (6): 36-38.

[170] 黄繁华, 王晶晶. 服务业 FDI、吸收能力与国际 R&D 溢出效应: 一项跨国经验研究 [J]. 国际贸易问题, 2014 (5).

[171] 黄静波, 向铁梅. 贸易开放度与行业生产率关系研究——基于中国制造业面板数据的分析 [J]. 广东社会科学, 2010 (2): 5-12.

[172] 黄卫平, 方石玉. 生产性服务业外商直接投资与中国经济增长的实证分析 [J]. 当代财经, 2008 (4): 100-104.

[173] 江静, 刘志彪, 于明超. 生产性服务业发展与制造业效率提升: 基于地区和行业面板数据的经验分析 [J]. 世界经济, 2007 (8): 52-62.

[174] 江小涓. 服务全球化与服务外包: 现状、趋势及理论分析 [M]. 北京: 人民出版社, 2008.

[175] 姜建平, 赵伊川. SFDI 与中国服务业增长关系的实证分析 [J]. 国际贸易问题, 2007 (4): 106-109.

[176] 姜磊, 郭玉清. 法治水平、政府规模与服务业发展——基于中国地区面板数据的分析 [J]. 山西财经大学学报, 2008 (4): 53-58.

[177] 蒋殿春, 张宇. 行业特征与外商直接投资的技术溢出效应: 基于高新技术产业的经验分析 [J]. 世界经济, 2006 (10): 21-30.

[178] 荆林波, 华广敏. 中国高技术服务业 FDI 影响制造业效率的实证研究 [J]. 中国社会科学院研究生院学报, 2014 (7): 43-47.

[179] 科埃利, 拉奥等. 效率与生产率分析引论 (第二版) [M]. 北京: 中国人民大学出版社, 2008.

[180] 李春顶. 中国制造业行业生产率的变动及影响因素——基于 DEA 技术的 1998~2007 年行业面板数据分析 [J]. 数量经济技术经济研究, 2009 (12): 59-70.

[181] 李小平, 卢现祥, 朱钟棣. 国际贸易、技术进步和中国工业行业的生产率增长 [J]. 经济学 (季刊), 2008 (1): 549-564.

[182] 李小平,朱钟棣.国际贸易的技术溢出门槛效应——基于中国各地区面板数据的分析 [J].统计研究,2004 (10):27-32.

[183] 李小平.国际贸易与技术进步的长短期因果关系检验——基于 VECM 的实证分析 [J].中南财经政法大学学报,2007 (1):26-31.

[184] 李小平.自主 R&D、技术引进和生产率增长——对中国大型工业行业的实证分析 [J].数量经济技术经济研究,2007 (7):53-62.

[185] 梁琦,施晓苏.中国对外贸易和 FDI 相互关系的研究 [J].经济学(季刊),2004,3 (4):839-858.

[186] 刘飏.开放条件下我国服务行业市场集中状况及发展趋势 [J].国际贸易问题,2005 (6):89-94.

[187] 刘志彪.全球化背景下中国制造业升级的路径与品牌战略 [J].财经问题研究,2005 (5):25-32.

[188] 卢峰,姚洋.金融压抑下的法治、金融发展和经济增长 [J].中国社会科学,2004 (1):42-55.

[189] 马歇尔.经济学原理 [M].北京:商务印书馆,1964.

[190] 马元,刘婧.服务业外国直接投资与天津市经济增长关系的实证分析 [J].国际贸易问题,2008 (9):64-70.

[191] 蒙英华,尹翔硕.生产性服务贸易与中国制造业效率提升 [J].世界经济研究,2010 (7):38-44.

[192] 齐俊妍,王永进,施炳展,盛丹.金融发展与出口技术复杂度 [J].世界经济,2011 (7):91-118.

[193] 邱斌,杨帅,辛培江.FDI 技术溢出渠道与中国制造业生产率增长研究:基于面板数据的分析 [J].世界经济,2008 (8):20-31.

[194] 沙文兵,汤磊.生产性服务业 FDI 对中国制造业创新能力的影响 [J].国际商务——对外经济贸易大学学报,2016 (1):70-78.

[195] 尚涛,陶蕴芳.中国生产性服务贸易开放与制造业国际竞争力关系研究 [J].世界经济研究,2009 (5):52-60.

[196] 沈坤荣,耿强.外商直接投资、技术外溢与内生经济增长 [J].中国社会科学,2001 (5):82-94.

[197] 沈坤荣,李剑.中国贸易发展与经济增长影响机制的经验研究 [J].经济研究,2003 (5):32-42.

[198] 盛斌.中国对外贸易政策的政治经济分析 [M].上海:三联书店,上海人民出版社,2002.

[199] 孙少勤,唐保庆,杨旻.我国服务贸易进口对技术创新的影响——基于知识产

权保护视角的研究 [J]. 华东经济管理, 2014 (10): 65 - 72.

[200] 唐保庆, 陈志和, 杨继军. 进口服务贸易是否带来国外技术溢出 [J]. 数量经济技术经济研究, 2011 (5): 94 - 109.

[201] 唐宜红, 王明荣. 生产性服务、出口品技术结构和制造业出口商品结构优化 [J]. 产业经济研究, 2010 (3): 46 - 54.

[202] 汪德华, 张再金, 白重恩. 政府规模、法治水平与服务业发展 [J]. 经济研究, 2007 (6): 51 - 65.

[203] 王传荣, 周晓艳. 服务业 FDI 与山东经济增长的实证分析 [J]. 山东财政学院学报, 2007 (5): 57 - 59.

[204] 王晶晶. 服务业 FDI 对东道国全要素生产率的溢出效应——基于 OECD 国家面板数据的门限回归分析 [J]. 国际经贸探索, 2014 (9): 33 - 48.

[205] 王恕立, 胡宗彪. 服务业双向 FDI 的生产率效应研究——基于人力资本的面板门槛模型估计 [J]. 财经研究, 2013, 39 (11): 90 - 101.

[206] 王恬. 人力资本流动与技术溢出效应——来自我国制造业企业数据的实证研究 [J]. 经济科学, 2008 (4): 99 - 109.

[207] 王晓东, 胡瑞娟. 我国运输服务贸易竞争力分析 [J]. 国际贸易问题, 2006 (12): 58 - 62.

[208] 王永进, 盛丹, 施炳展, 李坤望. 基础设施如何提升了出口技术复杂度? [J]. 经济研究, 2010 (7): 103 - 135.

[209] 吴丹, 王中涛. 中国运输服务贸易国际竞争力综合分析 [J]. 国际商务, 2011 (6): 112 - 118.

[210] 吴静. 服务业 FDI 与区域经济增长关系研究——基于长三角地区数据的实证分析 [J]. 审计与经济研究, 2007 (2): 86 - 89.

[211] 夏杰长, 刘奕, 顾乃华. 制造业的服务化和服务业的知识化 [J]. 国外社会科学, 2007 (4): 8 - 13.

[212] 肖文, 林高榜. FDI 流入与服务业市场结构变迁——典型行业的比较研究 [J]. 国际贸易问题, 2009 (2): 87 - 93.

[213] 谢建国, 周露昭. 进口贸易, 吸收能力与国际 R&D 技术溢出: 中国省区面板数据的研究 [J]. 世界经济, 2009 (9): 68 - 81.

[214] 熊凤琴. 生产性服务贸易自由化对我国商品出口的影响分析 [J]. 南京财经大学学报, 2010 (6): 26 - 31.

[215] 薛立敏等. 生产性服务业与制造业互动关系之研究 [D]. 台湾"中华经济研究院", 1993.

[216] 杨汝岱, 姚洋. 有限赶超与经济增长 [J]. 经济研究, 2008 (8): 29 - 42.

[217] 杨亚平. FDI 技术行业内溢出还是行业间溢出——基于广东工业面板数据的经验分析 [J]. 中国工业经济, 2007 (11): 73-80.

[218] 杨亚平. 基于后向关联的 FDI 技术溢出研究——以广东为例 [D]. 广州: 暨南大学, 2008.

[219] 易丹辉. 数据分析与 Eviews 应用 [M]. 北京: 中国统计出版社, 2003.

[220] 殷凤. 中国服务业利用外商直接投资: 现状、问题与影响因素分析 [J]. 世界经济研究, 2006 (1): 4-10.

[221] 喻美辞. 发展生产性服务与提升中国制造业国际竞争力 [J]. 商业研究, 2011 (4): 100-106.

[222] 原毅军, 刘浩, 白楠. 中国生产性服务业全要素生产率测度——基于非参数 Malmquist 指数方法的研究 [J]. 中国软科学, 2009 (1): 159-167.

[223] 张宝友, 肖文, 孟丽君. 我国服务贸易进口与制造业出口竞争力关系研究 [J]. 经济地理, 2012 (1): 102-108.

[224] 张海洋. R&D 两面性、外资活动与中国工业生产率增长 [J]. 经济研究, 2005 (5): 60-71.

[225] 张建华, 欧阳轶雯. 外商直接投资、技术外溢与经济增长——对广东数据的实证分析 [J]. 经济学季刊, 2003, 2 (3): 647-666.

[226] 张军, 施少华. 中国经济全要素生产率变动: 1952~1998 [J]. 世界经济文汇, 2003 (2): 17-24.

[227] 张军, 吴桂英, 张吉鹏. 中国省际物质资本存量估算: 1952~2008 [J]. 经济研究, 2004 (10): 35-44.

[228] 张军. 资本形成、工业化与经济增长: 中国的转轨特征 [J]. 经济研究, 2002 (6): 3-14.

[229] 张如庆, 时媛, 刘国晖. 生产性服务业 FDI 对我国制造业技术溢出的渠道分析 [J]. 经济问题探索, 2014 (10): 91-97.

[230] 张如庆. 生产性服务进口对制成品出口技术结构的影响 [J]. 产业经济研究, 2012 (5): 45-53.

[231] 张如庆. 生产性服务业 FDI 促进制成品出口的技术结构升级分析 [J]. 国际经贸探索, 2012 (12): 50-59.

[232] 张艳, 唐宜红, 周默涵. 服务贸易自由化是否提高了制造业企业生产效率 [J]. 世界经济, 2013 (11): 51-71.

[233] 赵伟, 李淑贞. 出口与企业生产率: 基于中国高新技术产业的检验 [J]. 技术经济, 2008 (5).

[234] 郑京海, 胡鞍钢. 中国改革时期省际生产率增长变化的实证分析 [J]. 经济学

（季刊），2004（2）：263-296.

[235] 钟晓君，刘德学. 服务业FDI提升了国内服务业全要素生产率吗？——来自广东细分服务行业的证据[J]. 产经评论，2015（3）：107-117.

[236] 钟晓君. 服务业FDI对我国服务业增长效应研究[J]. 技术经济与管理研究，2009（4）：92-95.

[237] 朱钟棣，李小平. 中国工业行业资本形成、全要素生产率变动及其趋异化——基于分行业面板数据的研究[J]. 世界经济，2005（9）：51-62.

[238] 祝树金，戢璇，傅晓岚. 出口品技术水平的决定性因素[J]. 世界经济，2010（4）：28-46.

[239] 庄惠明，郑剑山. 中国服务业FDI的效应研究：基于技术溢出与竞争排斥视角[J]. 管理评论，2015（2）：26-34.

[240] 庄丽娟，陈翠兰. 我国服务贸易与货物贸易的动态相关性研究——基于脉冲响应函数方法的实证分析[J]. 国际贸易问题，2009（2）：54-60.

附 录

附表1 全球跨境服务贸易总体及各行业出口额（2000~2006年）

单位：百万美元

年份	2000	2001	2002	2003	2004	2005	2006
服务总体	1521980	1525110	1634070	1896590	2302350	2573220	2908700
运输	346370	339180	354710	400810	502010	569280	635740
旅游	476820	467300	487180	544630	649990	703010	761490
通信	34300	36350	37420	45030	53820	59400	71310
建筑	30200	31620	35300	39610	46380	56050	68970
保险	27710	29840	44380	54250	56550	49400	62200
金融服务	97580	93520	99910	120200	153400	180550	225270
计算机与信息服务	45650	53150	59080	74970	93410	103820	125510
专有权使用费与特许费	91930	90470	98610	115780	141490	159690	173790
其他商业服务	325890	338180	364680	437450	528340	609370	695190
个人、文化与娱乐服务	14650	12920	15980	18350	22840	23280	23750
政府服务	30660	32380	36490	45220	51930	57040	63280

数据来源：联合国贸易与发展会议网站统计数据库（BPM5），http：//unctadstat.unctad.org/wds/ReportFolders/reportFolders.aspx.

附表2　全球跨境服务贸易总体及各行业出口额（2007～2013年）

单位：百万美元

年份	2007	2008	2009	2010	2011	2012	2013
服务总体	3490240	3916200	3555580	3896260	4372890	4473810	4720180
运输	766130	890670	692820	807470	880140	888450	905940
旅游	875960	963200	876570	951500	1064510	1104230	1183630
通信	83010	97700	93450	97160	106340	111160	121150
建筑	86540	112150	109320	99410	106580	107010	105140
保险	76730	83490	96100	96720	105300	104160	102570
金融服务	297280	298620	262930	282110	316870	308470	334930
计算机与信息服务	156120	195190	189950	213810	249530	261370	286810
专有权使用费与特许费	204090	228740	236260	255470	290270	293470	309860
其他商业服务	844930	944850	899550	983670	1128780	1172740	1247230
个人、文化与娱乐服务	26780	29300	27800	33010	38620	39470	42450
政府服务	68890	69140	66890	68580	77480	76810	75800

数据来源：联合国贸易与发展会议网站统计数据库（BPM5），http://unctadstat.unctad.org/wds/ReportFolders/reportFolders.aspx。

附表3　全球跨境服务贸易总体及各行业进口额（2000～2006年）

单位：百万美元

年份	2000	2001	2002	2003	2004	2005	2006
服务总体	1519390	1537830	1623060	1862700	2228720	2472360	2757950
运输	419220	410580	416640	478320	599070	681780	758310
旅游	441170	432990	455910	510310	600000	652460	694500
通信	32285	34335	35589	41041	47218	52619	61916
建筑	22637	25699	28478	31869	41162	47773	56515
保险	39857	50659	63790	79388	91277	95304	115772
金融服务	46561	45661	46018	52225	64787	81300	102041

续表

年份	2000	2001	2002	2003	2004	2005	2006
计算机与信息服务	29748	32962	35612	41141	49353	59015	69848
专有权使用费与特许费	86615	88237	96768	117351	142567	157630	164791
其他商业服务	19248	18970	20192	22640	26159	28530	30521
个人、文化与娱乐服务	318626	333293	353201	406513	468208	514738	583891
政府服务	55650	55530	61800	69920	82710	88090	91970

数据来源：联合国贸易与发展会议网站统计数据库（BPM5），http://unctadstat.unctad.org/wds/ReportFolders/reportFolders.aspx。

附表4 全球跨境服务贸易总体及各行业进口额（2007～2013年）

单位：百万美元

年份	2007	2008	2009	2010	2011	2012	2013
服务总体	3281370	3754530	3422990	3739250	4180640	4292680	4499190
运输	900380	1052200	828490	973310	1110290	1141510	1165330
旅游	802290	869010	793860	857950	947460	995480	1071600
通信	70798	82024	79494	83151	87294	90674	92684
建筑	74382	89033	84018	75493	80991	85943	75287
保险	136116	160618	160950	170889	178045	176865	164522
金融服务	122004	124060	106771	119421	137848	131276	139558
计算机与信息服务	85138	100816	100237	107550	123468	129247	138603
专有权使用费与特许费	188464	234804	248989	268699	295487	308398	297787
其他商业服务	33545	35197	33553	36992	42701	43269	39319
个人、文化与娱乐服务	712856	820390	790551	835937	963807	972981	942896
政府服务	106900	119470	122900	125800	124790	118750	117840

数据来源：联合国贸易与发展会议网站统计数据库（BPM5），http://unctadstat.unctad.org/wds/ReportFolders/reportFolders.aspx。

附表5　中国跨境服务贸易总体及各行业出口额（2000~2006年）

单位：百万美元

年份	2000	2001	2002	2003	2004	2005	2006
服务总体	30431	33334	39745	46760	64913	74404	92006
运输	3671	4635	5720	7906	12068	15427	21015
旅游	16231	17792	20385	17406	25739	29296	33949
通信	1345	271	550	638	551	485	738
建筑	602	830	1246	1290	1467	2593	2753
保险	108	227	209	339	381	549	555
金融服务	78	99	51	152	94	145	145
计算机与信息服务	356	461	638	1102	1637	1840	2958
专有权使用费与特许费	80	110	133	107	236	157	205
其他商业服务	7663	8448	10419	17427	22320	23283	28973
个人、文化与娱乐服务	11	28	30	33	41	134	137
政府服务	285	433	363	359	378	495	579

数据来源：联合国贸易与发展会议网站统计数据库（BPM5），http://unctadstat.unctad.org/wds/ReportFolders/reportFolders.aspx.

附表6　中国跨境服务贸易总体及各行业出口额（2007~2013年）

单位：百万美元

年份	2007	2008	2009	2010	2011	2012	2013
服务总体	122206	147110	129476	162165	176422	191430	205921
运输	31324	38418	23569	34211	35570	38912	37626
旅游	37233	40843	39675	45814	48464	50028	51637
通信	1175	1570	1198	1220	1726	1793	1672
建筑	5377	10329	9463	14495	14724	12246	10626
保险	904	1383	1603	1727	3018	3329	4038
金融服务	230	315	356	1331	849	1886	3168

续表

年份	2007	2008	2009	2010	2011	2012	2013
计算机与信息服务	4345	6252	6512	9256	12182	14454	15426
专有权使用费与特许费	343	571	429	830	743	1044	898
其他商业服务	40408	46347	45623	52203	58270	66623	79472
个人、文化与娱乐服务	316	418	97	123	123	126	156
政府服务	552	666	950	955	753	990	1203

数据来源：作者根据联合国贸易与发展会议网站统计数据库的 BPM5 服务贸易分类数据计算得到。http://unctadstat.unctad.org/wds/ReportFolders/reportFolders.aspx.

附表7　中国服务贸易总体及各行业进口额（2000～2006年）

单位：百万美元

年份	2000	2001	2002	2003	2004	2005	2006
服务总体	36031	39267	46528	55306	72721	83966	100833
运输	10396	11325	13612	18233	24544	28454	34369
旅游	13114	13909	15398	15187	19737	21759	24322
通信	242	326	470	427	472	603	764
建筑	994	847	964	1183	1339	1619	2050
保险	2471	2711	3246	4564	6124	7200	8831
金融服务	97	77	90	233	138	159	891
计算机与信息服务	265	345	1133	1036	1253	1620	1739
专有权使用费与特许费	1281	1938	3114	3548	4497	5321	6634
其他商业服务	6959	7504	7957	10371	13911	16454	20605
个人、文化与娱乐服务	37	50	96	70	176	154	121
政府服务	173	235	448	454	531	623	506

数据来源：作者根据联合国贸易与发展会议网站统计数据库的 BPM5 服务贸易分类数据计算得到。http://unctadstat.unctad.org/wds/ReportFolders/reportFolders.aspx.

附表8　中国服务贸易总体及各行业进口额（2007～2013年）

单位：百万美元

年份	2007	2008	2009	2010	2011	2012	2013
服务总体	130116	158924	158856	193321	238068	281204	330585
运输	43276	50329	46574	63257	80445	85862	94308
旅游	29786	36157	43702	54880	72585	102000	128652
通信	1082	1510	1210	1137	1191	1647	1614
建筑	2910	4363	5868	5072	3728	3619	3912
保险	10664	12743	11309	15755	19738	20600	22095
金融服务	557	566	643	1387	747	1926	3685
计算机与信息服务	2208	3165	3233	2965	3844	3843	5939
专有权使用费与特许费	8192	10320	11065	13040	14706	17749	20979
其他商业服务	30431	38597	34135	34310	39620	42354	47496
个人、文化与娱乐服务	154	255	278	371	400	564	743
政府服务	857	920	840	1147	1065	1040	1161

数据来源：作者根据联合国贸易与发展会议网站统计数据库的BPM5服务贸易分类数据计算得到。http：//unctadstat.unctad.org/wds/ReportFolders/reportFolders.aspx。

附表9　中国服务业外商直接投资（1997～2003年）

单位：万美元

行业＼年份	1997	1998	1999	2000	2001	2002	2003
地质勘查业、水利管理业	1441	0	452	481	1049	696	1777
交通运输、仓储及邮电通信业	165513	164513	155114	101188	90890	91346	86737
批发和零售贸易餐饮业	140187	118149	96513	85781	116877	93264	111604
金融、保险业	0	4000	9767	7629	3527	10665	23199

续表

年份 行业	1997	1998	1999	2000	2001	2002	2003
房地产业	516901	641006	558831	465751	513655	566277	523560
卫生体育和社会福利业	19535	9724	14769	10588	11864	12807	12737
教育、文化艺术和广播电影电视业	7403	6830	6072	5446	3596	3779	5782
科学研究和综合技术服务业	2036	0	11013	5703	12044	19752	25871
社会服务业和其他行业	352936	406929	330345	363821	364589	426447	541197

注：数据来源于《中国统计年鉴》《中国对外经济统计年鉴》（1998~2004年）。

附表10　中国服务业外商直接投资（2004~2009年）

单位：万美元

年份 行业	2004	2005	2006	2007	2008	2009
交通运输、仓储和邮政业	127285	181230	198485	200676	285131	252728
信息传输、计算机服务和软件业	91609	101454	107049	148524	277479	224694
批发和零售业	73959	103854	178941	267652	443297	538980
住宿和餐饮业	84094	56017	82764	104165	93851	84412
金融业	25248	21969	29369	25729	57255	45617
房地产业	595015	541807	822950	1708873	1858995	1679619
租赁和商务服务业	282423	374507	422266	401881	505884	607806
科学研究、技术服务和地质勘查业	29384	34041	50413	91668	150555	167363
水利、环境和公共设施管理业	22911	13906	19517	27283	34027	55613
居民服务和其他服务业	15795	26001	50402	72270	56992	158596

续表

年份\行业	2004	2005	2006	2007	2008	2009
教育	3841	1775	2940	3246	3641	1349
卫生、社会保障和社会福利业	8738	3926	1517	1157	1887	4283
文化、体育和娱乐业	44776	30543	24136	45109	25818	31756
公共管理和社会组织	180	370	707	44	—	1
国际组织	—	—	—	—	6	—

注：数据来源于《中国统计年鉴》《中国对外经济统计年鉴》（2005～2010年）。

附表11 中国服务业外商直接投资（2010～2015年）

单位：万美元

年份\行业	2010	2011	2012	2013	2014	2015
交通运输、仓储和邮政业	224373	319079	347376	421738	445559	418607
信息传输、计算机服务和软件业	248667	269918	335809	288056	275511	383556
批发和零售业	659566	842455	946187	1151099	946340	1202313
住宿和餐饮业	93494	84289	70157	77181	65021	43398
金融业	112347	190970	211945	233046	418216	1496889
房地产业	2398556	2688152	2412487	2879807	3462611	2899484
租赁和商务服务业	713023	838247	821105	1036158	1248588	1004973
科学研究、技术服务和地质勘查业	196692	245781	309554	275026	325466	452936
水利、环境和公共设施管理业	90859	86427	85028	103586	57349	43334
居民服务和其他服务业	205268	188357	116451	65693	71813	72131
教育	818	395	3437	1822	2097	2894
卫生、社会保障和社会福利业	9017	7751	6430	6435	7757	14338

续表

年份\行业	2010	2011	2012	2013	2014	2015
文化、体育和娱乐业	43612	63455	53655	82079	82339	78941
公共管理和社会组织	—	66	5	5	930	

注：数据来源于《中国统计年鉴》《中国对外经济统计年鉴》（2011~2016年）。

附表12 全球FDI流量的地区结构（1990~2015年）

单位：亿美元,%

地区\年份	全球	发达经济体	发展中经济体	转型经济体	发达经济体比重	发展中经济体比重	转型经济体比重
1990	2049.1	1701.9	346.6	0.7	83.05	16.91	0.03
1991	1539.8	1145.2	393.2	1.4	74.38	25.53	0.09
1992	1629.3	1078.2	534.6	16.5	66.18	32.81	1.01
1993	2201.1	1414.0	756.9	30.2	64.24	34.39	1.37
1994	2549.2	1506.0	1023.8	19.3	59.08	40.16	0.76
1995	3415.2	2197.6	1177.6	40.0	64.35	34.48	1.17
1996	3887.6	2363.4	1470.8	53.4	60.79	37.83	1.37
1997	4815.0	2862.9	1854.0	98.1	59.46	38.50	2.04
1998	6923.3	5085.3	1766.3	71.7	73.45	25.51	1.04
1999	10763.8	8529.4	2162.9	71.6	79.24	20.09	0.66
2000	13588.2	11205.1	2323.9	59.2	82.46	17.10	0.44
2001	6837.7	4597.1	2157.9	82.6	67.23	31.56	1.21
2002	5898.1	4130.2	1667.4	100.5	70.03	28.27	1.70
2003	5505.9	3371.7	1955.8	178.3	61.24	35.52	3.24
2004	6882.3	3955.2	2637.2	290.0	57.47	38.32	4.21
2005	9501.3	5877.0	3317.5	306.7	61.86	34.92	3.23
2006	14021.3	9403.2	4029.8	588.2	67.06	28.74	4.20
2007	19022.4	12894.9	5255.3	872.3	67.79	27.63	4.59
2008	14977.9	8019.1	5784.8	1174.0	53.54	38.62	7.84

续表

地区 年份	全球	发达经济体	发展中经济体	转型经济体	发达经济体比重	发展中经济体比重	转型经济体比重
2009	11814.1	6543.7	4653.1	617.4	55.39	39.39	5.23
2010	13888.2	6998.9	6253.3	636.0	50.39	45.03	4.58
2011	15668.4	8174.1	6701.5	792.7	52.17	42.77	5.06
2012	15109.2	7873.6	6587.7	647.9	52.11	43.60	4.29
2013	14271.8	6802.8	6624.1	845.0	47.67	46.41	5.92
2014	12770.0	5220.4	6984.9	564.6	40.88	54.70	4.42
2015	17621.6	9625.0	7646.7	349.9	54.62	43.39	1.99

数据来源：联合国贸发会议的 FDI 数据库。www.unctad.org/fdistatistics。

附表 13　全球 FDI 存量的地区结构（1990~2015 年）

单位：亿美元,%

地区 年份	全球	发达经济体	发展中经济体	转型经济体	发达经济体比重	发展中经济体比重	转型经济体比重
1990	21970.0	16875.2	5094.7	0.1	76.81	23.19	0.00
1991	24719.4	19243.4	5473.7	2.3	77.85	22.14	0.01
1992	24945.2	18893.9	6047.5	3.8	75.74	24.24	0.02
1993	26996.9	20158.3	6815.8	22.8	74.67	25.25	0.08
1994	29646.0	22009.1	7572.5	64.3	74.24	25.54	0.22
1995	35653.2	27110.1	8433.4	109.7	76.04	23.65	0.31
1996	41350.4	31366.5	9820.3	163.7	75.86	23.75	0.40
1997	47223.1	36058.0	10896.4	268.7	76.36	23.07	0.57
1998	59191.3	46907.0	11975.0	309.3	79.25	20.23	0.52
1999	70894.4	55095.5	15401.6	397.3	77.71	21.72	0.56
2000	74884.5	57912.5	16442.1	529.8	77.34	21.96	0.71
2001	72960.2	54810.6	17358.1	791.4	75.12	23.79	1.08
2002	73611.3	55836.4	16727.0	1047.7	75.85	22.72	1.42
2003	91687.2	70978.2	19296.1	1412.9	77.41	21.05	1.54
2004	105795.6	81453.3	22526.1	1816.2	76.99	21.29	1.72

续表

地区 年份	全球	发达经济体	发展中经济体	转型经济体	发达经济体比重	发展中经济体比重	转型经济体比重
2005	114574.4	85656.7	26355.1	2562.6	74.76	23.00	2.24
2006	141453.6	105134.6	32679.0	3640.0	74.32	23.10	2.57
2007	178966.3	129155.0	43535.9	6275.4	72.17	24.33	3.51
2008	153258.6	109299.0	40061.0	3898.6	71.32	26.14	2.54
2009	182025.7	127700.2	48578.8	5746.7	70.16	26.69	3.16
2010	201896.6	134438.5	60425.4	7032.7	66.59	29.93	3.48
2011	209005.9	138471.5	63550.0	6984.4	66.25	30.41	3.34
2012	226391.1	146707.5	72078.1	7605.5	64.80	31.84	3.36
2013	245327.3	160537.9	76573.4	8216.1	65.44	31.21	3.35
2014	251128.0	163069.1	81720.3	6338.6	64.93	32.54	2.52
2015	249832.1	160074.0	83744.3	6013.9	64.07	33.52	2.41

数据来源：联合国贸发会议的FDI数据库。www.unctad.org/fdistatistics。

附表14 全球跨国并购FDI的分行业金额（1990~2002年）

单位：亿美元

年份 行业	1990	1991	1992	1993	1994	1995	1996	1997	1998	1999	2000	2001	2002
总计	980	589	469	435	939	1 099	1 412	1 873	3 497	5 595	9 597	4 318	2 437
基础产业	89	-7	23	25	57	95	101	29	115	247	107	483	187
制造业	441	258	231	217	488	494	370	807	1 347	1 607	2 324	975	949
服务业	450	338	215	193	394	510	941	1 037	2 036	3 742	7 165	2 859	1 301
电力、燃气与供水	2	10	19	17	28	102	176	218	111	415	436	76	372
建筑	3	-12	7	1	1	5	27	11	6	28	47	14	12
贸易	28	61	22	45	35	36	157	63	214	281	192	194	62
住宿与餐饮	74	11	11	11	17	19	16	15	44	85	102	66	-36
运输与仓储	17	13	27	30	23	9	52	50	177	107	112	76	26

续表

年份 行业	1990	1991	1992	1993	1994	1995	1996	1997	1998	1999	2000	2001	2002
信息与通信	127	100	9	49	157	97	215	211	546	1 763	4 240	1 132	501
金融	105	113	106	15	52	163	198	291	662	742	1 437	1 004	196
商务服务	78	38	17	21	48	46	96	124	224	332	583	254	184
公共管理与国防	—	—	0	0	0	6	0	6	4	15	0	3	14
教育	-0	0	—	0	0	0	0	2	0	1	1	5	-0
健康与社会服务	1	-3	1	2	25	-5	1	21	9	-19	-15	14	6
艺术、娱乐与休闲	15	-2	4	2	4	3	2	11	32	-17	28	23	-11
其他服务活动	1	6	-7	1	4	29	1	12	6	8	3	-1	-24

数据来源：联合国贸发会议跨国并购数据库。© UNCTAD cross-border M&A database. www.unctad.org/fdistatistics.

附表15　全球跨国并购FDI的分行业金额（2003～2015年）

单位：亿美元

年份 行业	2003	2004	2005	2006	2007	2008	2009	2010	2011	2012	2013	2014	2015
总计	1654	1986	5350	6198	10327	6176	2876	3471	5534	3282	2625	4325	7215
基础产业	188	52	108	455	924	948	512	798	1560	462	-129	361	316
制造业	621	623	1492	1886	3266	1958	794	1278	2042	1348	1355	1893	3883
服务业	846	1311	3750	3856	6137	3270	1570	1396	1932	1472	1399	2071	3016
电力、燃气与供水	92	24	1047	20	1095	486	616	-36	268	166	152	145	171
建筑	3	14	43	97	134	23	105	71	18	6	19	-3	22
贸易	110	108	169	106	424	332	56	128	195	147	32	371	154
住宿与餐饮	12	20	40	127	114	69	9	52	40	-1	74	176	80
运输与仓储	116	52	348	511	331	249	55	125	150	193	134	219	336
信息与通信	240	40	768	1049	579	324	491	209	374	365	271	-713	186
金融	168	647	581	1091	2467	745	103	326	389	171	125	914	1018
商务服务	109	372	693	689	852	997	136	384	439	360	501	833	918

续表

年份\行业	2003	2004	2005	2006	2007	2008	2009	2010	2011	2012	2013	2014	2015
公共管理与国防	1	0	3	-0	0	0	1	2	6	-1	0	0	1
教育	3	0	15	-4	9	13	6	22	6	5	6	13	7
健康与社会服务	5	28	39	103	115	19	11	85	34	54	42	31	81
艺术、娱乐与休闲	-16	3	1	52	0	10	-21	15	11	5	21	77	39
其他服务活动	3	3	3	15	16	4	2	12	1	1	22	8	3

数据来源：联合国贸发会议跨国并购数据库。© UNCTAD cross-border M&A database, www.unctad.org/fdistatistics。

附表16 全球绿地投资FDI的分行业金额（2003~2015年）

单位：亿美元

年份\行业	2003	2004	2005	2006	2007	2008	2009	2010	2011	2012	2013	2014	2015
总体	7194	6460	6326	8175	8045	12943	9581	8190	8653	6310	8308	7060	7657
基础产业	1263	795	1068	578	596	1287	1169	564	696	271	389	416	350
制造业	3796	3383	2912	4027	3480	5109	3778	4287	4358	2843	3261	3177	3225
服务业	2135	2282	2346	3570	3969	6547	4635	3339	3599	3196	4658	3467	4082
电力、燃气与供水	240	368	279	553	800	1627	1360	708	911	657	1107	640	1339
建筑	207	374	260	777	675	1204	750	368	366	595	526	640	870
贸易	274	240	239	301	255	329	321	294	259	204	318	246	226
住宿与餐饮	333	220	216	280	360	614	356	267	187	138	215	90	98
运输、仓储与通信	477	479	526	571	476	618	571	527	560	423	785	630	449
金融	217	226	281	381	493	582	435	439	522	444	378	367	274
商务服务	272	289	437	601	791	1360	731	613	674	580	1209	745	693
教育	2	7	6	12	6	15	18	15	16	17	13	9	12
健康与社会服务	5	5	8	7	13	32	15	20	13	20	9	28	29
社区、社会与个人服务	78	64	91	58	92	133	64	62	63	102	85	66	86
其他服务	28	10	4	29	9	34	14	25	28	16	13	6	4

数据来源：联合国贸发会议网站。© UNCTAD, based on information from the Financial Times Ltd, fDi Markets. www.fDimarkets.com。

后 记

本书是在我暨南大学博士论文的基础上并根据相关后续研究修改而成的。回想博士生活，感慨良多。2005年9月，我有幸进入暨南大学攻读产业经济学专业的博士学位。现在想来，博士阶段是我学术生涯中非常重要的时期，正是那时我真正开始学习现代主流的经济学方法并将其运用到自己的学术研究中。更重要的是，在那里我结识了许多良师益友，在他们的引导和帮助下，我才逐渐进入经济学研究的殿堂。

在这里，首先我要深深感谢我的导师张炳申教授。在攻读博士学位期间，张老师给予了我悉心的指导。虽然恩师已仙逝，但师恩似海，没齿难忘！恩师严谨的治学态度和求真务实的科学精神、渊博的学问知识和高深的学术造诣永远是我学习的榜样，达观豁朗和谦逊大度的作风也是我永远追求的境界。

产业经济学导师组的朱卫平教授、胡军教授、隋广军教授、张耀辉教授、聂普焱教授等老师的授业解惑让我极大地开阔了视野和丰富了知识。在此，我要特别感谢朱卫平教授，恩师仙逝之后，朱老师在我博士论文的选题、大纲确定、资料收集、论文写作、修改和定稿过程中给予了精心指导，朱老师的严格要求和良好意见让我受益颇丰。在此，深表感谢！

感谢暨南大学经济学院的冯邦彦教授、刘金山教授，华南农业大学的罗明忠教授，暨南大学产业经济研究院的顾乃华教授，他们的宝贵意见使我受到很大启发。感谢产业经济研究院2005级博士生以及其他所有的师兄师姐师弟师妹，他们给予了我学习和生活方面的众多帮助。

感谢广东金融学院中国服务经济与管理研究中心的李文秀教授、卿前龙教授、马鹏教授，他们的宝贵意见使我受益匪浅。尤其是要感谢李文秀教授的关心和帮助，她对本书提出了很多宝贵意见，经常为我指点迷津。

当然，我还要感谢我的家人。在我攻读博士学位和撰写书稿的时间里，他们为我牺牲很多，他们永远是我最坚强的后盾。

最后，我要感谢知识产权出版社的宋云编辑，她耐心、负责的工作保证了本书完好、及时出版！

刘 艳
2017 年 4 月